"十四五"国家重点图书出版规划项目

新版《列国志》与《国际组织志》联合编辑委员会

列国志

GUIDE TO
THE WORLD
NATIONS

新版

张 凯
编著

KENYA

肯尼亚

社会科学文献出版社

SSAP

SOCIAL SCIENCES ACADEMIC PRESS (CHINA)

肯尼亚行政区划图

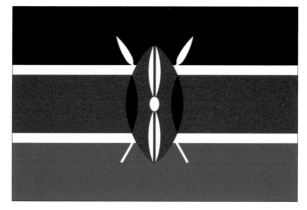

肯尼亚国旗

肯尼亚国徽

蒙内铁路内罗毕站（张伟杰　摄）

蒙内铁路纪念碑（张伟杰　摄）

内罗毕快速路（张伟杰　摄）

安博塞利国家公园（张伟杰　摄）

长颈鹿公园（张伟杰　摄）

参议院大楼（张伟杰　摄）

位于内罗毕的肯雅塔国际会议中心

肯尼亚拉穆岛的拉穆镇

肯尼亚马林迪镇附近的格德遗址

位于肯尼亚蒙巴萨的耶稣堡

凯伦故居（张伟杰　摄）

肯尼亚的传统桑布鲁妇女

马赛勇士

肯尼亚马赛马拉国家保护区

肯尼亚纳库鲁湖国家公园的火烈鸟

肯尼亚图尔卡纳湖

出版说明

　　《列国志》编撰出版工作自 1999 年正式启动，截至目前，已出版 144 卷，涵盖世界五大洲 163 个国家和国际组织，成为中国出版史上第一套百科全书式的大型国际知识参考书。该套丛书自出版以来，受到社会各界的广泛好评，被誉为"21 世纪的《海国图志》"，中国人了解外部世界的全景式"窗口"。

　　这项凝聚着近千学人、出版人心血与期盼的工程，前后历时十多年，作为此项工作的组织实施者，我们为这皇皇 144 卷《列国志》的出版深感欣慰。与此同时，我们也深刻认识到当今国际形势风云变幻，国家发展日新月异，人们了解世界各国最新动态的需要也更为迫切。鉴于此，为使《列国志》丛书能够不断补充最新资料，更好地服务于社会各界，我们决定启动新版《列国志》编撰出版工作。

　　与已出版的 144 卷《列国志》相比，新版《列国志》无论是形式还是内容都有新的调整。国际组织卷次将单独作为一个系列编撰出版，原来合并出版的国家将独立成书，而之前尚未出版的国家都将增补齐全。新版《列国志》的封面设计、版面设计更加新颖，力求带给读者更好的阅读享受。内容上的调整主要体现在数据的更新、最新情况的增补以及章节设置的变化等方面，目的在于进一步加强该套丛书将基础研究和应用对策研究相结合，将基础研究成果应用于实践的特色。例如，增加了各国有关资源开发、环境治理的内容；特设"社会"一章，介绍各国的国民生活情况、社会管理经验以及存在的社会问题，等等；增设"大事纪年"，方便读者在短时间内熟悉各国的发展线索；增设"索引"，便于读者根据人名、地名、关键词查找所需相关信息。

顺应时代发展的要求，新版《列国志》将以纸质书为基础，全面整合国别国际问题研究资源，构建列国志数据库。这是《列国志》在新时期发展的一个重大突破，由此形成的国别国际问题研究与知识服务平台，必将更好地服务于中央和地方政府部门应对日益繁杂的国际事务的决策需要，促进国别国际问题研究领域的学术交流，拓宽中国民众的国际视野。

新版《列国志》的编撰出版工作得到了各方的支持：国家主管部门高度重视，将其列入"'十二五'国家重点图书出版规划项目"；中国社会科学院将其列为创新工程学术出版资助项目，王伟光院长亲自担任编辑委员会主任，指导相关工作的开展；国内各高校和研究机构鼎力相助，国别国际问题研究领域的知名学者相继加入编辑委员会，提供优质的学术指导。相信在各方的通力合作之下，新版《列国志》必将更上一层楼，以崭新的面貌呈现给读者，在中国改革开放的新征程中更好地发挥其作为"知识向导"、"资政参考"和"文化桥梁"的作用！

新版《列国志》编辑委员会

2013 年 9 月

前　言

　　自 1840 年前后中国被迫开关、步入世界以来，对外国舆地政情的了解即应时而起。还在第一次鸦片战争期间，受林则徐之托，1842 年魏源编撰刊刻了近代中国首部介绍当时世界主要国家舆地政情的大型志书《海国图志》。林、魏之目的是为长期生活在闭关锁国之中、对外部世界知之甚少的国人"睁眼看世界"，提供一部基本的参考资料，尤其是让当时中国的各级统治者知道"天朝上国"之外的天地，学习西方的科学技术，"师夷之长技以制夷"。这部著作，在当时乃至其后相当长一段时间内，产生过巨大影响，对国人了解外部世界起到了积极的作用。

　　自那时起中国认识世界、融入世界的步伐就再也没有停止过。中华人民共和国成立以后，尤其是 1978 年改革开放以来，中国更以主动的自信自强的积极姿态，加速融入世界的步伐。与之相适应，不同时期先后出版过相当数量的不同层次的有关国际问题、列国政情、异域风俗等方面的著作，数量之多，可谓浩如烟海。它们对时人了解外部世界起到了积极的作用。

　　当今世界，资本与现代科技正以前所未有的速度与广度在国际流动和传播，"全球化"浪潮席卷世界各地，极大地影响着世界历史进程，对中国的发展也产生极其深刻的影响。面临不同以往的"大变局"，中国已经并将继续以更开放的姿态、更快的步伐全面步入世界，迎接时代的挑战。不同的是，我们所面临的已不是林则徐、魏源时代要不要"睁眼看世界"、要不要"开放"的问题，而是在新的历史条件下，在新的世界发展大势下，如何更好地步入世界，如何在融入世界的进程中更好地维护民族国家的主权与独立，积极参与国际事务，为维护世界和平，促进世界与人类共同发展做出贡献。这就要求我们对外部世界有比以往更深切、全面的了解，我们只有更全面、更深入地了解世界，才能在更高的层次上融入世界，也才能在融入世界的进程中不迷失方向，保持自我。

与此时代要求相比，已有的种种有关介绍、论述各国史地政情的著述，无论就规模还是内容来看，已远远不能适应我们了解外部世界的要求。人们期盼有更新、更系统、更权威的著作问世。

中国社会科学院作为国家哲学社会科学的最高研究机构和国际问题综合研究中心，有 11 个专门研究国际问题和外国问题的研究所，学科门类齐全，研究力量雄厚，有能力也有责任担当这一重任。早在 20 世纪 90 年代初，中国社会科学院的领导和中国社会科学出版社就提出编撰"简明国际百科全书"的设想。1993 年 3 月 11 日，时任中国社会科学院院长的胡绳先生在科研局的一份报告上批示："我想，国际片各所可考虑出一套列国志，体例类似几年前出的《简明中国百科全书》，以一国（美、日、英、法等）或几个国家（北欧各国、印支各国）为一册，请考虑可行否。"

中国社会科学院科研局根据胡绳院长的批示，在调查研究的基础上，于 1994 年 2 月 28 日发出《关于编纂〈简明国际百科全书〉和〈列国志〉立项的通报》。《列国志》和《简明国际百科全书》一起被列为中国社会科学院重点项目。按照当时的计划，首先编写《简明国际百科全书》，待这一项目完成后，再着手编写《列国志》。

1998 年，率先完成《简明国际百科全书》有关卷编写任务的研究所开始了《列国志》的编写工作。随后，其他研究所也陆续启动这一项目。为了保证《列国志》这套大型丛书的高质量，科研局和社会科学文献出版社于 1999 年 1 月 27 日召开国际学科片各研究所及世界历史研究所负责人会议，讨论了这套大型丛书的编写大纲及基本要求。根据会议精神，科研局随后印发了《关于〈列国志〉编写工作有关事项的通知》，陆续为启动项目拨付研究经费。

为了加强对《列国志》项目编撰出版工作的组织协调，根据时任中国社会科学院院长的李铁映同志的提议，2002 年 8 月，成立了由分管国际学科片的陈佳贵副院长为主任的《列国志》编辑委员会。编委会成员包括国际片各研究所、科研局、研究生院及社会科学文献出版社等部门的主要领导及有关同志。科研局和社会科学文献出版社组成《列国志》项目工作组，社会科学文献出版社成立了《列国志》工作室。同年，《列国志》项目被批准为中国社会科学院重大课题，新闻出版总署将《列国志》项目列入国家重点图书出版计划。

在《列国志》编辑委员会的领导下，《列国志》各承担单位尤其是各位学者加快了编撰进度。作为一项大型研究项目和大型丛书，编委会对《列国志》提出的基本要求是：资料翔实、准确、最新，文笔流畅，学术性和可读性兼备。《列国志》之所以强调学术性，是因为这套丛书不是一般的"手册""概览"，而是在尽可能吸收前人成果的基础上，体现专家学者们的研究所得和个人见解。正因为如此，《列国志》在强调基本要求的同时，本着文责自负的原则，没有对各卷的具体内容及学术观点强行统一。应当指出，参加这一浩繁工程的，除了中国社会科学院的专业科研人员以外，还有院外的一些在该领域颇有研究的专家学者。

现在凝聚着数百位专家学者心血，共计141卷，涵盖了当今世界151个国家和地区以及数十个主要国际组织的《列国志》丛书，将陆续出版与广大读者见面。我们希望这样一套大型丛书，能为各级干部了解、认识当代世界各国及主要国际组织的情况，了解世界发展趋势，把握时代发展脉络，提供有益的帮助；希望它能成为我国外交外事工作者、国际经贸企业及日渐增多的广大出国公民和旅游者走向世界的忠实"向导"，引领其步入更广阔的世界；希望它在帮助中国人民认识世界的同时，也能够架起世界各国人民认识中国的一座"桥梁"，一座中国走向世界、世界走向中国的"桥梁"。

《列国志》编辑委员会
2003 年 6 月

CONTENTS

目 录

CONTENTS

目 录

CONTENTS
目 录

CONTENTS

目 录

CONTENTS
目 录

CONTENTS
目　录

CONTENTS

目 录

CONTENTS
目 录

第一章

概　览

第一节　国土与人口

一　地理位置

肯尼亚位于非洲大陆东部，濒临印度洋，国土面积 58.26 万平方公里，在世界各国国土面积排名中居第 49 位。根据经纬线划分，肯尼亚位于北纬 4.5 度至南纬 4.4 度，东经 33.83 度至东经 41.75 度，赤道从其中部横贯而过，东非大裂谷纵贯南北。肯尼亚领土边界线长达 3457 公里，与五个国家接壤。肯尼亚东北部与索马里相邻，边界线长 684 公里；北部与埃塞俄比亚相邻，边界线长 867 公里；西北部和南苏丹相邻，边界线长 317 公里；西部与乌干达相邻，边界线长 814 公里；南部与坦桑尼亚相邻，边界线长 775 公里。肯尼亚东南濒临印度洋，海岸线长 536 公里。肯尼亚的最东端是其国土东北角与埃塞俄比亚和索马里交界的曼德拉地区；最南端是印度洋沿海与坦桑尼亚交界处的一些小岛屿（包括拉斯京波到希莫尼林以南处）；最西端是在维多利亚湖上的范加努岛及松巴、伊伦巴等岛屿，陆地上还可算上西北角与乌干达和南苏丹交界处的洛图克山。

二　行政区划

历史上，肯尼亚共和国行政区划在中央以下分省或省级特区、专区、区、小区和村五级。全国有 8 个省（含 1 个省级特区）、70 个专区。这 8 个省及其省会分别为：滨海省（蒙巴萨）、东方省（恩布）、东北省（加里萨）、中部省（涅里）、裂谷省（纳库鲁）、西方省（卡卡梅加）、尼扬扎省（基苏木）和内罗毕特区。首都为内罗毕。

2013 年大选之后，肯尼亚行政区划进行了调整，由中央和 47 个郡县组成。其中，47 个郡县分别为：巴林戈、博美特、奔戈马、布希亚、埃尔格约－马拉奎特、恩布、加里萨、霍马贝、伊西奥洛、卡贾多、卡卡梅加、凯里乔、基安布、基利菲、基里尼亚加、基西、基苏木、基图伊、夸莱、莱基皮亚、拉穆、马查科斯、马库埃尼、曼德拉、马萨比特、梅鲁、米戈利、蒙巴萨、穆兰卡、内罗毕、纳库鲁、南迪、纳罗克、尼亚米拉、年达鲁阿、涅里、桑布鲁、夏亚、泰塔塔维塔、塔纳河、塔拉卡尼蒂、特兰斯－恩佐亚、图尔卡纳、瓦辛基苏、韦希加、瓦吉尔、西波克特。肯尼亚最主要的四大城市分别为内罗毕、蒙巴萨、基苏木和纳库鲁。

三　地形

肯尼亚地形复杂多样，在赤道横贯之地既有茂密的热带雨林，也有常年积雪的肯尼亚山。灌木丛覆盖的平原，东南沿海的美丽沙滩，风景优美的中央高地，雄伟的肯尼亚山，壮观的大裂谷和维多利亚湖，都显示了肯尼亚地貌的多样性特征。肯尼亚的地势从靠近印度洋的沿海平原到内陆不断升高，再到平均海拔 3000 米的山脉和高原。

根据地势高低、气候特征、土壤肥力等不同特点，肯尼亚全国大致可分为四个存在明显差异的地形区域：一是靠近沿海的低地平原，这里海拔较低、土壤肥沃、气候炎热；二是干旱和半干旱的高原地带，包括大面积的荒漠；三是东非大裂谷及两边的高地（一般海拔 1000～3000 米），这里气候凉爽，拥有肥沃的农业用地；四是从中央高地向西延伸连接到维多利亚湖的区域，这里气候湿润、土壤肥沃。总体看，肯尼亚 70% 的土地属于荒漠和半荒漠性质，只有不到 20% 的土地适宜开展农业生产和饲养牲畜，还有 10% 的土地勉强可以用于农业生产。

1. 沿海低地平原

肯尼亚海岸，从紧邻索马里边境的基安博尼延伸到同坦桑尼亚交界处的万加。除局部沉降地区和一些狭窄的小湾外，海岸较为平直。沿海的平原地势比较低，分布着红树林沼泽，但这只是一条狭长的地带，越向西植被的类型越复杂多样，如高草、分散的乔木树丛和灌木丛等。

沿海低地平原的北部比较宽广，地势平坦，但靠近蒙巴萨渐渐变得狭窄。靠近蒙巴萨的腹地，分布着低山群，如夸莱山脉和姆韦莱山脉。这些山脉一般海拔不高，从蒙巴萨向西至内陆高原的坡度则相当陡峭。沿海地区气候温暖湿润，降水量从蒙巴萨向北逐渐减少。

在热带气候条件影响下，沿海低地平原种植的经济作物种类比较多，主要有芒果、香蕉、木瓜、腰果、椰子、棉花、甘蔗以及剑麻等。不过，这里的气候条件不适宜饲养牲畜。

2. 干旱和半干旱的高原

肯尼亚 3/5 的国土面积属于干旱和半干旱的高原，当地人将之称为"尼卡"（Nyika），即"荒原"。从肯尼亚沿海地区到西北内陆，海拔不断升高，由 200 米上升到 1000 米。尼卡高原的地面大部分是平坦的，高原表层的岩石为沉积岩，下部为古老的基底岩系。基底岩系常露出地表，形成孤立山群。

尼卡高原的北部是纯荒漠地区，地表岩石裸露，平坦的荒野上散布着干燥的草丛。整个尼卡高原上的水系多为间歇性河流，河床通常是干涸的，仅在有些年份或季节有水流。小溪平时是干涸的冲沟或壑，沟壑中的水流大小取决于降水量的变化。全区常流河只有两条，即塔纳河和加拉纳河。

尼卡高原降水较少，植被为干燥密灌丛与灌丛，除狭窄的河谷外，不能种植作物。尼卡高原地势较低的地方，气候非常干旱，温度较高。在这种气候条件下，除非进行灌溉，否则植物无法生长。不过，灌溉农业只是一小部分，绝大部分干旱地区没有耕作业，游牧和半游牧部族经营的畜牧业是此地区的主要经济部门。

3. 中央高地和大裂谷

从干旱的尼卡高原到内罗毕，地势逐渐升高，经过一系列低山而至肯尼亚的中央高地。中央高地气候温和、土壤肥沃，虽然只占肯尼亚国土面积的1/5，却供养着全国大部分人口。根据自然地理特征，中央高地可分为三个组成部分，即东部高地、西部高地以及将二者分开的大裂谷。

东部高地有两处高耸的地形，即阿伯德尔断块山脉和肯尼亚山。裂谷形成的巨大侧压力使阿伯德尔山脉的西坡陡峭高耸，东部山坡则相对平缓。在发生掀斜运动时，熔岩流大量溢出，在阿伯德尔山脉及其周围的高原上凝固成厚厚的熔岩盖层。肯尼亚山则常年积雪，雪凝成冰，形成冰川。阿伯德尔山脉有丰沛的地形雨，补给许多溪流以及阿提河、提卡河和鲁伊鲁河等河流。这些河流是塔纳河和加拉纳河的支流，塔纳河与加拉纳河穿过干旱的尼卡高原，河水浑浊，最后注入印度洋。肯尼亚山周围则为放射状水系，河流源自肯尼亚山的冰雪融水和丰沛的降水，这些河流有的与东部的塔纳河汇合，有的汇往北部的瓦索尼罗河水系，流到尼卡高原后，由于水量减少，便成涓涓细流。东部高地拥有火山岩发育成的肥沃土壤，如肯尼亚山与阿伯德尔山坡为深褐色土壤，在比较平坦的地区有腐殖质含量丰富的暗红色黏土。纳纽基以西和内罗毕周围的广阔地带偶有排水不良的"黑棉土"分布。

大裂谷将中央高地分成东西两部分，大裂谷谷底有火山、河流和湖泊等。从高地流向谷底的河流汇集成湖泊，形成封闭的内流区域。还有许多河流消失在裂谷谷坡多孔隙的火山尘和火山灰中。一些小湖泊，如奈瓦沙湖、纳库鲁湖、巴林戈湖等，存在于断层洼地中，除巴林戈湖外，湖水呈强碱性。由于降水的季节变化，湖水水位变动很大。裂谷大部分是比较干旱的热带草原，草原上散布着少量的金合欢树，高度中等的草原在干旱月份呈现干燥多尘、满目灰色的景象。在最干旱的地方有仙人掌和刺灌丛分布，湖泊周围与河道附近为稀疏森林，裂谷两侧陡坡处则比较稠密。

西部高地位于大裂谷的西端，东侧比较陡峭，西侧坡度平缓，并向西逐渐延伸到维多利亚湖附近。西部高地上有一个高耸的火山堆——埃尔贡山，其山坡的下部延伸到基塔勒的西北方，这里比较古老的岩石上又有火山熔岩流的覆盖，火山岩表层已发育成肥沃的土壤。西部高地的常流河，如恩佐亚河，顺着断块的倾向坡一泻而下，流入维多利亚湖。西部高地的东坡气候比较湿润，植被主要为稠密的森林；西坡则为高草和散布的矮乔木。虽然大裂谷将中央高地分成了东西两部分，但生长的农作物类型很相似。中央高地气候凉爽，土壤也比较肥沃，这里种植的咖啡、茶叶、除虫菊等是肯尼亚重要的经济作物。此外，小麦、燕麦、大麦、黑麦等粮食作物，以及奶牛、肉牛等在中央高地的农业经济中也发挥着重要作用，而中央高地在肯尼亚经济社会发展方面发挥着举足轻重的作用。

4. 大湖区

从西部高地向西地势逐步降低，一直延伸到维多利亚湖，是一片平坦而略有起伏的平原，这片区域为"大湖区"。在大湖区流淌着发源于埃尔贡山、切兰加尼山和马乌悬崖与埃尔加约悬崖等的诸多河流，如恩佐亚河、尼安多河、桑杜河、亚拉河、库贾河等。这些河流有许多支流汇入，流经湖岸附近比较平坦地区的河段，河道蜿蜒曲折。亚拉河与尼安多河则流入广阔的沼泽地。

大湖区的岩石种类颇多，所以土壤类型也比较复杂。在火山岩地区和较高的山丘地区，有暗红色黏土发育，这是一种肥沃而排水良好的土壤；在维多利亚湖岸和维南湾周围，沉积岩风化成为沙质土壤与泥炭沼泽土，腐殖质含量丰富；此外还有大面积的"黑棉土"。

大湖区降水丰沛，适合作物生长，因此大部分地区土地被开垦种植。大河沿岸有茂密的热带森林，较高的山坡上为山地草地和森林。地势较低的地区主要种植玉米，其他作物还包括蚕豆、香蕉、甘薯、木薯、花生、甘蔗和稻谷等，在比较干旱的地区则种植小米。北部地区种植经济作物棉花和烟草，南部地区则种植咖啡。维南湾沿岸气候较湿润，在进行灌溉的地方种植甘蔗。

四 气候

肯尼亚以及东非地区主要受三大气流影响，即刚果气流、东北信风和东南信风。穿越印度洋东北部地区的东北季风，会在每年的 11 月到次年 3 月给肯尼亚沿海地区带来降水。到了 4 月，随着东北季风的离去，肯尼亚的中部、南部和东部地区会受到来自印度洋的东南信风的影响，这股气流会持续到 8 月，并给肯尼亚带来大量降水。每年 7 月，受刚果气流影响，肯尼亚西部地区会迎来大风天气。刚果气流非常不稳定，容易形成风暴。肯尼亚西部地区易受刚果气流影响。

肯尼亚受热带季风气候影响，全年分为旱季和雨季，年均降水量为 250 ~ 2500 毫米。在肯尼亚，雨季根据持续时间长短分为两个时期，即长雨季和短雨季。每年的 4 月末、5 月和 6 月初是长雨季，11 月和 12 月的几个星期是短雨季。从 6 月末到 10 月，天气凉爽，降水也比较少；从 12 月末到次年 3 月，会迎来炎热的旱季，几乎没有降水。肯尼亚全国只有 15% 的地区年降水量可以超过 760 毫米，13% 的地区年降水量为 508 ~ 760 毫米，72% 的地区年降水量在 508 毫米以下。肯尼亚首都内罗毕的年降水量为 879 毫米，每年雨季为 120 天左右；蒙巴萨的年降水量为 1204 毫米，每年雨季通常为 145 天。

肯尼亚的平均气温为 10 ~ 30℃，地势比较低的地区气温较高，中央高地气候温和宜人。从肯尼亚山 0℃ 以下到北部荒漠地区 40℃ 以上，显示出肯尼亚的气温变化幅度相当大。在地势比较低的平原地区，最高气温一般在 35℃ 以上，最热的月份为 3 月。在平原地区，夜间平均气温一般也会超过 25℃。大裂谷地区和与之相连的高地，白天气温会在 20℃ 以上。大裂谷谷底的气温较高，马加迪的气温通常能超过 40℃。肯尼亚高地包括内罗毕，气候温和，每天的平均气温在 15℃ 左右。沿海地区气温相对较高，一般为 26 ~ 32℃。肯尼亚每年最为凉爽的月份是 7 月和 8 月，午后的气温一般在 28℃，夜间气温一般在 20℃。

五 河流

肯尼亚具有丰富的水系。发源于中央高地的河流，沿着大裂谷的斜坡向下流入大裂谷地区，向东流入印度洋，向西流入维多利亚湖。发源于埃尔贡山北侧和南苏丹与埃塞俄比亚交界地带高地的河流则流入图尔卡纳湖。在肯尼亚，只有很少的河流可以常年不断流，包括塔纳河、阿西－加拉纳河、恩佐亚河、亚拉河、桑杜河、恩扬多河、马拉河。其中，有些河流上游修筑了大坝，用于水力发电、灌溉及饮用等。

塔纳河（Tana）长 1000 公里，系肯尼亚最长河流。塔纳河支流包括锡卡河和一些较小的季节性河流。塔纳河发源于阿伯德尔山，向东南方向流入印度洋。塔纳河年均流量在 500 亿立方米以上，但在不同年份存在很大差异，包括每年的两个洪泛季。1944～1978 年，年均流量约为 610.5 亿立方米，其中 1949 年的流量仅为 178.9 亿立方米，1968 年的流量则为 1334.2 亿立方米。1982～1996 年，塔纳河年均流量依然维持在 500 亿立方米以上。正是因为具有丰富的水流量，肯尼亚在塔纳河上建起了多座可用于水力发电的大坝。根据 2003 年的一份研究报告，肯尼亚 2/3 的电力需求是通过塔纳河上的水力发电提供的。

阿西－加拉纳河是肯尼亚第二长河，总长度达 390 公里，流经 7 万平方公里的盆地区域。阿西－加拉纳河的上游称作阿西河，下游称作加拉纳河，最终流入印度洋。

恩佐亚河全长 257 公里，发源于埃尔贡山，先向南流，然后向西并在维多利亚港镇附近流入维多利亚湖。恩佐亚河对肯尼亚西部地区很重要，流经区域的人口达 350 万人，恩佐亚河不仅可常年提供灌溉用水，而且具有较高的水力发电潜力。

察沃河位于肯尼亚南部地区，从靠近坦桑尼亚边境地区的肯尼亚西察沃国家公园西端向东流，最终与阿西河交汇形成阿西－加拉纳河。察沃河具有丰富的渔业资源。

马拉河发源于肯尼亚中央高地，流经肯尼亚和坦桑尼亚两个国家，流入维多利亚湖。马拉河盆地大约有 1.35 万平方公里，大约有 65% 位于肯尼亚境内，35% 位于坦桑尼亚境内。

六 湖 泊

肯尼亚主要有两大湖泊，即图尔卡纳湖和维多利亚湖。此外，在大裂谷内还散布着一些面积不大的湖泊，如巴林戈湖、奈瓦沙湖和马加迪湖等。

图尔卡纳湖，曾称鲁道夫湖，位于肯尼亚北部大裂谷内，其北端位于埃塞俄比亚境内。图尔卡纳湖是世界上最大的位于沙漠中的湖泊，也是世界上最大的碱性湖泊，世界第四大咸水湖。根据面积衡量，图尔卡纳湖在世界所有湖泊中排名第24位。湖区气候炎热干燥。位于湖中心的岛屿是一座活火山。总体上看，与非洲其他的大湖相比，图尔卡纳湖中鱼类较少，大约有50种；但是鸟类资源丰富，有几百种。

维多利亚湖是非洲最大的湖泊之一，湖面面积大约有6.88万平方公里。根据湖面面积衡量，维多利亚湖是世界第二大淡水湖泊，也是世界上最大的热带湖泊。根据储水量衡量，维多利亚湖是世界第九大大陆湖泊，储水量达2750立方公里。维多利亚湖80%以上的水源来自直接降水。维多利亚湖系浅水湖，最深处达84米，湖水平均深度为40米，湖岸长度达7142公里。维多利亚湖在肯尼亚、乌干达和坦桑尼亚三国境内，其中肯尼亚占有4100平方公里6%的湖面面积，乌干达占有3.1万平方公里45%的湖面面积，坦桑尼亚占有3.37万平方公里49%的湖面面积。维多利亚湖周围栖息着大量的哺乳动物，包括河马、非洲小爪水獭、沼泽獴、林羚、苇羚、水羚、蔗鼠、巨獭鼩等。维多利亚湖及其附近的湿地生活着大量的爬行动物，如尼罗鳄、非洲盔甲鱼、泥龟等。此外，维多利亚湖还有丰富多样的鱼类，是非洲内陆最大的产鱼区。

巴林戈湖是肯尼亚大裂谷内位于最北端的湖泊，湖面面积达130平方公里。巴林戈湖是大裂谷内两大淡水湖之一，另外一个淡水湖是奈瓦沙湖。巴林戈湖地区栖息着500多种鸟类，湖中有7种淡水鱼，对当地经济社会发展起着重要作用。不过，干旱和过度灌溉导致巴林戈湖的水位不断下降。

奈瓦沙湖位于内罗毕西北纳库鲁郡奈瓦沙镇外，系东非大裂谷内淡水湖。奈瓦沙湖面积为139平方公里，海拔1884米，平均深度6米，最深处达30米。奈瓦沙湖栖息着大量野生动物，包括400种不同的鸟类和大量河马。湖区的主要产业是花卉栽培。然而，大规模利用湖水进行过度灌溉，导致湖泊水位不断下降。

马加迪湖位于肯尼亚大裂谷最南端。旱季时，80%的湖面被苏打覆盖。马加迪湖因涉水鸟而闻名，包括火烈鸟。马加迪湖系碱性湖泊，富含盐矿，面积大约为100平方公里，位于裂谷形成的内流盆地内。此外，马加迪湖还储存着大量的硅质燧石。

七 人 口

20世纪60年代，肯尼亚刚独立时人口仅有860万人，其中92%的人口生活在农村地区。由于婴儿死亡率较高、医疗卫生条件落后，人均预期寿命仅有35岁。肯尼亚独立后所进行的首次人口普查是在1969年，当时人口数量为1090万人。此后每隔十年，肯尼亚国家统计局会进行一次全国性的人口普查。根据肯尼亚国家统计局2019年人口普查结果，肯尼亚的总人口为4756.43万人，其中男性2354.81万人，女性2401.47万人，特殊性别人群1500人，家庭平均人数为3.9人（见表1-1）。按照人口总量衡量，肯尼亚在世界排名第31位。此外，在肯尼亚还生活着大量来自其他非洲国家的难民，其中来自索马里的难民就达40万人。

表1-1 2019年度肯尼亚人口普查数据

总人口①	4756.43万人
男性人口	2354.81万人
女性人口	2401.47万人
性别比（每100名女性对应的男性人口）	98.1
人口密度（每平方公里的人口数量）	82人
家庭数量	1214.39万个
家庭平均人数	3.9人

注：①总人口中包含特殊性别人群1500人。

资料来源：Kenya National Bureau of Statistics, *2019 Kenya Population and Housing Census*, November 2019。

肯尼亚人口结构相对年轻化。0~14岁年龄段的人口占比为38.98%（男性人口为933.3万人，女性人口为920.8万人）；15~24岁年龄段人口占比为20.46%（男性人口为479.9万人，女性人口为493.4万人）；

25~54岁年龄段的人口占比为32.44%（男性人口为762.3万人，女性人口为780.6万人）；55~64岁年龄段的人口占比为4.05%（男性人口为90.6万人，女性人口为102.2万人）；65岁及以上年龄段的人口占比为4.07%。根据联合国的界定，60岁及以上年龄段的人口为老年人。肯尼亚老年人占总人口的比重由1979年的3.8%上升到2019年的5.8%。

2019年，肯尼亚全国人口出生率为27.9‰，婴儿死亡率为35.5‰，其中米戈利郡的婴儿死亡率最高，达67.2‰。2021年肯尼亚登记的出生人口为120万人，比2020年增加10万人；登记的死亡人口为23.19万人，比2020年减少4.65万人。从出生人口看，男性新生儿占比为51.0%，女性新生儿占比为49.0%，性别比由2020年的104.0增至2021年的104.2。从肯尼亚全国层面看，男性人均预期寿命为60.6岁，女性人均预期寿命为66.5岁；从地方层面看，霍马贝和米戈利郡的男性人均预期寿命最低，为50.5岁，塔纳河郡女性人均预期寿命最低，为58.6岁，涅里郡女性人均预期寿命最高，为75.8岁。根据肯尼亚国家统计局数据，2020年政府在医疗卫生领域的财政支出占总支出的比例为3.3%。呼吸系统疾病、疟疾、甲型肝炎、伤寒症、登革热、裂谷热、血吸虫病等是肯尼亚常见的传染性疾病。

从人口的区域分布来看，2019年肯尼亚人口规模超过100万的郡县达17个，这些郡县的人口占总人口的比重达59.8%。其中，人口数量超过200万人的郡县有内罗毕（439.7万人）、基安布（241.8万人）、纳库鲁（216.2万人）。从地形上看，肯尼亚全国80%以上的人口集中在中部高原、西部大湖区和东南沿海地区，北部荒漠和半荒漠地区人烟稀少。主要的人口净流入地为内罗毕、基安布、卡贾多、蒙巴萨。

八 民族

肯尼亚人口中绝大多数是世居非洲人，不过在非洲人内部存在非常多样的族群构成。肯尼亚非洲人主要可分为七大不同的族群：吉库尤人（Kikuyu）、卢希亚人（Luhya）、卢奥人（Luo）、卡伦金人（Kalenjin）、坎巴人（Kamba）、基西人（Kisii）和梅鲁人。这七大族群人口所占比例分别为 22%、14%、13%、12%、11%、6%、6%。其他非洲人族群人口占比为 15%，亚洲人、欧洲人和阿拉伯人等非非洲人群体人口占比仅为 1%。

吉库尤人是肯尼亚最大的族群，其母语是班图语系中的吉库尤语。对许多吉库尤人来说，斯瓦希里语和英语是通用语。吉库尤人主要生活在肯尼亚山附近的高地上，他们主要是从非洲的北部和东部地区迁移而来。吉库尤人由九个不同部落宗族组成，每个部落宗族的成员都有共同的母系血缘关系。有些部落宗族有自己认可的领袖，有些部落宗族则没有。然而，每个部落宗族内真正的政治权力掌握在由酋长领导的长者委员会手中。吉库尤人在推翻英国殖民统治、建立独立的肯尼亚共和国以及肯尼亚独立后的政治进程中都发挥着举足轻重的作用。肯尼亚开国元勋乔莫·肯雅塔便是吉库尤人。历史上，吉库尤人信仰传统宗教，但经历殖民统治后，现在大部分吉库尤人信仰基督教。

卢希亚人是肯尼亚操班图语的族群。从人口占比来看，卢希亚人系肯尼亚第二大族群，由 18 个不同的部落构成，其中每个部落都有自己的方言。卢希亚人主要居住在肯尼亚的西部地区，如基塔莱、卡普萨贝特等地区。人类学家认为，卢希亚人是公元前 1000 年前后班图人从非洲中部和西部向东扩张产生的，而卢希亚人的历史记载显示，他们来自北非地区的一个王国。鉴于其庞大的人口数量，卢希亚人在肯尼亚选举政治中发挥着重要作用，候选人若想取得胜利往往需要得到卢希亚人的支持。在卢希亚人文化中，传统上实施一夫多妻制，但是现在很少有人再践行这一传统。一般来讲，传统上第一位妻子所生长子是父亲衣钵的主要继承人，女儿在卢希亚人家族中没有地位，无法继承财产和参与家庭决策。但是根据肯尼亚法律，当今女性已被允许继承财产。现代大部分卢希亚人信仰基督教。

卢奥人主要分布在南苏丹、埃塞俄比亚、乌干达的北部、刚果（金）的东部、肯尼亚的西部以及坦桑尼亚的马拉地区。卢奥人系尼罗人的一部分，使用的语言卢奥语属于东苏丹语族的组成部分。大约在 500 年前，卢奥人沿着尼罗河从苏丹迁入肯尼亚，定居在维多利亚湖附近。卢奥人是肯尼亚少有的传统上男性步入成年不实行割礼的族群之一。不过，卢奥人独特的习俗是妻子继承制，即男性去世后，由他的兄弟或者近亲继承他的妻子，并且要满足其妻子的所有物质要求。目前，大多数卢奥人信仰基督教，但是也有很多人依然坚持传统的文化习俗，特别是那些生活在乡村地区的卢奥人更是如此。如今卢奥人的一些文化习俗因为落后而慢慢被摈弃了，如妻子继承制等。自殖民时代以来，卢奥人便是肯尼亚政治舞台上一支重要的力量。肯尼亚独立后的首任副总统奥廷加就是卢奥人。

卡伦金人是尼罗人的组成部分，系肯尼亚第四大族群，主要生活在肯尼亚纳库鲁。卡伦金人由七大部落宗族组成，在17世纪迁徙到肯尼亚的大裂谷地带。卡伦金人的母语是卡伦金语，属于尼罗－撒哈拉语系。在殖民时代之前，卡伦金人保持传统的生活方式，他们以半游牧性质的牧民生活而闻名。卡伦金人中，有些部落宗族在生活习俗上已经转变成了农民，而大部分部落宗族依然保持着牧民的属性。

坎巴人主要生活在肯尼亚的马查科斯、基图伊和马库埃尼，母语为班图语中的基坎巴语。坎巴人在语言和文化上与吉库尤人、梅鲁人等存在密切联系，主要集中在肯尼亚的东南低地一带。除了肯尼亚外，乌干达、坦桑尼亚以及南美洲的巴拉圭也有坎巴人。在英国殖民者到来之前，坎巴人居住在通往沿海地区的贸易线路上，从事猎象以及在内地人和阿拉伯贸易商之间从事中间商等活动。目前，坎巴人从事着多样化的职业，如农业生产、经商等。坎巴人主要信仰基督教和非洲传统宗教。

基西人系班图语系的一个分支，主要生活在肯尼亚西部的恩亚米拉和基西。基西人是肯尼亚经济上最为活跃的族群，主要从事茶叶、咖啡、香蕉等经济作物的种植和经营活动。基西是肯尼亚人口最为稠密的地区之一，仅次于内罗毕和蒙巴萨，同时也是肯尼亚人口增长率最高的地区之一。这些因素使基西人成为东非地区在地理上分布最为广泛的族群。目前，除恩亚米拉和基西之外，在肯尼亚的各个地方都有基西人存在。在内罗毕、蒙巴萨、纳库鲁、基苏木以及其他城市的大多数商业是由基西人经营的。基西人的母语是基西语，属于班图语系，与其他班图语非常相似，唯一的区别是有些单词发音不同或者有新的含义。基西人主要信仰非洲传统宗教和基督教。

梅鲁人系班图语系的一个分支，居住在肯尼亚山北麓和东麓肥沃土地上的梅鲁地区。因此，梅鲁既指族群，也指地名。梅鲁人主要从事农业活动，其生活和文化习俗与其他生活在高地上的班图语族人相似。梅鲁人严格遵守生活习俗，比较重视教育，大梅鲁区也成为肯尼亚重要的教育中心之一。在政治层面，梅鲁人中虽没有产生过总统，但在政府中也一直把持着一些重要职位。梅鲁人主要信仰非洲传统宗教和基督教。

第二节 自然资源

一 矿产资源

肯尼亚矿产资源比较贫乏，主要的矿藏有纯碱、盐、萤石、钛、铌、稀土、硅藻土、黄金、煤炭、铁矿石、蛭石、蓝晶石、锰、铬矿石、硅砂、宝石、石膏、石灰岩等。目前除纯碱和萤石外，多数矿藏尚未得到开发。

肯尼亚已大量开采的矿藏主要包括马加迪湖区域的苏打灰（纯碱）、克里欧山谷（Kerio Valley）地区的萤石、夸莱郡穆瑞马山（Mrima Hill）的铌和稀土，以及夸莱、马林迪和拉穆地区的钛。卡卡梅加、维希加、米戈利、特兰斯马拉、夏亚、波克特、图尔卡纳以及南迪地区储藏着黄金、姆温吉、穆提图等地区蕴藏着煤炭，梅鲁、基图伊、基利菲等地区蕴藏着铁，基利菲、桑布鲁等地区蕴藏着锡。

根据肯尼亚矿业部发布的《2016肯尼亚矿业投资报告》，肯尼亚苏打灰、硅藻土、萤石等矿产已进入开发阶段。其中，肯尼亚马加迪化学公司是非洲最大的苏打灰制造商，年产量36万吨。肯尼亚已成为世界第三大苏打灰出口国和第七大萤石生产地。此外，报告还指出，肯尼亚稀土、铌矿、煤矿资源丰富，稀土储量价值超过6.2万亿肯先令，居全球前五位；

铌矿储量居全球第六位；煤炭储量超过 4 亿吨，总价值超过 4 万亿
肯先令。

肯尼亚的石油勘探始于 20 世纪 50 年代，并在 1960 年钻出了第一口
油井。1986 年，肯尼亚为吸引国际投资，对石油勘探和开采法规进行了
修订。美国石油公司、法国道达尔石油公司等几家大石油公司于 1985～
1990 年在肯尼亚钻探了一些油井，后来被证明这些油井是干涸的，但也
有迹象表明油气资源的存在。英国图洛石油公司（Tullow Oil）于 2012 年
在洛基查尔盆地发现石油资源后，便制定了石油开采计划。该公司与肯尼
亚政府进行合作以完成原油商业开采计划。据估计，由英国图洛石油公司
发现的此处石油资源价值达 100 亿美元。

二　植被

影响植被生长的因素有气候、地势、土质和人类活动等。肯尼亚也是
如此。肯尼亚的植被大体可分为森林、草原及荒漠和半荒漠三类。

1. 森林群落

肯尼亚具有整个东部非洲地区最具多样性的森林生态系统，包括山地
雨林、高原森林、沿海森林等。根据肯尼亚国家统计局数据，2020 年，
肯尼亚森林覆盖率为 7.29%，低于非洲和世界的平均水平。肯尼亚虽具
有多样的森林生态系统，但分布比较分散，且森林覆盖率比较低。

高原森林　在海拔 1976～2736 米的肯尼亚中西部高原有分隔成片的
长绿森林。这里的年降水量为 889～2286 毫米。在海拔较高和降水量较大
处，有大范围的竹林区，还有樟树和松树；而在湿度较低的森林下缘，主
要生长着雪松和罗汉松以及各种橄榄树。肯尼亚西部高原上的雨林，是几
内亚－刚果森林的最东端，也是肯尼亚境内唯一的热带雨林，面积大约有
35 平方公里。肯尼亚雨林带有些本土的树种，如埃尔贡山的柚木树、非
洲黄檀木花椒树等。

高山森林　肯尼亚高原上拔地而起的肯尼亚山、阿伯德尔山、马乌山
和切兰加尼山，以及西部的埃尔贡山等高山上，都有森林覆盖。主要是一
些阔叶硬木树，如樟树，还有一些针叶树，如雪松、罗汉松等，有些树高

达 6 米。肯尼亚山等山上还生长着许多巨大的草本植物。

沿海森林 沿海地区气候深受信风影响。年平均降水量是 1200 毫米，其中 4 月到 7 月常下大雨，10 月到 12 月常下小雨，1 月和 2 月则比较干旱。沿海地区的入海口处因淡水和海水交汇，为红树林生长创造了良好条件。沿海地区的森林比较分散，北部有博尼森林和维图森林，中部有米达格－迪森林、贡戈尼森林、马林迪森林和萨巴基河沿岸森林，南部有乔尼－拉巴伊－杰巴那森林、欣巴山森林、拉米西河谷及温巴河谷森林。这些都属于热带低地雨林。此外，沿海还散布着许多低地干燥森林。沿海多椰树、啸松、埃及棕榈、栲树等。

近年来，肯尼亚森林退化严重，以每年大约 5000 公顷的警戒速度消失。肯尼亚环境与林业部估计，这会导致每年 6200 立方米的水土流失，经济损失达 1900 多万美元。2016 年肯尼亚通过《森林保护和管理法》，该法案于 2017 年 3 月 31 日正式生效。根据这一法案，肯尼亚建立了林业局（Kenya Forest Service），旨在合理开发和利用森林资源，促进经济社会发展。

2. 草原或草原群落

草原大体可分为高原草地、稀树草原和开阔草原三类。

高原草地 即与高原森林共生的草地，这些起伏的草原上生长的主要是红色的燕麦草属植物，有些放牧过密的地区长着狗尾草等杂草。在少数降水量较多、管理较好的地区，在森林地被清理后生长出茂密的肯尼亚白丁香和吉库尤草。有些原来的森林地已变成草地。高原草地和邻近的植被群落之间是生长其他草属的过渡性植被带。

稀树草原 即带有树木或片片树林的草原，前者可见于维多利亚湖盆地以及肯尼亚以东和以南地区，海拔为 912～1824 米，年降水量 889～1524 毫米，一般树高 3～5 米，周围的草可长到 1.5～2.4 米。后者主要在西南部的马拉和索蒂克地区，海拔 1824 米，年均降水量 1270 毫米，地势较高处生长树木，各种树木可长到 6～15 米高。在树林和灌木丛之间生长着一簇簇杂草，主要是红色燕麦草属植物。

开阔草原 主要见于大裂谷的中部和南部，尤其是原湖床地区。这里海拔 1216～1976 米，年降水量 508～762 毫米，较易受旱。覆盖的草高约1 米，主要是红色燕麦草属植物及狗尾草属等杂草，而原湖床地区较多星形花草本植物。草原上也有树木，如刺槐（2 米左右）及灌木丛。

此外，高山区的高原沼地上到处有草丛，有蜡菊属、巨大的金色千里光等杂草和灌木丛；在较高的地方有的草长得像树一样，还有各种管茅等草类。在肯尼亚山的峰顶经风化的多数岩石上覆盖着苔藓。

3. 荒漠和半荒漠群落

这片占肯尼亚国土面积约 70% 的地区常年呈灰色，但在短促的雨季因草木生长会转呈绿色。受降水、土壤、气候等方面因素影响，荒漠和半荒漠地区的植被也存在差异。降水量较多的地区散布着稀稀落落的灌木丛，降水量较少地区的灌木丛则矮小很多，而真正的沙漠地区则被大片的沙石包裹。例如，位于肯尼亚中南部地区的尼里荒漠（Nyiri Desert，也称塔鲁荒漠），距离马加迪湖东岸 80 公里，靠近坦桑尼亚北部边境。尼里荒漠内有安博塞利国家公园（Amboseli National Park），荒漠内的部分地区生长着大量的小树，其中很多树长刺，有些是毒刺。在短暂的雨季，这些树会开花长叶，但是在旱季会凋零，中间会盘绕着灰绿色的藤蔓植物和大戟属植物。除了一些河床和泉水外，这一地区比较缺水。尼里荒漠还有猴面包树，有些已生长了 2000 多年，其灰色树干的直径达 3 米。这里生活着大象、长颈鹿、犀牛、狮子、豹、捻角羚、黑斑羚等动物。

三　动物资源

极其多样的野生动物资源让肯尼亚闻名于世，同时也是肯尼亚发展旅游业的重要基础。这些丰富的野生动物中包括大量的、世界上最大的哺乳动物，其中大部分生活在肯尼亚的国家公园和野生动物保护区内。以下择几种主要的野生动物进行介绍。

非洲水牛（African Buffalo），是肯尼亚五大猎用野生动物之一，它可以长到 1.5 米高（至肩部），体重可达 1000 公斤，皮毛呈灰褐色，其中公牛最明显的特点是前额上长着巨大的弯角。由于具有攻击性，非洲水牛被冠以"黑死神"（Black Death）的绰号。

非洲尼罗河鳄（The African Nile Crocodile），主要分布在肯尼亚，是非洲最大的淡水肉食动物，也是世界上最大的爬行动物之一。体长可达6米，体重可达1.5吨。在牛羚迁徙过程中，在马拉河和特莱克河可以看到鳄鱼猛扑过河动物的场景。此外，内罗毕和蒙巴萨的一些度假村也有饲养鳄鱼。

长颈鹿，是肯尼亚野生动物中最高的陆地动物，其特征是脖子和腿非常长，皮毛独特，头上长着像角一样的隆起物。肯尼亚的长颈鹿分为三种类型：仅见于桑布鲁国家公园的网状长颈鹿（Reticulated Giraffe），纳库鲁湖国家公园和长颈鹿中心的罗氏长颈鹿（Rothschild's Giraffe），以及生活在察沃、安博塞利、马拉禁猎区等地区的马赛长颈鹿（Maasai Giraffe）。

獛，是一种外形像猫的动物，耳大，嘴尖，躯长，尾巴上长着圈状的浓密毛发。獛一般白天睡在洞穴、空心树、岩石裂缝和高高的树枝上，夜间出来活动，主要生活在肯尼亚马赛马拉、安博塞利、察沃、桑布鲁和肯尼亚山等国家公园的草原林地中，它们主要以啮齿动物、鸟、水果、爬行动物和小昆虫等为食。

小林羚（Lesser Kudu），是森林羚羊的一种，主要生活在肯尼亚马萨比特国家公园和察沃国家公园的干旱灌木丛林地中。与其为近亲、体型较大的扭角林羚相比，小林羚没有胡子，更明显的是背部两侧有向下伸展的白色条纹，脖子下方有白色的斑块。它们主要食嫩枝、嫩叶，大部分时间躲在茂密的灌木丛中，只在黄昏或黎明出来觅食。

牛羚（Wildebeest），也称角马，属牛科蹄类动物，其显著特征是长着盒形的头、弯曲的角。蓝牛羚主要生活在马赛马拉国家保护区的矮草地上。每年的7~10月，蓝牛羚会穿过马拉河进行迁徙。这种迁徙通常是为了应对马赛马拉和塞伦盖蒂野生动物保护区降水的变化。

非洲象，主要生活在肯尼亚大草原和森林中。安博塞利、马赛马拉、肯尼亚山和阿伯德尔等国家公园都有大量非洲象。非洲象体重可达6吨以上，身高3米，象牙最长可达3.45米、重100多公斤，象牙质量优于亚洲象。因偷猎以获取象牙，非洲象数量锐减，世界自然保护联盟（IUCN）已将非洲象列为濒危物种。

非洲狮，是东非黑斑狮种群的一个亚种，也是非洲最大的猫科动物，主要生活在桑布鲁、马赛马拉、察沃、梅鲁和内罗毕国家公园中。雄狮的特征是，脖子上有棕色的鬃毛，随着年龄的增长鬃毛会变暗；雌狮则没有鬃毛。与其他独居的大型猫科动物不同，非洲狮是群居动物，它们以牛羚、水牛、斑马和羚羊等为食。

鬣狗，是一种食肉动物，主要生活在林地、草原和山区中。生活在肯尼亚的鬣狗类型有条纹鬣狗和斑点鬣狗。斑点鬣狗是捕食性动物，通常可以捕食大部分猎物；而条纹鬣狗则是食腐动物。它们主要在夜间活动，白天一般睡在洞穴中。

非洲黑犀牛，主要生活在肯尼亚草原或者开阔的稀树草原上，其显著特征是鼻子上部有一个或两个角。犀牛角由角蛋白和纤维蛋白构成。在肯尼亚发现的北方白犀牛曾是世界上仅存的一头雄性白犀牛，但在奥帕杰塔保护区中死亡。世界自然保护联盟已将犀牛列入濒危物种红色名录。

第三节　宗教与习俗

一　宗教

肯尼亚是世俗国家，不设国教。基督教、伊斯兰教和非洲传统宗教是肯尼亚的主要宗教。肯尼亚 83% 的人口信仰基督教，其中新教教徒占 47.7%、天主教教徒占 23.4%、其他基督教徒占 11.9%；信仰伊斯兰教的人口占 11.2%；信仰非洲传统宗教的人口占 1.7%。伊斯兰教徒集中在肯尼亚沿海地区和东北部与索马里交界地带，肯尼亚其他地区人口主要信仰基督教，更为偏远地区的人口则多信仰伊斯兰教、基督教和非洲传统宗教。

1. 非洲传统宗教

肯尼亚传统宗教和信仰五花八门，但总体上主要是对自然现象和祖先的崇拜。不同的族群部落信仰往往存在差异。例如，以饲养牲畜为生的图尔卡纳人所信仰的是被称为"阿库伊"的神灵。"阿库伊"是图尔卡纳人的保护神，图尔卡纳人认为"阿库伊"可以使他们免受饥饿之苦，可以保护他们的家园，使其饲养的牲畜免于疾病和敌人的攻击。但是，如果人们有违社会的道德准则，"阿库伊"就会施以惩罚。疾病暴发、洪灾泛滥、干旱蔓延等都是"阿库伊"惩罚的结果。面临灾难或者疾病时，图尔卡纳人会举行仪式进行祈祷。马赛人信仰的是超自然存在——"恩盖"。在马赛人看来，其生活的世界，包括风、雨、雷、电等都是由"恩盖"创造的。马赛人一般会通过祈祷或者献祭等方式祈求"恩盖"带来好运和福气。吉库尤人认为，祖先在维护社会秩序上发挥着重要作用。疾病、干旱等不幸的发生反映了祖先的不满，同时这些不幸通常被认为人们没有遵守道德规则所致，或者是打破了自然和超自然间的平衡。为了消除痛苦或者应对诸如干旱、战争、疾病、饥荒等不幸，吉库尤人会举行祭祀仪式，向祖先祈祷。随着伊斯兰教、基督教的传播和发展，非洲传统宗教在肯尼亚社会中的影响力逐渐减弱。

2. 伊斯兰教

历史上，伊斯兰教对肯尼亚社会文化发展产生了重要影响。东非沿海地区是非洲、阿拉伯、印度等文明的交汇地带。伴随印度洋季风来东非开展贸易的阿拉伯商人也带来了伊斯兰教以及阿拉伯文化、习俗等。东非斯瓦希里文明的产生正是多元文化碰撞交融的结果。阿拉伯人、波斯人以及其他穆斯林在肯尼亚沿海定居并与当地人通婚，对伊斯兰教的传播发挥了重要作用。然而，当时伊斯兰教向肯尼亚内陆地区的传播受到一定程度的阻碍，主要原因是内陆地区从事蓄奴和奴隶贸易活动，而伊斯兰教明令禁止对穆斯林进行蓄奴。因此，直到19世纪晚期奴隶贸易结束时，伊斯兰教才实现了向内陆地区的扩展。不过，欧洲殖民者的到来及基督教的扩张，导致伊斯兰教在内陆地区的传播和发展受到了限制。总体上看，穆斯林集中在肯尼亚沿海和东北部地区，内罗毕也有几座清真寺和大量的穆斯林。肯尼亚大部分穆斯林属于伊斯兰教逊尼派，大约7%的穆斯林属于什叶派，4%的穆斯林属于艾哈迈迪派。除了非洲人外，肯尼亚还生活着一定数量的索马里穆斯林、阿拉伯穆斯林和南亚穆斯林。

3. 基督教

基督教最早是在 15 世纪由葡萄牙殖民者传入肯尼亚的，其影响一直持续到 1729 年基督教徒被驱逐出蒙巴萨。1846 年，由英国资助的海外传教会任命的牧师约翰·克拉普夫来到肯尼亚传教。1862 年建立的联合卫理公会自由传教团也来到肯尼亚传教。这两大教会组织通过向那些逃难的奴隶传教和提供居所，促使他们在信仰上皈依基督教。在殖民时代，传教士传教是英国在肯尼亚进行殖民活动的重要手段。随着英国殖民活动的日益深入，19 世纪末 20 世纪初，基督教传教团也将其影响日益拓展到了内陆中央高地。肯尼亚的人口迅速"基督教化"，因为皈依基督教可以获得教会提供的医疗、教育等服务。那些曾经受到教会培训的福音传教士、教师、牧师等，带着传教的使命赶赴偏远的村庄和城镇，传播福音并用当地的语言在学校教书，这进一步促进了基督教的传播。除传播基督教教义之外，教会还向肯尼亚传播西方的价值理念，包括文学、教育、医学知识等。此外，一些教会吸收了非洲当地的传统宗教因素，逐渐从西方教堂中独立出来，建立不被西方传教会所控制的独立教堂。不过，基督教与非洲的传统宗教信仰存在区别。基督教关注的是来世，而非洲的传统宗教关注的则是当下；基督教关注的是个人，而非洲的传统宗教关注的是整体社会。当前，基督教是肯尼亚的主导性宗教，除了新教、天主教外，东正教也有大量信徒。在非洲，肯尼亚的东正教信徒规模最大。2016 年，肯尼亚东正教新建了两个教区，即涅里和肯尼亚山教区与基苏木和西肯尼亚教区，这两大教区都受内罗毕教区管辖。

二　服饰

肯尼亚的服饰非常多样，反映了文化的多样性特征。通过传统服饰装扮往往可以判断其族群身份归属。肯尼亚一些独具特色且色彩亮丽的服饰最初起源于沿海地区，这里的居民与来自阿拉伯、印度等国家的商人存在密切接触和交流，对其服饰的发展产生了重要影响。

生活在沿海地区的斯瓦希里男性居民一般会穿一种叫作"基科伊"

（Kikoi）的服装。基科伊是一种布料，由棉制成，通常有色彩明亮的条纹图案，布的边缘装饰着打结流苏。人们会用一整块"基科伊"将腰部裹住，并下垂到脚踝处。腰上可以系一条腰带，但这种做法并不普遍。"基科伊"作为一种日常服饰，既可以在白天工作时穿，也可以在下班后休闲时或者晚间睡觉时穿。除了"基科伊"外，沿海地区的斯瓦希里居民还会穿一种叫作"康祖长袍"的服装。"康祖长袍"从颈肩到脚踝，由一整块棉布制成。这种白色面料非常轻便，透气性能很好，因此比较适合生活在热带潮湿的沿海地区的人穿。

斯瓦希里女性会穿一种称为"肯加布"（Khanga）的色彩亮丽的棉质服装，这种服饰与"基科伊"相似。"肯加布"起源于19世纪东非的桑给巴尔岛。"肯加布"在斯瓦希里语中是珍珠鸡的意思，珍珠鸡的羽毛有很多复杂的图案。而"肯加布"通常会有很多色彩鲜艳的印花图案。斯瓦希里女性会将"肯加布"作为裙子和披肩，也用其制作衬衣和头巾。很多母亲会将"肯加布"系在胸前来背孩子。

信仰伊斯兰教的女性还会戴黑色的头巾面纱，男性则戴一种有复杂绣花的白色棉布小帽。这种装束在伊斯兰世界非常普遍。

在19世纪，肯尼亚人会将动物的皮毛制成服装或者鞋子。山羊皮由于具有柔韧性，一般会被用来制成服饰。然而，有些部族，如桑布鲁人、马赛人等，则穿牛皮制成的衣服。他们通常会用力将牛皮压薄，并涂上脂肪以使其变得更加柔软和具有韧性。生活在肯尼亚山周围的男性吉库尤人则会在其右肩上披一块山羊皮，女性则穿一种从腰部垂到脚踝的裙子。这种用兽皮制成的服装在当时很普遍，与吉库尤人比邻而居的坎巴人以及生活在肯尼亚北部地区的图尔卡纳人和生活在西部地区的卢奥人等都曾穿过这种服饰。虽然不同的族群可能穿着同样的山羊皮服饰，但是他们的不同装束仍能将其族群身份进行区分。例如，坎巴人会制作一种有漂亮图案的珠绣腰带将兽皮系在腰上以免滑落，还会戴一种蓝白相间的念珠项链，在脚踝和腰上戴一串较小的白色念珠；吉库尤人会在耳朵上戴一小圈红色念珠，在胳膊和腿上戴几圈铜线作为装饰。

时代不同，人们的服饰也在发生相应的变化。原来用兽皮制作的服装现在被棉布所取代，原来用植物的种子制作的念珠现在被玻璃或者塑料制品取代。城市里的男性会穿外套和打领带，女性则会穿套衫或者开襟的羊毛衫。肯尼亚的高中生与世界其他地方一样，穿牛仔裤、T恤衫，或者由裤子、短裤以及衬衫组成的校服。校服的搭配反映出殖民统治对肯尼亚人现代着装的深远影响。虽然西式服装以及文化深深地影响了肯尼亚人的现代装束，但是在举行婚礼等重大的人生场合，传统服饰依然发挥着重要作用，也同样能够折射出传统文化的延续和传承。

三　饮食

肯尼亚除了受西方饮食（如烤肉、炸鸡、薯条等）文化影响外，还有独具特色的饮食。不同地区因种植作物、自然环境以及文化习俗等不同，饮食也会存在差异。

在肯尼亚中央高地，一种常见的食物叫伊瑞欧（Irio），一般是将土豆和豌豆煮熟后捣碎，再加上完整的玉米粒食用。有些地区会添加绿色蔬菜或者与肉炖在一起食用。学校食堂有一种常做的菜叫吉特利（Githeri），它由豆子、玉米粒等加上各种蔬菜方丁混合盐、胡椒、辣椒等多种调味品煮制而成。

肯尼亚西部地区盛产鱼类，因此鱼在人们的饮食结构中具有重要地位。例如，维多利亚湖附近人们主要食用罗非鱼，图尔卡纳湖附近人们主要食用尼罗河鲈鱼。罗非鱼既可以新鲜烹饪，也可以腌制风干后转运到肯尼亚其他地区。在肯尼亚沿海地区，人们也常常食用鱼。鱼可以油煎，也可以放上调味品烧烤食用。

除了鱼之外，大蕉也是肯尼亚西部地区人们常食用的一种食物。大蕉与香蕉同属一科，但与香蕉不同的是，它一般不能生吃。大蕉需经油煎、油炸或者炖之后食用。早餐，人们会将大蕉蒸熟后食用；午餐或者晚餐，人们会将大蕉用水煮软，随后用油煎熟后食用。

肯尼亚人普遍食用的粮食作物是玉米。粗玉米粉（Posho）是肯尼亚最常见的食材之一。粗玉米粉可以和水混合并煮熟后作为粥来食用，也可以放在水中煮沸到稠厚的程度，卷成圆形块来食用。后者被当地人称为乌伽黎（Ugali）。乌伽黎既可以用粗玉米粉来做，也可以用小米或者高粱来做，同时还可以搭配蔬菜或者肉一起食用。

印度煎饼（Chapatis）、油炸圈饼（Mandazi）、三角包（Samosas）是肯尼亚沿海地区常见食物，反映了东非沿海地区与阿拉伯半岛、南亚等地区之间的文化联系。印度煎饼由小麦粉混合黄油或者人造奶油，再加入盐和其他调味料，在平底锅中油煎而成，与肯尼亚的快餐和肯尼亚茶是经典搭配。三角包由面包包裹着肉末、洋葱、辣椒和香料油炸而成。

咖啡和茶既是肯尼亚的重要出口创汇产品，也是肯尼亚常见的饮品。传统的肯尼亚茶是将茶叶、牛奶、糖和凉水煮沸后饮用。未添加牛奶的"浓茶"被称为红茶（black tea）。酒精类饮料，无论是企业生产的还是家庭酿制的，都统称为"非洲酒"（Pombe）。除了企业生产的瓶装啤酒外，肯尼亚人更为常饮的酒是自己家庭使用玉米、小米或者高粱酿制的酒。任何可以发酵的粮食都能酿制酒精类饮料，因此几乎每个地区特别是乡村地区都有自己酿制的酒类饮料。肯尼亚沿海地区比较流行的饮料是椰子汁（Madafu）和棕榈酒（Tembo）。

四 婚俗

在传统肯尼亚社会，婚礼是一项非常复杂的事务，并且被视为未成年子女走向成熟的最后一步。年轻的男女如果没有结婚便被视为未成年人，结婚则意味着成年。婚礼一般会持续几天，包括许多仪式。新郎的家族会向新娘的家族提供礼物，如牛、粮食、现金等。

肯尼亚与世界其他国家一样，族群归属不同，婚俗也存在一定差异。但肯尼亚多数族群的婚俗也存在很大程度的共性，即婚姻不仅是男欢女爱，而且涉及新郎和新娘各自所属两大家族之间的关系问题。在肯尼亚，吉库尤人的婚俗比较具有代表性，其他族群的婚俗与吉库尤人的婚俗相似。如各族群皆将传统习俗与现代生活进行结合。

作为婚事过程的第一步，男方的家族要对外宣布孩子即将结婚。通常情况下，男方要告知家族其所中意的女孩。在过去，男方的婚姻通常由其父亲来决定。对外公布孩子结婚的事宜之后，新郎所属家族会派几个代表拜访新娘所属的家族。这些代表会携带一只母羊、一只公羊和当地酿制的啤酒等作为聘礼。这样可以显示男方家族对这桩婚事的重视。随着越来越多的人在城市中生活，作为聘礼的母羊和公羊逐渐被现金取代，而曾经自家或者当地酿制的啤酒也被酿酒厂的瓶装啤酒取代。

当男方家族的代表抵达女方家后，女方家族的代表会站起来问："我们家来了陌生人，他们为什么会在这里？"男方家族的代表随后会说："我们家的男孩看上了你们家的女孩。"然后，村子里的女孩会一个接一个地被请进来，男方家族的代表会被问及："是这位吗？"当最后可能的新娘出现时，他们会说："是这位。"随后，女方家族会问女孩："你认识他们吗？（或者你感兴趣吗？）"如果女方同意，那么便进入第二阶段，即就聘礼问题进行协商。这时男方家族的人会问："我们现在可以喝啤酒了吗？"如果女方家族表示同意，那么协商聘礼的阶段便正式开始了。当然，从理论上讲，女方也可能会给出否定的回答，这种情况便意味着婚事无法继续了。

不同的族群，聘礼的构成往往存在差异。一般来讲，聘礼包括一定数量的动物、食物以及非洲酒。一些游牧民族，如桑布鲁人和伦迪尔人，聘礼包括固定数量的牛或者骆驼，以及经协商之后所确定的一定数量的绵羊和山羊。随着城市化进程的加快，越来越多的人融入城市生活中，婚俗也发生了相应的变化，如原来由牛、羊、骆驼等构成的聘礼，变成了现金甚至汽车之类的商品。

在传统的非洲社会，送聘礼是婚嫁中非常重要的习俗。因为女性劳动力对其所在家族非常重要，女儿出嫁对家族而言是一项重要的损失。而且，聘礼不仅仅是给女方父母的。所有的聘礼，无论是现金还是其他商品，都要在女方家族的各个成员间进行分配，包括新娘的兄弟、叔伯等。当然，男方家族的聘礼也不是只由新郎的父亲提供，新郎的叔伯、弟兄也会为其提供聘礼。聘礼的来源和分配表明，婚姻所体现的不仅是男女之间的关系问题，还凸显了两大家族之间的联系和纽带。

关于聘礼的协商结束之后，女方家族需要派代表回访男方家族。女方家族需要知道新娘要嫁去哪里以及男方家族的情况。抵达男方家族后，男方家族一般会举办宴会进行招待，并向女方家族代表介绍男方家族的亲戚朋友。等聘礼商定和相互拜访完毕之后，才能举行正式的婚礼。穆斯林的婚礼大多会在清真寺中举行。在婚礼正式开始之前，司仪会走上街道宣布婚礼开始。伴随着喇叭声，参加婚礼的亲戚朋友载歌载舞。新娘的手和脚上往往会画上精美的图案。在司仪的主持下，新郎和新娘在长辈面前宣誓结为合法夫妻。

在波科特人（Pokot）的婚俗中，结婚前新郎要和他的朋友们带着啤酒去新娘的家中。如果新娘的父亲接受并且喝了啤酒，就表明他同意了这门婚事。随后双方的长辈要协商聘礼的事。男方要考察女方的祖先是否与自己的家族存在血缘关系，是否为强大的家族。女方的长辈也要考察未来新郎的家族及其财产状况。如果双方对彼此的情况都满意，那么便要开始协商聘礼事宜了。只有当聘礼交到了新娘家族的手中，婚礼才能正式开始。波科特人的婚礼一般在新郎的家中举行，新娘的右手臂上要戴皮腕带。做完祷告，长辈们给予祝福之后，亲朋好友纷纷聚在一起唱歌、跳舞和喝酒。

图尔卡纳人的婚俗是，如果男方中意某位女子，那么他便会送给女方的父亲一些烟草和一两只羊作为礼物以表露希望娶其女儿之意。如果女方的父亲同意，那么男女双方的家族便开始协商聘礼事宜。在游牧民族中，聘礼几乎是给多少动物的问题。在桑布鲁人和伦迪尔人看来，聘礼应当包括八头牛或者八头骆驼，而绵羊和山羊的数量则可以商量。而对图尔卡纳人来说，聘礼没有固定的数量，经协商后的聘礼一般包括牛、骆驼、绵羊、山羊甚至驴。在所有这些族群中，大部分的聘礼是由新郎承担的，但是他的家族以及兄长、叔伯等也会给予帮助。在婚礼当天，新郎身穿豹皮披肩，头戴鸵鸟毛，带着一头牛去新娘家。新娘家的女性会准备好烤肉和牛血，供两大家族的男性享用。待宴会结束新郎家的人回家时，新娘也要跟着他们回去，因为此时新娘已属于男方家族。

在传统肯尼亚社会，所有的社会阶层和族群普遍存在一夫多妻制。一个男人可以有两个或两个以上的妻子，但是一个女人只能有一个丈夫。在现代肯尼亚社会，大部分民众是基督徒，因此一名男子只允许拥有一名合法的妻子，即便按照传统习俗其可以拥有多名妻子。

五　住　所

住房是财富和地位的象征。在肯尼亚，不同族群、不同区域，因习俗、环境等不同，住房往往也会存在差异。肯尼亚很多地区的房子由木材建造，并涂上灰泥使其白天凉爽、夜间温暖。在肯尼亚北部荒漠和半荒漠地带，由于森林资源贫乏，很多房子是用泥、牛粪和干草建成的。沿海地区的房子则用石头、珊瑚碎石等材料建造。在内罗毕、蒙巴萨、基苏木等大城市，很多建筑用水泥、钢筋、混凝土等建造。

除了城市中的现代建筑外，乡村的住房保持了很强的传统色彩和族群特色。乡村地区居民的住房是由几个不同的建筑物组成，这些建筑物分别具有不同的功能，如供家人睡觉、做饭、吃饭等。建筑物的中间是敞开的庭院，庭院中会有一些小的房屋用来存储粮食或饲养家禽。这些房子的建筑材料可以是石头、木材、草或者泥巴，材料的选择很大程度上取决于当地的生产环境。房子形状不一，有圆形、正方形和长方形等各种形状。现代的乡村地区很多住房是由石头和水泥建造而成，内外墙壁上会刷上白色的涂料。屋顶也不再是茅草，而是由瓦楞钢板做成，有的还涂上绿色、红色等颜料。与茅草屋顶相比，瓦楞钢板可以吸收和保存更多热量，也能更好地抵御雨水等的侵袭。

与农耕民族的住房不同，游牧民族的房屋结构比较轻便，其大小一般根据家庭需求而有所变化。游牧民族的房屋为圆形，房屋直径一般为 2.7～3 米，房屋高度为 1.8 米左右。房屋框架由长长的枝条弯曲而成，屋顶搭上茅草垫。例如，伦迪尔人便用树枝和野生剑麻来建造房屋框架和屋顶。此外，位于房屋西侧的门口一般需要悬挂两张半的兽皮进行遮挡，屋子里面的后墙上一般也会悬挂一些牛皮。通常而言，肯尼亚游牧民族的一个定居点会有二三百人，他们分别住在几十个房屋中。这些房屋会形成一个比较大的圆形围墙，里面会用栅栏圈养骆驼、绵羊、山羊等。

历史上，沿海地区斯瓦希里统治者住在一种称为"尤姆巴"（Jumba）的多层建筑中。这种房屋用珊瑚碎石及其他石材建造而成，屋顶是红木制的边框。镶嵌着黄铜且雕刻精美的大门紧邻街道，传统上门是由柚木制作而成的。进门后会有一个门廊或者走廊，通向中间露天的庭院。与乡村的茅草屋不同，这些房屋代表的是声望、财富和影响力。

第二章

历　史

第一节　早期历史

一　从古猿到智人

非洲是人类的起源地之一。从非洲北部的埃塞俄比亚到南部的坦桑尼亚，诸多最近的考古发现都充分证明了这一点。人类的进化是一个非常复杂而漫长的进程，其间经历了森林古猿、腊玛古猿、南猿、猿人（人属成员和直立人）、智人（现代人）等不同发展阶段。肯尼亚曾是人类祖先的栖息地，经历了从古猿到现代人发展的全过程。

1948 年，考古学家在肯尼亚西部维多利亚湖的卢辛加岛发现了世界上已知最早的古猿头盖骨。这种猿叫非洲普罗猿（Proconsul Africans），简称普罗猿，属森林古猿（Dryopethecus），生活在 2000 万年前。

森林古猿进化的下一阶段是腊玛古猿，能直立行走并使用天然工具，被认为是人类的远祖。考古学家路易斯·利基在肯尼亚特南堡地区发现的肯尼亚古猿威克种便属于腊玛古猿，生活在 1400 万年前。考古学家在巴林戈盆地的卢凯诺发现一枚臼齿，年代大约在距今 650 万 ~ 600 万年，与南方古猿相似。从肯尼亚图尔卡纳湖西南的洛萨加姆发现的一块带着一枚牙齿的下颌骨，从其形状看，也属于南方古猿。250 万 ~ 200 万年前，南方古猿粗壮种曾生活在肯尼亚图尔卡纳湖以东的奥杜瓦伊。南方古猿粗壮种有 1.5 米高，其重量估计在 36 ~ 66 公斤，因此与其他种相比更粗壮。

大约160万年前，能人进化成一种与现代人最相似的动物——直立人。1984年，理查德·利基在图尔卡纳湖的西岸发现了一个最完整的12岁直立人男孩的头颅，其眉脊突出，前额低下，下巴也突出，看起来可能更像今天的年轻人。

史前史学家们认为，早在1932年在肯尼亚西部的坎杰拉发现的4块破损的头盖骨与现代人（布须曼人）相仿，它们属于世界上最早的真正的"智人"（Homosapiens），其地层年代约在5.5万年前。

以上考古学发现表明，肯尼亚是人类最早的栖息地和起源地之一。从森林古猿到智人的整个进化过程，肯尼亚都有所经历。

二 石 器 时 代

能够制造和使用工具，是人类区别于其他动物而独有的特性。根据制造和使用工具的性质不同，人类的发展演变可划分为不同的阶段。人类最初能够制造并使用的工具是石器。从第一批原始人开始用石头制作特定形状和样式而被认为是工具的时候起，人类便进入了石器时代。

考古研究表明，肯尼亚所在的东非地区是人类最早制造和使用石器工具的地区之一。与世界其他地区相比，该地区石器时代存续的时间更长。以是否发生重大技术变革为标准，肯尼亚的石器时代可以划分为早、中、晚、新四个阶段。

（一）早期石器时代

已知人类制造工具的最早年代大约在300万年前。早期石器时代大致从300万年前持续到10万年前。在200多万年间，人类发明了两项重要的工具：卵石工具和手斧工具。

所谓卵石工具，一般是从手掌大小的卵石和石块上再用其他石头敲打下来一些石片，以制造粗陋而有用的切割石器。早期人类一般用这种石器切割动物皮毛，或者挖掘、捣碎植物根茎等。还有许多石片薄而锋利，主要用于从事轻巧的工作，比如把杀死的猎物加工成食物，制造木质武器，或者用于营地的家务活。考古学家在肯尼亚大裂谷附近的湖边和沼泽地带发现过此类工具。

早期石器时代的另一个重要石器是手斧，这也是阿舍利文化的典型工具之一。手斧是两面打制工具，一端较尖较薄，另一端略宽略厚，呈泪滴等形状，有剥皮、挖掘等多种用途，代表了古人类进化到直立人时期石器加工制作的最高技术水平。作为一种工具，手斧不仅能用作砍削，还能用于修整更大的物体。手斧文化存在于非洲和欧亚大陆。2011 年 9 月，考古学家发表的研究成果显示，肯尼亚发现的手斧工具至少有 170 多万年的历史，这比先前已知的最早的手斧工具提前了至少 30 万年。

（二）中期石器时代

中期石器时代，石器制造技术得到进一步发展，石器工具制造工艺更加复杂，外形装饰也更加美观。与早期石器时代相比，这一时期的石器工具更薄且功能更多。特别是将加工成型的石器工具装在木柄或者其他材料上，成为这一时期石器技术的重大突破。将石件装到木柄上不仅涉及从树脂制备树胶，而且涉及比较复杂的木头成型、剥皮和开槽，可能还涉及用火煅烧。由此可见，这一时期的工具制造技术有了很大改进。

受自然环境、经济等方面因素影响，这一时期的石器制作也开始出现了区域差异和变化。例如，维多利亚湖盆地多森林或密林，这个地区出土的工具有手斧、石尖、石凿和一种像长剑一般的石矛头，许多石器像是用来制作木头器具的，还可用来制作捕兽笼这类捕猎工具。在尼安达鲁瓦山脉、纳纽基、肯尼亚山低坡和基南戈普一带，发现的各种工具适应林区和草原的环境，最有代表性的是一种树叶形的枪尖；埃尔蒙塔塔湖和奈瓦沙湖周围出土的工具除了有带背的石片刀、石刻刀和小刮刀外，还有许多月牙形或半月形的细石器（及骨锥），所用石料几乎都是黑曜石。半月形的细石器是为石茅和鱼叉（也许还有箭）作倒钩之用，小刮刀（和骨锥）是用来剥皮和缝制衣服及皮革容器的，说明使用这类工具的人既捕鱼也打猎。石器制作差异化表明人类面对不同自然环境适应能力的提高以及创造力的提升。

（三）晚期石器时代

晚期石器时代始于 2 万～1 万年前。与中期石器时代相比，这个时期的技术革新得到进一步发展，制造各种形状的石器已非常普遍。细石器是这个时期石器制造技术的典型。有的细石器长度不到 1 厘米，具有笔直的切削锋利刃口和曲线形钝背，呈新月形或半月形。这些石件一般会装在木柄或者骨柄上加以使用。这一时期的人类还发明了弓箭，甚至将毒物抹在箭上，用于猎杀动物。磨石也是这一时期的发明，被用来压碎硬物或者捣碎植物等。

肯尼亚晚期石器时代遗址在大裂谷内的奈瓦沙－纳库鲁地区和周围丘陵地带，以及维多利亚湖地区和阿提河附近的鲁克尼亚山。人们在肯尼亚高原和大裂谷还发现了一些具有某些显著特点的遗址，这些遗址不是用细石叶制造工具，而是用长石叶。当地特有的黑曜石是制造工具的原料。这种文化类型被称为肯尼亚卡普萨文化，距今有 10000～5000 年的历史。这一时期人类可以制造更为复杂的工具，会将皮革缝制成衣服或者帐篷，会将植物种子、石头、骨头等串成项链作为装饰。他们主要依靠捕食水生动物为生。出于适应水域生活的需要，他们不仅要制造捕鱼工具，而且要学会捕捞水生动物。肯尼亚卡普萨文化及其创造者代表了黑人水域文明在西南地区的高峰。

（四）新石器时代

新石器时代大约始于公元前 5500 年，大概延续至公元前几百年。新石器时代，人们除了渔猎之外，已经开始发展定居农业和畜牧业。不过，肯尼亚的遗址考古发现并没有证据表明这一时期已有农业，但畜牧业的确已经存在。在靠近纳库鲁的恩乔罗河洞穴处的火化遗址和莫洛附近的凯林盖特洞穴火化遗址都发现了畜牧业的遗迹。从遗迹来看，这一时期人们饲养的家畜主要是绵羊、山羊和牛。对骨骼遗骸的研究表明，牛衰老时，大部分会被屠宰，而山羊和绵羊则在很小的时候就被屠宰，养牛则更多是为了喝奶。在这些遗址中，还发现了大量的石器、木器、陶器以及骨制品。陶器比从前有了改进，大小不同，形状各异，并有多种修饰。这一时期还产生了火葬文化，在海拉克斯山发现的女性墓葬伴有随葬品——平底石碗或石盘、陶器以及其他石器。

三 进入铁器时代

制造和使用铁器是人类文明进一步发展的重要标志，冶炼和使用铁器则是在青铜时代之后人类技术上的又一大突破。由于肯尼亚没有铜矿石，所以在石器时代之后并未像世界其他地区一样进入铜器时代，而是直接进入了铁器时代。不过，冶铁技术的传入比较晚，主要是来自北部的埃塞俄比亚高原（传入大裂谷及周围地区）和东部的印度洋沿岸，此外还可能来自乍得湖畔的刚果（经乌干达由西跨过维多利亚湖）。肯尼亚铁器时代早期大约始于公元 1~2 世纪，延续了一千多年。这一时期的人们使用铁制工具砍伐树木，用于开辟新的农业用地，对促进农业和畜牧业发展发挥了重要作用。除制造铁制工具提高生产力外，人们还用铁器作为装饰，例如铁制的手镯、戒指等。在肯尼亚东南地区，考古学家发现了石刀、一个砂岩石磨、一个铁制箭头、铁矿渣、一个黏土制成的吹风管或是在熔炉底部干燥用的管子、烧制的黏土和超过 2000 件的陶器碎片。在肯尼亚，与铁器存在密切联系的还有陶器。与晚期石器时代和新石器时代的陶器相比，铁器时代的陶器在外形、修饰手法等方面取得了更大进步，并且实现了更大范围的传播。陶器的发明和使用意义重大。陶器用途有限，但对于定居部落，罐子能使制作食物的方法多样化。

作为人类的起源地之一，肯尼亚经历了从猿到人演进的几乎所有历史阶段。从考古遗址来看，肯尼亚具有丰富的石器文化，且石器时代延续的时间较长，但在后期发展过程中落后于欧亚地区。导致肯尼亚落后于欧亚地区的一个主要原因是其所处地理环境阻碍了其与外界的接触和交流。

第二节　19 世纪之前的内地和沿海

在遭到殖民入侵之前，肯尼亚这片区域并未出现现代意义上的国家这一政治体制。不同族群生活在肯尼亚的不同地区，他们之间存在密切互动，既有冲突和战争，也有合作与融合，还存在密切的物质文化交流。不同族群还存在通婚现象，在交流融合的基础上形成新的族群。在早期历史进程中，内地族群独立地演化，而沿海地区则深受印度洋贸易的影响，内地与沿海之间因地理上的阻隔缺乏交流和互动。随着贸易范围的扩大、殖民者的入侵等，内地与沿海的地理屏障渐被打破，内地的传统秩序亦被打破。

一　内地主要族群的形成和发展

肯尼亚早期历史缺乏文字记载。通过对考古资料、语系归属以及口头传说的分析，肯尼亚早期居民主要可分为四种不同的语言集团，即科伊桑人、班图人、库希特人和尼罗特人。

科伊桑人，也称科伊科伊人，可能是肯尼亚最早的居民。他们主要靠采集、打猎为生，居住在湖泊附近的居民则从事捕鱼活动。在公元前5500～前2500年或更晚一些时候，科伊桑人生活在肯尼亚中部高原裂谷内和卡维隆多湾周围。经过几千年的演变和发展，他们逐渐被库希特人、尼罗特人和班图人等驱逐或者同化。如今肯尼亚境内已无科伊桑人，他们主要居住在南部非洲地区。

班图人，即操班图语的族群，他们从非洲西部的雨林地带横穿非洲大陆抵达非洲东部地区。抵达东非地区的班图人被称为东班图人，他们系班图人的一个分支。公元初几个世纪，东班图人从现在肯尼亚东南部的塔依塔山区扩散，在到达沿海后北上，其中的一股沿塔纳河上溯到中游，因遇到索马里人和加拉人而退回南方。还有一股北上抵达肯尼亚、索马里边境一带，在那里定居几个世纪后大约于15世纪前又向肯尼亚内地扩散。班图人在肯尼亚境内迁徙扩散的过程中，不断吸收融合其他早来的居民，从而形成不同的新族群，如吉库尤人、姆贝雷人、梅鲁人、坎巴人、卢希亚人、基西人等。随班图人而来的还有冶铁技术和铁制工具的使用。班图人使用铁制工具开发森林，从事农业种植，促进了肯尼亚农业文明的发展。在早期历史中，班图人生存所依靠的主要是种植薯蓣，但随着与其他族群的交流和对农业技术的学习，班图人也开始掌握种植其他作物的技术。与作物种植多样化的趋势相同，讲班图语的社会差异也不断扩大，到11世纪时，甚至出现了许多独成一体的语言——东北沿海地带语言，它本身就包含4种不同的方言或方言群：塞乌塔语、萨巴基语、鲁伏语和阿苏语。

库希特人，分为南库希特人和东库希特人两个分支，均源于埃塞俄比亚高原。公元前3000年，南库希特人便已定居在肯尼亚北部地区，并由此向南扩张，经过1000多年，已抵达坦桑尼亚的中部地区。东库希特人分布于肯尼亚的北部地区和图尔卡纳湖以东地区。还有一支东库希特人曾沿着塔纳河向沿海扩张，然后又折向北方，一路打败并迫使先来的索马里人（加雷人）退缩到内地，并将已进驻沿海北部的班图人向南推到萨巴基河一带。生活在肯尼亚北部地区的库希特人多数是牧民，他们懂得饲养牛、驴以及其他家畜。除了饲养家畜，他们还种植谷物。也有证据表明，他们懂得使用灌溉技术和施用粪肥，以提高作物产量。在扩张演变的过程中，库希特人也经历过被同化的命运。例如生活在肯尼亚大裂谷和高原地带的库希特人就曾遭到尼罗特人和班图人的同化。南库希特人在肯尼亚的后裔有达哈洛人。

尼罗特人，根据生活地域不同，可划分为南尼罗特人（高原尼罗特人）、东尼罗特人（平原尼罗特人）、西尼罗特人（河湖尼罗特人）。自公元前500年起，南尼罗特人从乌干达—苏丹交界地带向南迁徙，抵达肯尼亚中部大裂谷和西部高地地区定居下来。南尼罗特人与生活在该地区的南库希特人混居并相互通婚，经过近千年的发展与融合，逐步形成新的族群——卡伦金人。东尼罗特人在公元初年已散居在图尔卡纳湖北部至乌干达东北边境一带。马赛人、图尔卡纳人等是东尼罗特人的后裔。南尼罗特人最初进入肯尼亚时，以游牧为主，同时种植一些谷物。这一生活方式在长达1000多年的时间里并未发生重大变化。东尼罗特人将家畜饲养和谷物种植加以混合，形成了某种程度的混合经济。

在肯尼亚早期历史上，班图人、库希特人、尼罗特人等族群发挥了重要作用。在几千年的发展过程中，这些族群在人口、环境、饥荒等压力下不断迁徙，寻找新的土地和生存环境。他们往往生活在不同区域，拥有自己的地盘，但是在迁徙过程中既存在冲突，也存在交流与融合，不同族群间还存在通婚现象。通婚促进了不同族群的融合，也孕育了新的族群。到西方殖民者入侵前，肯尼亚这片地域上已形成40多个族群。其中，在肯尼亚社会中占有重要地位的主要族群包括吉库尤人、坎巴人、马赛人、卢希亚人、卢奥人、卡伦金－南迪人等。

吉库尤人是肯尼亚人口最多的族群，其祖先可追溯到东班图人的一支，历经几个世纪的迁徙、冲突、同化、吸收、融合等而形成。到19世纪末，吉库尤人占据了内罗毕和卡鲁拉之间的地区，南面逼近穆里鲁，西面进抵尼扬达鲁瓦。坎巴人的祖先也是东班图人的一支，17世纪中叶迁徙到姆布尼山区，18世纪时有一部分坎巴人迁徙到了东部的基图依和西北方的马恰科斯山区，到19世纪中期，他们已经有了稳定的生活区域。马赛人的祖先曾散居在东起桑布鲁地区、西至乌干达东部的卡拉莫琼草原，其影响力的顶峰时期是18世纪末，当时他们控制了西北从瓦辛吉休台地到莱基比亚和桑布鲁高地，南面直达坦桑尼亚北部草原。卡伦金人的祖先属南尼罗特人的一支，在卡伦金人中最具影响力的族群是南迪人。南迪人的迁徙于18世纪后半期结束。卢希亚人则是班图人和尼罗特人后裔的混合体，大约形成于17世纪。卢奥人的祖先属西尼罗特人的一支，并在16世纪初至17世纪中期先后移居肯尼亚的尼扬扎地区。

不同族群往往在生活方式、族群特性等方面存在差异。例如，吉库尤人的生产活动以农业为主。他们往往居住在土壤比较肥沃的地区，这样可以种植更多的作物。坎巴人的生活来源最初是依靠采集、放牧和打猎，后来逐渐引入种植业，从而形成以农牧业为主的社会。马赛人则一直以游牧业为主，并且将牛视为重要财富，为此他们需要控制土地和水源的使用。马赛人骁勇善战，在争夺财富的过程中往往可以战胜其他族群，使其他族群畏惧。

虽然这一时期，不同族群存在冲突、同化、吸收、融合等现象，但是他们在彼此互动的进程中并没有形成单一的中央集权制的国家政治体制。很多族群缺乏统一的政治机构，也没有形成酋长制度。例如，作为肯尼亚人口最多的族群，吉库尤人并没有全族的首领——酋长。他们基本的社会单位是家族，若干家族构成氏族，所占地域称"姆巴里"，由家族长组成的长者会议管理。虽然很多族群没有形成统一的政治机构和官僚集团，但是他们也形成了自身独特的社会组织形式——年龄集团。所谓年龄集团，是指不同年龄段的人组成一个集团（一般10~15年为一个年龄段），如青年战士集团、已婚成年集团和长者集团。年龄集团这一社会组织的作用是可以将一定地域内相同年龄段的人聚集在一起并进行一定的分工，彼此可以加强交流与协作，从而构成族群内部开展合作的重要基础。年龄集团对促进族群的延续和发展发挥着重要作用。

二 沿海斯瓦希里城邦的兴起和发展

肯尼亚沿海地区深受印度洋贸易的影响。在早期历史上，由于地理上的阻隔和技术上的限制，肯尼亚沿海地区与内陆接触和互动甚少，其经济发展和社会文化演进主要受环印度洋地区的阿拉伯、波斯、印度等文明的影响。为这种影响提供便利的恰恰是季风这一独特的气候因素。

印度洋季风为阿拉伯人来到东非沿海地区创造了条件。每年 12 月季风开始从东北吹来，到来年的 3 月转而吹西南风。阿拉伯人乘着独桅船，借助季风，穿梭在东非沿海、阿拉伯半岛和印度之间从事贸易活动。借此，阿拉伯半岛成了环印度洋贸易的中心。阿拉伯人来到东非沿海地带经商，与当地的非洲人通婚，形成了独特的斯瓦希里语言和文明。当然，来东非沿海一带经商的除了阿拉伯人外，还有波斯人、印度人等，他们对斯瓦希里文明的形成也发挥了一定作用。

斯瓦希里语是伴随伊斯兰教在东非沿岸人民中的推广，借用了许多阿拉伯词语和波斯词语才发展起来的。斯瓦希里语最初集中在塔纳河三角洲以北和沿索马里海岸的地区，然后从那里向南扩散。沿海地区定居点发展为斯瓦希里语的使用和传播创造了条件，而统一语言的使用则促进了贸易的发展和繁荣。随着沿海居民与阿拉伯人相互影响的加深，越来越多的阿拉伯词语及其写法被吸收进斯瓦希里语。9 世纪前后，斯瓦希里语被来自索马里和肯尼亚北部的商人传播到南方。

与阿拉伯人一起到来的还有伊斯兰教。伊斯兰教在东非沿海地区的传播大致始于 7 世纪末或 8 世纪，并在 12 世纪后半叶得到进一步传播，到 14 世纪和 15 世纪得到充分发展。这说明，伊斯兰教在东非沿海城邦的传播经历了漫长的时期。并且在最初几百年的时间里，皈依伊斯兰教成为穆斯林的非洲人数量非常有限，大部分人依然信仰传统宗教。

斯瓦希里文明赖以存在的基础，除了农业和渔业外，最重要的是发达的印度洋贸易。东非沿海城邦的贸易对象不是西向的内陆，而是东向的阿拉伯、印度乃至地理上更为遥远的中国。东非沿海诸邦出口的商品主要有象牙、玳瑁、龙涎香、熏香、香料、奴隶、黄金和铁，进口的商品主要有陶瓷、布匹、珠子和玻璃制品。在非洲东海岸许多地方都能找到中国钱币，这说明那时中国已与非洲东海岸存在商业上的往来。

肯尼亚沿海地区不仅进入了印度洋贸易体系，而且在文化层面也归属于斯瓦希里文明，深受伊斯兰教的影响。其中，在印度洋贸易体系中占有重要商业地位的城镇有马林迪、蒙巴萨、拉穆等。马林迪是东非沿海最古老的城邦之一，历史上曾以出产铁而闻名。除了铁以外，马林迪主要经营象牙、黄金、蜂蜡、龙涎香和树脂等商品。和大部分其他定居点不同的是，马林迪甚至在16世纪就拥有由奴隶耕作的稻谷种植园。蒙巴萨也是东非沿海的一大港口城镇，与马林迪向来关系不和。15世纪，蒙巴萨日渐强大，对外贸易兴盛，港口经常停泊着各种大小船只，它们往来于索法拉、马林迪、桑给巴尔群岛乃至印度。在拉穆群岛上有一些小的苏丹国，其中一个岛上就有三个，即帕特、锡尤和法扎。它们之间争执不休，无法结成反对葡萄牙入侵者的统一战线。

到1500年，马林迪、蒙巴萨等肯尼亚沿海城镇已发展成为印度洋贸易体系中重要的商港。这里的居民讲斯瓦希里语，信仰伊斯兰教，建筑风格、文化习俗等方面也受到了阿拉伯文化的影响。除了住在城墙宫殿中的统治者外，富裕的商人等上层人士也居住在石头修建的房屋中，其中很多建筑是多层的，并且中央有庭院。在上层人士的居室中，往往有花台布、丝绸、缎子、铜器、中国瓷器、中东玻璃器皿、玻璃珠子等奢侈品作为装饰。这些奢侈品的使用也显示了当时贸易的繁荣。不过，随着葡萄牙人的入侵及其对外贸易的中断，斯瓦希里文明日渐衰落。

三 葡萄牙人的入侵和统治

15世纪末，因土耳其人切断了原来通往东方的陆上通道，葡萄牙人沿着大西洋绕过好望角寻找新的商路。葡萄牙人的主要目的是控制海上贸易通道，劫掠和榨取财富，传播基督教。1498 年，瓦斯科·达·伽马抵达非洲东海岸，在肯尼亚的蒙巴萨受到冷遇，却在马林迪受到热烈欢迎。达·伽马之所以在马林迪受到欢迎，主要是与马林迪和蒙巴萨关系不和及长期敌对有关。在长达上百年的殖民统治时期，葡萄牙人与马林迪维持着同盟关系，双方共同对抗蒙巴萨。不过，葡萄牙的主要兴趣不在非洲东海岸，而是在中东和印度。葡萄牙人寻求建立一个涵盖整个印度洋贸易的大帝国，而帝国的中心设在印度的果阿，帝国的统治者称印度总督。非洲东海岸在这一帝国体系中发挥着基地补给的作用。

16 世纪初开始，葡萄牙人沿着非洲东海岸自南向北，利用船坚炮利对沿海诸邦进行攻击和征服。1505 年，葡萄牙派出 20 多艘舰船组成一支舰队前往印度。这支舰队的指挥官是新任印度总督弗朗西斯科·德·阿尔梅达。他的首要任务是控制东非沿海的三个要害据点：索法拉、基尔瓦和蒙巴萨。到 1505 年时，蒙巴萨的贸易额已超过了基尔瓦，当时基尔瓦的人口仅有 4000 人，而蒙巴萨的人口则达到了 1 万人。而蒙巴萨这一重要城池的居民从未对葡萄牙殖民者屈服，而是在每次入侵中都做了殊死拼搏和顽强抵抗。在葡萄牙人征服非洲东海岸的过程中，蒙巴萨一直是他们的"眼中钉和肉中刺"。

1505 年 8 月，阿尔梅达率领舰队抵达蒙巴萨，遭到当地居民的抵抗。蒙巴萨军民使用的岩石和弓箭始终敌不过葡萄牙人的滑膛枪和弩机，最终国王被迫投降。阿尔梅达的部队将蒙巴萨洗劫一空，最后将该城付之一炬，并且没有留下任何士兵。1528 年，蒙巴萨再次遭到葡军的攻击，并被短暂占领了四个月。葡萄牙人对蒙巴萨没有长期的政策或计划，因此在撤出之前再次将其夷为平地。葡萄牙人在东非海岸的行动显然具有惩罚性和毁灭性，他们禁止这些城邦之间的一切贸易，商人们被迫离开去往马林迪。拉穆和帕特被占领，混乱的瓦解进程由此开始。

16 世纪中期，土耳其人建立的奥斯曼帝国崛起于西亚北非，其在非洲东海岸北部地区的袭击对葡萄牙人在该地区的利益造成巨大威胁。在土耳其人的支持下，包括法扎、帕特、拉穆、蒙巴萨等在内的沿海诸邦发起针对葡萄牙殖民者的起义。为应对东非沿海地区的起义，葡萄牙从印度调集军队进行镇压。1588 年，葡萄牙在马林迪的协助下打败了固守在蒙巴萨的土耳其人以及起义的阿拉伯人与斯瓦希里人。蒙巴萨再次被葡军洗劫一空。

非洲东海岸居民的反抗和土耳其人南下所带来的威胁，使葡萄牙人认识到必须加强在沿海地区的势力。为此，葡萄牙人利用印度的石匠和马林迪的劳工，于 1593 年在蒙巴萨修建完成耶稣堡，并立马林迪王哈桑·伊本·阿赫迈德为蒙巴萨苏丹，以酬其"忠"。葡萄牙在耶稣堡驻军 100 人，其队长的管辖范围北至索马里布拉瓦，南至莫桑比克德尔加杜角。因此，蒙巴萨的真正实权掌握在耶稣堡葡萄牙长官的手中。由于葡萄牙长官骄横贪婪，忍无可忍的阿赫迈德苏丹于 1614 年到印度的果阿向葡萄牙总督告状，但未果。他在返回非洲后被葡萄牙官员买通的当地部落居民杀害。

阿赫迈德死后，其 7 岁的儿子优素福被送往果阿，在当地接受基督教教育。1630 年，优素福回到蒙巴萨并继任该城的统治者。1631 年，优素福率部队突袭耶稣堡，将驻守在此地的所有葡萄牙官兵消灭。随后，优素福皈依伊斯兰教。同年底，优素福率领起义军击退了果阿派来的葡萄牙舰队的进攻。然而，由于没有得到广泛的响应和支持，面对葡萄牙援军在 1632 年发起的再次攻击，优素福退出了蒙巴萨，在海上继续从事反葡活动，于 1637 年死于吉达。

17 世纪下半叶，面对风起云涌的地方起义和英国、荷兰新殖民者带来的压力，葡萄牙人在非洲东海岸、中东以及印度的殖民统治不可避免地走向了衰落。1650 年，阿拉伯半岛上受葡萄牙殖民统治的阿曼的马斯喀特在教长苏丹·伊本·赛义夫的领导下赶走了葡萄牙人。1652 年，阿曼教长派舰队袭击帕特和桑给巴尔的葡萄牙人。1660 年，赛义夫应帕特人请求进攻法扎，占领蒙巴萨（不含耶稣堡）。1696 年 3 月，7 艘阿曼舰船运载着 3000 人的部队，在蒙巴萨登陆。他们轻而易举地占领了该城和全岛，随后包围了耶稣堡。包围持续了两年半，直到 1698 年 12 月投降。随后几十年，葡萄牙人曾一度重占耶稣堡，但在 1729 年又被赶走。自此，葡萄牙人在东非沿海地区的殖民统治局限在莫桑比克，而肯尼亚沿海城邦的统治权则落到了阿曼人的手中。

四　阿曼－桑给巴尔阿拉伯人的统治

17 世纪末，参与攻陷耶稣堡战役的阿曼马兹鲁伊家族逐渐确立了其在蒙巴萨的统治地位。1741 年，阿曼教长任命马兹鲁伊家族的穆罕默德·伊本·乌斯曼为蒙巴萨总督。不久，阿曼统治集团发生内讧，马兹鲁伊家族趁机宣布蒙巴萨独立。马兹鲁伊家族还夺取了奔巴作为蒙巴萨居民食物的主要供应地，并同帕特的统治家族建立联盟，向帕特派驻了军队。

18 世纪前半期，登上阿曼王位的赛德·赛义德与英国签署《莫尔斯比条约》，与英国建立了友好合作关系，从而为其拓展在东非的势力范围创造了有利的外部条件。为了扩大在东非沿海地区的影响力，赛义德首先要迈过的坎就是夺取蒙巴萨。蒙巴萨不仅拥有耶稣堡这样的坚固堡垒，而且拥有良港，适合从事海外贸易。然而，马兹鲁伊家族并不愿臣服于阿曼。为了继续维护其在蒙巴萨的统治地位，马兹鲁伊家族寻求将蒙巴萨变为英国的保护地。虽然英国的海军上校欧文接受了这一提议，但是事后英国政府基于与阿曼的友好关系，并未予以正式接纳。

19 世纪 20 年代末至 30 年代初，阿曼的部队对蒙巴萨的马兹鲁伊家族发起了征讨，但是由于马兹鲁伊家族当时得到了三族联盟和九族联盟这两大斯瓦希里群体的支持，阿曼的征讨并未取得成功。然而，马兹鲁伊家族的统治日渐暴虐，慢慢丧失了斯瓦希里人的支持。更为严峻的是，马兹鲁伊家族内部陷入严重分歧，彼此之间争权夺利，难以形成凝聚力。这为阿曼人的征服创造了极为有利的外部条件。1837 年，赛义德的部队最终打败了马兹鲁伊家族，从而取得了其梦寐以求的蒙巴萨的统治权。之后，赛义德的长官同三族联盟和九族联盟的酋长们分享蒙巴萨的行政权力。

攻陷蒙巴萨之后，赛义德将阿曼的首都由马斯喀特迁到了风光秀丽的桑给巴尔，并建起了以象牙和奴隶为主要贸易产品的巨大的商业帝国。此外，赛义德还将丁香种植引入桑给巴尔岛。因丁香产量和出口规模庞大，桑给巴尔在国际贸易体系中的地位得到大幅提高。为营造良好的外部环境和扩大与外国的贸易规模，赛义德还与英国、法国、美国等西方国家签署了商约，为贸易的顺利开展提供了法律上的保障。

赛义德治下的桑给巴尔海外贸易欣欣向荣。繁荣的海外贸易促进了沿海地区和内陆地区的交流与互动。特别是对象牙和奴隶的巨大需求，大大增强了桑给巴尔与内陆之间的商业联系。桑给巴尔阿拉伯帝国当时开辟了三条通往内陆的商道。其中有条商道由蒙巴萨通往肯尼亚内陆高原，并越过维多利亚湖畔，进入乌干达。这条商道早期由肯尼亚内地的坎巴人控制。坎巴人主要用内地产的牛和象牙换取斯瓦希里人带来的棉织品、蓝印花布、玻璃串珠、铜、盐等。到 19 世纪下半叶，被坎巴人控制的商道转移到了阿拉伯人和斯瓦希里商人的手中。随着贸易的恢复和发展，蒙巴萨的人口也由 1846 年的不足 3000 人上升到了 1860 年的近万人。

五　英、德入侵和东非保护地的确立

早在 19 世纪初，英国就凭借其强大的海军力量确立了在东非沿海地区的海上霸权。但在早期殖民历史上，英国对东非的兴趣主要集中在乌干达和桑给巴尔，而不是肯尼亚。对英国而言，乌干达具有重要的战略地位。控制乌干达，便可以控制尼罗河的上游，从而对埃及和苏伊士运河形成控制。桑给巴尔的重要性则在于促进英国的海上贸易，为结束奴隶贸易提供便利。因此，英国的早期政策是通过支持阿曼－桑给巴尔对东非施加影响，而不是直接予以占领。

英国对东非不予直接占领的政策并不是表明它可以放任或者接受其他国家在该地区影响力的增强。1884 年后，德国加紧了在东非地区的殖民扩张。1885 年，德国将维图及其附近地区纳为自己的保护地。同时，德国还派海军舰队到桑给巴尔岛胁迫桑给巴尔苏丹承认德国对桑给巴尔岛对面大陆和维图的控制权。德国在东非地区日益增长的影响力引发了英国的担忧。为应对德国的殖民扩张，英国也加紧了对东非的争夺和控制。

德国希望在桑给巴尔问题上可以获得英国的支持，作为交换，承诺英国在埃及问题上对抗法国时可以得到德国的支持。出于各自利益考虑，英德两国做出妥协，并于 1886 年达成协议：双方承认桑给巴尔苏丹对桑给巴尔岛、奔巴岛、马菲亚岛、拉穆港，以及南至鲁伍马河、北达基皮尼纵深 16 公里的沿海地带和基斯马尤、布拉瓦、马尔卡、摩加迪沙、瓦尔谢克等城镇拥有主权；鲁伍马河与塔纳河之间的土地为英德两国的势力范围，北部的肯尼亚属英国势力范围，南部的坦噶尼喀（今坦桑尼亚）为德国的势力范围；英国同意德国在达累斯萨拉姆设立一个海关；英国承认德国占有维图，以及从维图通向出海口曼达湾的走廊。

1886 年英德协议签署后，英德两国将彼此势力范围内的经营权交给了各自的帝国公司——英帝国东非公司、德国东非公司和德国维图公司。英帝国东非公司成立于 1888 年，其前身是成立于 1887 年的英国东非协会，由威廉·麦金农爵士任协会主席。英德两国的东非公司在各自帝国的支持下进行殖民扩张，由于经营和扩张的范围远远超出了自身的势力范围，从而不可避免地引起了竞争和争夺。

为了维护在欧洲的地位，争取与英国的友好关系，德国首相俾斯麦在东非争夺战中向英国做出让步。1890 年，英德两国签署《赫尔果兰—桑给巴尔条约》。根据条约规定，德国承认英国对桑给巴尔、肯尼亚、乌干达等地的统治，还将乌干达和德占维图地区（肯尼亚沿海）让给了英国，而维图本来可以用来阻止英国人从蒙巴萨进入维多利亚湖。英德在东非的争夺暂时停止。

英帝国东非公司的经营和扩张开支巨大，然而其收入除了微薄的税收外已无其他来源，入不敷出，最终导致公司破产。公司破产后，英国政府仅给予 25 万英镑的补贴费，从而接管了公司在东非的财产。1895 年 6 月 18 日，英国政府宣布乌干达以东的势力范围为英属东非保护地。

第三节　英国的殖民统治（1895～1963 年）

1895 年 6 月英国宣布建立东非保护地时，其范围东起沿海（沿海纵深 16 公里及拉穆和帕特岛为桑给巴尔租借地），西至大裂谷。1902 年和 1926 年，英国先后将其乌干达保护国的东方省和图尔卡纳湖以西地区划给东非保护地（即肯尼亚），并在 1925 年将大片东北地区转让给意属索马里，从而基本上确定了现代肯尼亚的疆域。1920 年，英国政府将东非保护地改名为肯尼亚殖民地。

从最初的探险、传教，到后来英帝国东非公司所开展的经营、扩张活动，再到英国殖民统治的确立，肯尼亚在英国殖民东非历史进程中的地位不断上升。特别是随着苏伊士运河的开通，肯尼亚作为连接非洲内陆国家与印度洋之间的节点，其战略重要性更加突出。英国寻求把肯尼亚打造成一个所谓的白人移民国家，并将其作为英国资本主义发展的原材料来源地和商品、资本输出的海外市场。同时，肯尼亚的地理位置又赋予其更加独特的战略意义。随着殖民统治的正式确立，英国在肯尼亚政治、经济、文化以及宗教等领域的渗透进一步增强，这对肯尼亚独立后的社会发展产生了深远影响。

一 鼓励移民与土地再分配

为了保护尼罗河在乌干达的源头并将乌干达等被英国控制的非洲内陆地区与印度洋联系起来，英国决定修建一条从肯尼亚蒙巴萨到乌干达的铁路。始于蒙巴萨终于基苏木的乌干达铁路从 1895 年开始建设，于 1901 年 12 月完工，铁路全长 870 公里。面对修建铁路的巨额开支以及铁路开通后的运营、管理等问题，英国殖民当局将目光转向了欧洲移民，希望通过鼓励和吸引欧洲移民来解决财政上的问题。

当时肯尼亚的主要财富是土地。为了吸引欧洲移民，殖民当局在土地问题上打起了主意，即将非洲人曾经或者当前占有的土地以低廉的价格重新分配给欧洲移民。时任东非保护地新专员查尔斯·埃利奥特爵士认为，要吸引欧洲移民到这里来，就需要妥当地解决土地转让问题。1901 年英国颁布《东非（土地）敕令》，明确规定："根据条约、协约或协定，目前凡由英王陛下控制的或由英王陛下保护地控制的一切公共土地，以及根据土地占有法规定，凡已由英王陛下占有，或行将为英王陛下占有的一切土地，均为英王的领地。"

在英国人到来之前的 30 年，肯尼亚受大旱、牛瘟和天花以及马萨伊人发动战争的影响，中部大裂谷和基安布地区人口锐减。这些地区气候宜人、土壤肥沃，欧洲人到来后认为其为无主地，并将其占领。从 1902 年到 1915 年，肯尼亚 20% 的价值最高的土地（约 3 万平方公里）被殖民当局宣布为英国王室的财产。后来，殖民当局将这些土地以出租、出售等方式给予欧洲移民，从而创造了所谓的肯尼亚"白人高地"。

在英国殖民当局鼓励移民政策的宣传及吸引下，到肯尼亚从事种植园经济的欧洲移民不断增多。1903 年，在肯尼亚的欧洲人仅有 596 人，到 1905 年这一数量达到了 954 人，其中 700 人为南非人。截至 1914 年第一次世界大战爆发前，在肯尼亚的欧洲人增至 5438 人；到 1929 年 12 月，在肯尼亚的欧洲人数量已达到 16663 人。1902～1915 年，欧洲移民获取土地的租期为 99 年。1915 年，殖民当局对土地租借条件进行了修改，土地租借时限由 99 年延长到了 999 年。

欧洲移民的土地主要集中在肥沃的中央高地。与欧洲移民所获取的日益扩大的肥沃的土地相比，肯尼亚人的土地则遭到无情剥夺，他们被限制在狭小而贫瘠的"保留地"中。1903 年时，肯尼亚被欧洲人剥夺的土地还只有 2000 公顷左右；到 1914 年，被剥夺的土地面积增至 26 万公顷左右；1930 年则进一步上升到约 274 万公顷。这是相当大一片耕地，因为肯尼亚高地（约 9 万平方公里）占肯尼亚陆地的面积不到 15%，而在 20 世纪 30 年代却养活着 75% 以上的人口。丧失土地最多的是吉库尤人，但南迪人、马赛人、基普西吉斯人和其他一些部族也失去了土地。

除欧洲移民外，肯尼亚还存在大量的亚洲人。仅乌干达铁路的修建就输入了 3.2 万名印度劳工，加之在肯尼亚从事商贸的阿拉伯人、印度人等，整个肯尼亚形成了相当规模的亚洲人社区。欧洲白人移民不仅剥夺非洲人的土地，而且排斥亚洲人在此购买土地。欧洲移民宣称印度人不是非洲居民，白人才是白人高地原始的主人。每一个保护地的行政长官和殖民总督都采取不准印度人在高地居住的政策。显然，英国殖民当局和欧洲白人移民在肯尼亚占据了相对于非洲人以及亚洲人等其他族群的显著优势地位。

土地既是非洲人维系生存的保障，也是拥有财富的一种象征。欧洲移民的到来及其对非洲人土地的剥夺埋下了非洲人憎恨殖民统治的种子，这成为日后非洲民族主义高涨和争取民族独立运动的重要动力和基础。

二　引进欧洲的管理制度

在欧洲人到来之前，非洲各族群部落没有建立现代意义上的国家，也缺乏现代意义上的政治制度。英国的殖民统治，建立了从中央到地方的管理制度，但这种制度主要是为英国的殖民统治和白人移民利益服务的，其他族群特别是非洲人在这一管理制度体系中处于边缘地位，没有多少发言权，更谈不上什么决策权。

英国外交部任命查尔斯·埃利奥特为东非保护地首任高级专员，这成为肯尼亚中央政府的最初形式。为了加强对肯尼亚的统治和管理，东非保护地专员效仿英国的管理体制，于1902年在中央层面设立农业部、林业部、公共工程部、贸易和关税部、地政部、司法部、卫生部、国库和邮局。1905年东非保护地成立行政会议，其成员从各部部长中遴选，该机构的主要职责是为专员提供咨询建议。1907年，东非保护地在英国殖民部的指示下成立立法会议。虽然是立法会议，但最初成员并非由选民选举产生，而是由总督直接指定。最初的8名成员中，有6名是殖民部的官员，2名是非官方人士。

为了争取更多的政治经济权益，肯尼亚不同族群成立了相应的协会组织，如欧洲白人移民在1911年成立的"协会大会"、印度人建立的"东非印度人国民大会"、吉库尤人成立的"吉库尤人协会"、卢奥人和卢希亚人成立的"卡维隆多青年协会"等。面对不同族群提出的参政要求，英国殖民当局采取逐渐开放的政策。然而，对不同族群而言，政治参与的程度是极不平等的。例如，到1920年，立法会议中经选举产生的欧洲白人议员有11名，而印度人只被允许选举2名议员，人口最多的非洲人则到1924年才有1名欧洲传教士被指定为非洲人代表。1937年8月，白人移民在行政会议中有了与官方几乎等额的代表。直到第二次世界大战结束后的1948年，非官方议员才第一次在立法会议中占多数，而此时立法会议中代表非洲人利益的议员名额也不过4人。从肯尼亚政治制度的开放过程来看，非洲人政治参与的进程是相当滞后的，这表明非洲人的利益在决策进程中很难得到保障和维护。

殖民当局不仅限制非洲人对政治的参与，而且针对非洲人建立了一套"基潘德"制度，以加强对非洲人的管控。"基潘德"制度类似于南非种族隔离时期的"通行证"制度，是种族歧视的制度化形式。根据这项制度的要求，所有离开保留地的男性非洲人都必须携带一张登记证。登记证放在一个小铁盒里，多数人把它挂在自己脖子上。如果哪个非洲人没有这张登记证，就可能遭到罚款和坐牢。殖民当局于1920年8月开始推行这项制度，到1922年已有将近50万人登记。

在地方层面，殖民当局将肯尼亚行政区域划分为若干省和区加以统治与管理，其下则建立了一套酋长制度，实施"间接统治"。各村落按习惯法治理，在无传统首领处，由英国政府委任非洲人为酋长。酋长由肯尼亚总督批准任命，并领取薪水。殖民当局任命的酋长在被赋予职责的领域内享有司法和行政权力。他们为殖民当局从事收税、派工和维持地方治安等方面的工作。地方酋长如果抵制殖民统治，将被无情罢免，并由新任命者取代。在这样的一种体制下，酋长们为了维护自身利益，往往会迎合殖民当局的诉求，而这恰恰是以牺牲非洲人的利益为代价的。因此，在肯尼亚民族主义运动进程中，酋长们通常是保守的。

三　纳入资本主义经济体系

英国殖民当局的统治和欧洲白人移民的到来，不仅带来了现代的政治管理制度，而且引进了能够卖到好价钱的经济作物，殖民者利用其控制的中央高地大规模种植经济作物，并将其销售到国际市场特别是英国市场，同时将英国的工业制成品销售到殖民地。英国殖民当局和欧洲白人移民的经济活动，打破了非洲人的传统农业活动，并将肯尼亚纳入了演进中的世界资本主义经济体系中。

农业是肯尼亚经济发展的基础。白人移民主要在中央高地种植咖啡、茶叶、剑麻、除虫菊等经济价值高的经济作物以供出口。咖啡是在1896年由法国圣奥斯汀教会的神父引进的，最初在内罗毕附近种植，后得到大规模推广。茶叶、剑麻和除虫菊是20世纪初被引进肯尼亚的，其中剑麻是从坦噶尼喀传入肯尼亚的，而坦噶尼喀的剑麻则是在1893年由德国人引进的。

欧洲白人移民利用手中肥沃的土地大规模种植经济作物，但这需要考虑劳动力来源的问题，特别是第一次世界大战引发的劳动力短缺，更是导致了白人移民进行经济作物种植与劳动力短缺之间的矛盾。为了使非洲人到白人农场打工，殖民当局和白人移民采取的方式主要有两种：一种是强制劳动，如果非洲人拒绝就会遭到惩罚；另一种是设计一套税收体制，如征收茅屋税等。税收要以货币的形式缴纳。税收政策的实施使非洲人不得不离开保留地到白人农场做工以赚取工资并缴纳赋税。到20世纪30年代末，有15万多名吉库尤人生活和工作在欧洲人的农场中，其中很多人失去了在吉库尤保留地中的土地使用权。经济作物的引进不仅使非洲人以极为廉价的方式出卖自身劳动力，而且使很多土地由传统作物种植转向经济作物种植。传统作物种植面积的减少成为后来饥荒、贫困的重要原因。

依靠从非洲人手中夺取的肥沃的土地以及非洲人劳动力，白人移民所推广的经济作物的产量不断增加。1905年玉米种植面积仅为325公顷，到1920年猛增至近1.25万公顷，9年之后又增至9万公顷以上。咖啡种植面积增长也很快，1905年为32公顷，1920年超过11250公顷，10年之后猛增到近3.9万公顷。1913年咖啡和玉米出口为英国赚得64991英镑；1920年这两种作物和西沙尔麻的出口总额为566566英镑；1930年时它们的出口总额达2429655英镑，其中咖啡出口份额占一半以上。这些发展导致肯尼亚经济结构发生了重大变化。1913年肯尼亚的出口份额中，纯非洲人生产部门提供了24%，纯欧洲人生产部门仅占5%。显而易见，直到此时欧洲劳动力对商品农业的影响还很小。1932年，非洲人所在地区提供的出口份额降至9%，而欧洲人所在地区的份额则增至76%。这种变化也反映了殖民经济的重要性在不断提升。

为了促进殖民经济发展，殖民当局加大了对基础设施的投资力度。1920～1930年，英国在肯尼亚投资1700万英镑修筑铁路和公路干线。20世纪20年代，英国在肯尼亚铁路建设上的投资不断增加，仅1929年就达50万英镑，修建了从纳库鲁到乌干达金贾的干线及若干支线，扩建了蒙巴萨的 5 个深水码头，并广筑公路网。铁路、公路、港口的建设主要是为了将殖民地经济与世界市场联系起来，而不是为了促进非洲保留地的发展。因此，这些基础设施投资在促进白人高地经济发展的同时，也导致非洲人保留地与白人高地经济差距日益拉大。除了基础设施上的投资，殖民当局还建立了农业科研机构和实验农场，以为白人移民提供农作物优良品种、肥料等农业生产资料。此外，白人农场主也成立了维护自身利益的联合组织，如肯尼亚种植者合作联盟、肯尼亚农民协会等。这些组织除了分享农作物种植经验、规范农产品经营、确立农产品的标准之外，还积极向殖民当局游说，以维护自身利益。

二战后，肯尼亚不仅在农业经济方面实现了显著增长，而且在工业领域实现了发展。有些门类的工业已经满足了国内市场的很大一部分需要。如卷烟需求量的 90%，水泥需求量的 30%，都是肯尼亚国内生产的。维修行业和建筑行业，如汽车修配和木材加工，也有所发展。虽然工业领域的多样化发展形势较好，但大企业依然是由白人移民控制，非洲人从事实业的并不多，他们主要在这些企业中充当雇工。不过那些参与战争的非洲人，因为与外部世界接触，见识得到了提升。战争结束后，他们利用手中的资金进行投资，经营一些小商业，从而使得保留地的状况开始发生变化。特别是在零售业领域，非洲人的从业人口数量在上升，这对在该领域占主导地位的印度人、阿拉伯人等亚洲人构成了挑战。

四　基督教文明与社会变迁

早在白人移民和英国殖民当局到来之前，基督教文明便随传教士的到来而在肯尼亚传播和扩散。在基督教传入之前，肯尼亚已存在非洲传统宗教以及由阿拉伯人传入的伊斯兰教以及印度人带来的印度教。在整个 16 世纪和 17 世纪，基督教在肯尼亚的传播是非常缓慢的。随着白人移民的不断增加以及英国殖民当局在肯尼亚统治地位的确立，基督教在肯尼亚的传播与扩散的速度和范围都得到了大幅提升。

很多非洲人选择信仰基督教，不仅是因为宗教信仰本身，而且在很大程度上是因为基督教传教团所提供的一些公共服务，如教育、医疗等。基督教传教团除了对《圣经》的传播外，还提供包括识字、数学等一些基本技能和知识的传授。传教团提供教育的目的不是为殖民政府准备具备知识的工人和职员，而是要培训能够从事教育和传播基督教的教士，使更多的非洲人能够皈依基督教。然而，那些皈依基督教的非洲人并没有按照传教团的期待都成了传播基督教的教士，而是充分利用教会提供免费教育的机会，通过学习获取知识和技能，从而获得了在殖民政府和企业中任职的机会。

随着教会的不断扩张，肯尼亚的西部和中部地区，越来越多的非洲人皈依了基督教。那些在教会接受教育的年轻人，在习得基本的知识和技能后便涌向内罗毕等大城市寻找就业机会。这些年轻人与传统的乡村居民逐渐拉开了距离，他们主动接受欧洲文化。

随着城市化进程的不断加快，越来越多的非洲人离开保留地涌向城市。原来由教会提供的教育、医疗等公共服务转移到殖民政府手中。殖民政府不仅建立和发展公立学校，而且建立了保健站、青年俱乐部等机构。然而，这些公共服务非常有限，大部分非洲人被排除在外。非洲人受土地所有权缺乏、工资收入不高、遭白人移民歧视、无法获得教育和医疗服务等问题的困扰，对殖民当局和白人移民充满了怒火和愤恨。那些曾在教会中获得教育的年轻人见多识广，慢慢地将非洲人特别是生活在城市中的非洲青年聚集起来，组建政治组织，向殖民当局争取权益。在这样一批人的积极推动下，肯尼亚逐渐向建立独立的民族国家迈进。

五　英国殖民统治的结束

英国的殖民统治激起了非洲人强烈的民族主义情绪甚至诉诸暴力反抗，从而最终结束了英国的殖民统治。早在 20 世纪 20 年代，非洲人就纷纷创建自身的政治组织，以争取和维护自身利益。其中比较著名的组织有哈里·图库创建的"吉库尤人协会"和吉迪恩创建的"吉库尤中央协会"。

"吉库尤人协会"最初是一个主要来自肯尼亚南部和中部基阿姆布的由基督教领袖、政府首脑和部族长老组成的非正式的集合体。教会在

"吉库尤人协会"的发展过程中发挥着重要作用。后来,图库领导的潘加尼集团决定采用"东非协会"的名称,并决定与教会支持的"吉库尤人协会"以及坎巴的部族酋长们决裂。同时,图库还到吉库尤地区以外的卢奥人和坎巴人地区开展活动,以吸引更多的部落加入"东非协会"。图库的做法引发了那些与殖民当局保持合作关系的酋长的敌对情绪,教会也站出来反对图库。在酋长们与教会的怂恿和支持下,殖民当局于1922年3月将图库逮捕。图库遭逮捕引发了群众的抗议和罢工,愤怒的群众与警察发生冲突,导致21人被警察射杀。最后,图库被判九年流放,"东非协会"的活动随之结束。

吉库尤中央协会的成立很大程度上是受了"吉库尤人协会"(后来的"东非协会")以及图库的影响。吉库尤中央协会是一个政治组织,其成员招募从最初的肯尼亚山周围扩大到内罗毕。吉库尤中央协会的口号是"祈祷和工作",这显示了教会在该组织早期发展过程中所发挥的作用。为了表达对这些政治组织的关切,殖民当局于1925年设立了地方土著人委员会(Local Native Councils),主要向总督提供咨询和建议,并在当地人居住区征收赋税和分配地方税收。殖民当局的这一决定得到了酋长们的支持,但是并未令那些接受过教育的非洲青年人满意。1927年,吉库尤中央协会在内罗毕设置了办公室。其目标是建立一个比地方土著人委员会规模更大的组织,同时争取所有部族的支持。1928年5月,吉库尤中央协会还创办了期刊《穆伊格威塔尼亚》。这份期刊对促进非洲人的觉醒,推动肯尼亚民族解放运动发挥了重要作用。

20世纪30年代,围绕女性割礼的争议和斗争再次激发了肯尼亚非洲人的民族主义情绪。从欧洲来到肯尼亚的新教传教团极为反对女性割礼,但这激起了非洲人的抗议。割礼是非洲人走向成年的重要标志,也是非洲人的传统习俗。传教团的反对令非洲人倍感羞辱。欧洲传教团的反对,导致非洲人基督徒离开欧洲的教会,并加入了由非洲人创办的独立教会。在非洲人牧师的影响下,基督教也变得越发具有政治倾向和更加激进。宗教过去被殖民当局作为工具来教化和控制非洲人,但是此时教会成了掀起民族主义情绪的动因,也成了非洲人抗议和不满的焦点。

面对汹涌澎湃的民族主义浪潮以及英国治下殖民地寻求独立的呼声，英国殖民当局也在肯尼亚进行渐进的宪法改良，提高非洲人在议会中的代表性。1946 年，英国殖民当局任命第二名非洲人为议员，1948 年增至 4 人，同时将官方议员减为 15 人，非官方议员增至 22 人，其中一半由白人选举。这一明显偏袒白人的改良方案遭到了非洲人的反对。事实上，不仅仅是政治上的诉求，在经济层面非洲人也存在强烈的不满。白人高地不对非洲人开放，咖啡等经济价值高的经济作物不允许非洲人种植，缴纳赋税的非洲人却无法享受和白人一样的社会服务等，都是引起非洲人不满的原因。

非洲人对政治经济权利的迫切需求与殖民当局迟缓的改良进程之间的矛盾日益尖锐，最终推动很多非洲人走向激进化，并寻求以暴力方式推翻英国的殖民统治。其中的典型是茅茅运动。茅茅运动，最初是指二战后吉库尤人进行的旨在团结群众保卫土地、反抗白人压迫和争取自由的秘密宣誓活动，该运动的发起者可能是原吉库尤中央协会的成员。茅茅运动由最初的基安布扩大到中部省其他地区以及裂谷省的吉库尤人聚居地，由农村发展到城市，有些地方甚至出现暴力行为。1952 年 5 月后，茅茅运动开始发起纵火、伤害白人农场牲畜和打死乡村头人等暴力行动。1952 年 10 月 7 日，亲殖民政府的大酋长瓦鲁休遭暗杀，非洲人温和派很多人遭到死亡威胁。面对茅茅运动的"颠覆性"和"破坏性"压力，新任殖民总督巴林于 1952 年 10 月 20 日宣布进入紧急状态，随后逮捕了乔莫·肯雅塔、卡吉雅、库巴依、保罗·恩盖等 183 位肯尼亚非洲人联盟各级领导人，他们被认为是茅茅运动的组织者和策划者。

肯尼亚非洲人联盟的领导人被捕后，英国殖民当局又采取了一系列针对吉库尤人的高压政策和迫害措施，从而导致数千名吉库尤人及其近亲恩布人和梅鲁人躲避到森林中。他们组成许多支号称"土地自由军"的游击队，开展武装斗争。1953 年 6 月，新任英军东非总司令厄斯凯因指挥由 11 个步兵营、20000 名警察和 25000 名吉库尤忠诚分子组成的共计 6 万兵力，对茅茅起义军进行围攻。1954 年 1 月，肯尼亚山地起义军领导人依托特被俘投降。这场战争导致茅茅起义军有 11000 人死亡，殖民当局的

损失也相当严重，包括 63 名欧洲人在内的安全部队士兵死亡六七百人之
众，击败起义军所耗费用达 6000 万英镑。与茅茅起义存在密切联系的吉
库尤人也遭到殖民当局的残酷镇压。1954 年 6 月，殖民当局将保留地内
的 100 多万名吉库尤人、梅鲁人、恩布人驱入有岗哨把守的 854 个"新
村"，从而彻底破坏了游击队与保留地之间的联系。起义军残部约千人后
来躲进深山密林。茅茅运动以失败告终。

面对茅茅运动以及其他非洲人政治组织的要求和压力，殖民当局在
20 世纪 50 年代后加速了宪政改革的步伐。1953 年出台李特尔顿宪法并在
1957 年进行了修订，随后肯尼亚设立多种族的部长会议，首次给予非洲
人 1 个部长职位（1957 年增至 2 个），而欧洲人则有 3 个部长职位（1957
年增至 4 个）。宪法规定，立法会议的非洲人代表实行有条件的直接选
举，名额由 4 名增加为 8 名，另外 2 名由总督指派，而欧洲人可普选产生
14 名代表，另外还有 20 多名官方代表。由丁李特尔顿宪法及其政治上的
安排遭到非洲人的反对和抵制，殖民当局又于 1957 年 11 月出台了伦诺克
斯－波依德宪法。根据 1957 年宪法规定，非洲人经选举产生的立法会议
代表由 8 席增加到了 14 席（与欧洲人和亚洲人名额相等），但同时增设
由欧亚非三大种族平均分配的"特别席位"（初定各 4 席），欧洲人（当
选和官方）代表占压倒多数的立法会议遴选。

殖民当局所采取的渐进式宪政改革无法满足民族主义运动的要求。虽
然受茅茅运动的影响使像肯尼亚非洲人联盟这样的全国性政党遭到了禁
止，但是在一批新民族主义者的领导下，肯尼亚产生了一系列地方性的政
治组织，他们的主张更为"激进"，要求将白人高地向非洲人开放，建立
普遍的选举权，废除种族隔离制度，将立法会议中非洲人的名额增加到一
半，等等。在民族主义者及其领导的政治组织的推动下，英国政府于
1960 年 1 月出台新宪法。据此，非洲人将在立法会议中占多数席位（在
65 个席位中占 37 席），在部长会议 8 个非官方职位中，非洲人占 4 个。
与此同时，殖民政府宣布允许非洲人重新组建全国性政党，并着手准备在
1961 年举行的多种族大选。

参与 1961 年肯尼亚多种族大选的非洲人有两大代表势力：肯尼亚非

洲民族联盟（KANU）和肯尼亚非洲民主联盟。肯尼亚非洲民族联盟成立于 1960 年 3 月，主要由立法会议中的多数非洲人议员以及 30 多个地区性的政治团体组成，主席为乔莫·肯雅塔，但因他当时被囚于狱中，故由吉丘鲁代理主席一职，奥廷加为副主席，汤姆·姆博亚为总书记。肯尼亚非洲民主联盟成立于 1960 年 6 月，主要由一些担心肯尼亚非洲民族联盟被吉库尤人和卢奥人主宰的小部族团体组建，其主席为罗纳德·恩加拉，总书记为丹尼尔·阿拉普·莫伊。在 1961 年 2 月的多种族大选中，肯尼亚非洲民族联盟以 67.4% 的得票率获胜。但由于殖民当局拒绝释放该党主席肯雅塔，所以肯尼亚非洲民族联盟并未参政。相反，肯尼亚非洲民主联盟在欧洲人和印度人的支持下参政，恩加拉担任政府事务领导人。

　　1962 年，肯雅塔被殖民当局释放并担任肯尼亚非洲民族联盟的主席。1963 年 5 月，肯尼亚再次举行大选，肯尼亚非洲民族联盟以 2/3 多数票获胜。同年 6 月 1 日，肯尼亚实行内部自治，肯雅塔出任政府总理。然而，肯尼亚非洲民族联盟和肯尼亚非洲民主联盟之间的分歧并未化解。肯尼亚非洲民族联盟主张建立强有力的中央政府和一院制议会，而肯尼亚非洲民主联盟则主张建立联邦制政体，实施地区分权和两院制议会。显然，欧洲白人移民支持的是肯尼亚非洲民主联盟的方案。1963 年 9 月 25 日至 10 月 19 日，肯尼亚各政治势力在伦敦召开第三次制宪会议，肯尼亚非洲民族联盟和肯尼亚非洲民主联盟达成协议，其中根据肯尼亚非洲民族联盟的建议，在宪法中增加了中央政府管理警察和公共事务的权力，但同时按肯尼亚非洲民主联盟的主张，在宪法中保留了地区分权制和议会两院制。1963 年 12 月 12 日，肯尼亚宣布独立，从而结束了长达 68 年的殖民地历史，开始了非洲人独立治国的新时代。

第四节　肯尼亚共和国时期

一　乔莫·肯雅塔执政时期（1963～1978 年）

　　从 1963 年肯尼亚获得独立到 1978 年乔莫·肯雅塔逝世，肯尼亚政治发展的主线从独立之初的"保守派"和"激进派"之争逐渐过渡到围绕总统继承问题而展开的修宪之争。

　　肯尼亚独立之初面临中央与地方权力分配和国家发展方向等重大战略问题上的抉择。"保守派"与"激进派"就以上问题存在严重分歧和尖锐矛盾。"保守派"的代表人物是乔莫·肯雅塔和汤姆·姆博亚，他们在政策取向上主张资本主义和中央集权，反对激进的国有化和无偿征收白人土地等举措，在外交层面采取亲西方的政策立场。"激进派"以奥金加·奥廷加为代表，他们具有强烈的社会主义倾向，对内主张地方分权和对外资企业实施国有化，要求无偿征收白人土地并分配给无地农民，对外则主张发展同苏联、中国等国家的关系。

　　肯尼亚独立初期，肯雅塔通过多种举措进一步强化了中央的权力，削弱了地方的权力，最终确定了中央集权的政治体制。主张地方分权的肯尼亚非洲民主联盟于 1964 年 11 月解散，并入肯尼亚非洲民族联盟，其领导人恩加拉、莫伊被授予部长职位，反映了主张中央集权的阵营的巨大胜利。1964 年 12 月 12 日，根据修改后的宪法，肯尼亚成为共和国，肯雅塔就任总统，取代英国女王成为肯尼亚首任国家元首。同时，肯雅塔总统继承了包括组阁在内的所有担任总理时期所具有的职权。

　　1966 年 3 月，肯尼亚非洲民族联盟在利穆鲁召开党代会，对党章进行了修改，肯雅塔当选为党主席，姆博亚当选为总书记，"激进派"领导人奥廷加和卡吉雅在此次选举中落选。由于无法在肯尼亚非洲民族联盟内部进行有效竞争，奥廷加及其"激进派"盟友走上了成立宪政反对派的道路。1966 年 4 月，奥廷加辞职并与支持他的 30 名议员建立新党——肯尼亚人民联盟（KPU）。奥廷加任主席，卡吉雅任副主席，新闻广播部前部长阿钦·奥奈科为总书记。肯雅塔公开宣称，肯尼亚人民联盟的建立是公然"破坏国家稳定"。

　　1966 年 4 月，国民议会修改宪法，规定议员如退党加入其他党派必须辞职，其空缺议席由补缺选举填补。据此，1966 年 6 月肯尼亚举行"小型大选"——补缺选举。结果，在竞争的 29 个众议院议席中，肯尼亚非洲民族联盟获得 22 席，肯尼亚人民联盟获得 7 席；在参议院的 10 个席位中，肯尼亚非洲民族联盟获得 8 席，肯尼亚人民联盟获得 2 席。肯尼亚人民联盟所获 9 个议席都来自卢奥人聚居的尼扬扎省。在 1968 年的地方政府选举中，肯尼亚人民联盟的 1800 名候选人全部失去资格。从中央到地方，以肯尼亚人民联盟为代表的"激进派"进一步被边缘化，离权力的中心越来越远。

1966 年 12 月，根据宪法第 7 修正案，肯尼亚废除参议院，改两院制为一院制，将原众议院改为国民议会。国民议会议席在原众议院议席基础上增加 41 席，总计 158 席。政治权力得到进一步集中。1967 年 1 月，肯雅塔宣布莫伊为肯尼亚副总统。肯尼亚独立之初，"保守派"与"激进派"之间的权力竞争以"激进派"势力在政府、议会、党派等机构和组织中被边缘化而告终，而肯雅塔之后的总统继承人选问题逐渐成为肯尼亚政治竞争的核心问题。

1968 年 6 月，根据宪法第 10 修正案，肯尼亚总统选举的规则发生重大变化。一旦总统去世、辞职或者无法继续行使总统职能，应在 90 天内举行总统选举以填补空缺，在此期间由副总统行使总统职能。这条规定对副总统继任总统职位极为有利。

1969 年 7 月 5 日，有意竞逐总统职位的姆博亚遭暗杀。有传言认为吉库尤人参与了此次暗杀活动，从而引发卢奥人的强烈抗议和敌对情绪。1969 年 10 月，肯雅塔访问基苏木时其专车受到当地群众的石块袭击，当地卢奥人与警察发生冲突，致 2 人死亡、60 人受伤。姆博亚的死亡进一步引发卢奥人对肯雅塔统治的不满，吉库尤人与卢奥人之间的矛盾和冲突加剧，卢奥人在政治体制中进一步被边缘化。1969 年 10 月，奥廷加和肯尼亚人民联盟的议员等总计 22 人被捕入狱，肯尼亚人民联盟也被政府取缔。不过，面对卢奥人施加的压力，肯雅塔于 1971 年 4 月释放了奥廷加。5 个月后，奥廷加重新加入了肯尼亚非洲民族联盟。

1969 年底和 1974 年，肯尼亚举行了两届大选，肯雅塔均在无竞争对手的情况下当选并连任。但有很大比例的原议员和政府部长、助理部长落选，反映了选民的不满。肯雅塔执政地位的强化，进一步巩固和拓展了吉库尤人在政府、议会、安全部队等部门和领域中的主导地位。例如，在

1969 年大选后组建的内阁中，6 个最重要的职位（总统、财政部长、内政部长、国防部长、首席大法官、外交部长）中有 5 个被吉库尤人把控，在所有的部长中，吉库尤人占了 30% 。这充分反映了吉库尤人在肯尼亚政治体制中所占据的主导地位。

随着肯雅塔身体状况的恶化，围绕总统继任问题的竞争日趋激烈。1976 年，肯尼亚执政党肯尼亚非洲民族联盟内部分成了两大敌对的阵营：修宪派和反修宪派。修宪派的核心力量为吉库尤人中的基安布集团，为首的有肯雅塔的外甥、前外长恩乔罗格·蒙盖，此外还有外交部长吉丘鲁、国务部长科伊南吉、吉库尤–恩布–梅鲁人协会（简称"盖马"协会）领导人卡希卡·基马尼等。修宪派的主要目的是修改宪法中总统去世或辞职后由副总统继任总统职位并在 90 天内举行总统选举的条款，以阻止卡伦金人出身的莫伊成为肯尼亚总统，并确保总统一职继续掌控在吉库尤人的手中。反修宪派的核心力量是莫伊及其支持者，包括后来成为副总统的姆瓦伊·齐贝吉（吉库尤人）、总检察长查尔斯·恩琼乔（吉库尤人）、马赛人领导人斯坦利·奥洛伊蒂皮蒂普等。他们发动议员签名反对修宪。在这场围绕是否修宪的权力竞争中，肯雅塔支持反修宪派的主张，从而为莫伊成功继任总统铺平了道路。

1978 年 8 月 22 日，肯雅塔在蒙巴萨与世长辞。同年 10 月 6 日，肯尼亚非洲民族联盟召开全国代表大会，一致推举莫伊为党主席和唯一的总统候选人。1978 年 10 月 10 日，莫伊正式当选肯尼亚总统。次日，莫伊组建了自己的内阁，任命齐贝吉为副总统兼财政部长，总检察长恩琼乔保留原职（后任宪法事务部长），马赛人领导人斯坦利·奥洛伊蒂皮蒂普担任内政部长。肯尼亚由此进入莫伊时代。

总体上看，肯雅塔执政期间，肯尼亚政治局势维持了基本稳定，经济社会向好发展。在经济社会领域，肯雅塔拒绝了"激进派"的主张，采取了一种相对比较温和的改良政策。肯雅塔在争取西方国家投资和援助的同时，不断加大对农业生产、工业制造、基础设施建设等领域的投资，从而促进了经济社会的不断发展。在这期间，肯尼亚国民经济有较大增长，国内生产总值年均增长率在 5% 以上。特别是在农业领域，在土地转让计划和"愿买愿卖"原则的指导下,原白人农场主控制的土地逐渐向没有土地的非洲人转移。到 1970 年,原欧洲白人农场主控制的土地有 2/3 已为非洲人所有。从 1971 年到 1977 年,每年大约有 50 万公顷的土地被重新分配给非洲人。肯雅塔政府通过农业补贴、技能培训、提供肥料等方式加大对非洲农民的支持力度,这些举措使小农场的农产品产量不断增加,1964~1970 年小农场农产品的产量年均增长率达到了 12.6%,1967 年小农场的农产品产值超过了大农场(主要是前白人高地)的农产品产值。

以农业为中心的经济发展为肯尼亚社会服务的供给和改善奠定了坚实基础。教育、医疗、电力、饮用水、基础设施等都有了很大程度的改善。以卫生服务领域为例,自独立以来肯尼亚取得了巨大进步,死亡率由 1963 年的 20‰下降到了 1982 年的 14‰,婴儿死亡率下降了一半。人均寿命提高到了 1979 年的 53 岁。1970~1978 年,医院床位数增长了一倍。不过,在肯雅塔执政后期,特别是在 20 世纪 70 年代初石油危机的影响下,肯尼亚依靠初级产品出口的经济发展模式受到冲击,经济增长已露颓势,地区、部族发展不平衡问题日益突出,贪污腐败问题日益严重,政府服务供给越来越无法满足日益增长的城市人口的需求等。这些困扰肯雅塔的问题和挑战留给了新总统莫伊。

二 丹尼尔·阿拉普·莫伊执政时期(1979~2002 年)

从 1978 年 8 月莫伊因肯雅塔总统离世顺位成为肯尼亚共和国第二任总统到 2002 年卸去总统职务,在位长达 24 年。莫伊执政初期,依靠吉库尤人和卡伦金人之间结成的联盟,巩固了其执政地位。随着执政地位的日趋巩固,莫伊逐渐削弱吉库尤人在国家权力机构和经济部门中的主导地位,并积极塑造卡伦金人相对其他族群的优势地位。根据政治发展的性质不同,莫伊时代大致可分为两个阶段:1979~1991 年和 1992~2002 年。在 1979~1991 年这一阶段,莫伊巩固了自身的统治地位,稳步实现了权力的集中,并在法律上确立了肯尼亚非洲民族联盟为唯一合法的政党,从而确立了肯尼亚"一党制"的政治体制。在 1992~2002 年这一阶段,在国内外多重压力下,莫伊被迫放弃"一党制",肯尼亚实现了由"一党制"向"多党制"的转变。其间，莫伊共经历两次多党大选，并实现连选连任。

（一）1979～1991 年

1979 年 11 月，肯尼亚举行第三届大选，有近一半议员包括许多与前政权关系密切的部长落选。大选结束后，莫伊组建了新内阁，新设能源、工业、交通和通信、环境和自然资源等部门，齐贝吉继续担任副总统兼财政部长。莫伊秉持"和平、友爱和团结"的执政理念，试图以基督教原则作为其执政的意识形态基础。

1982 年 2 月 25 日，莫伊进行了第二次内阁改组。齐贝吉的职位由副总统兼财政部长改为副总统兼内政部长；恩琼乔不再担任内政部长，转而负责移民和选举事务。通过此次内阁改组，吉库尤人的势力遭到进一步削弱。

1982 年 5 月，前副总统奥廷加和前议员乔治·安约纳决定建立新政党——肯尼亚社会主义联盟，但被政府拒绝注册。随后奥廷加和安约纳被肯尼亚非洲民族联盟开除出党。1982 年 6 月，肯尼亚议会通过宪法第 19 修正案。根据第 2 条款的规定，肯尼亚非洲民族联盟为肯尼亚唯一合法政党，如果有议员中止其作为肯尼亚非洲民族联盟党员的身份，那么将自动失去其作为议员的身份。1982 年宪法修正案将肯尼亚由事实上的"一党制"国家转变成法律上的"一党制"国家。

1982 年 8 月，空军中的卢奥人官兵发动军事政变，他们一度控制乔莫·肯雅塔国际机场、邮局和电台。这批军官宣布建立"人民赎回委员会"，要求释放所有政治犯。但此次军事政变并未得到军方的支持，最终以失败告终。事后，莫伊改组了空军及警察和总务队。奥金加·奥廷加之子拉伊拉·奥廷加涉嫌参与此次政变被捕。此次政变对肯尼亚经济造成严重负面冲击，不仅导致 1 亿多美元的商品和设备遭到破坏，而且使投资者的信心大为下降。

此次未遂军事政变大大提高了莫伊总统对其盟友恩琼乔的戒心和敌意。莫伊和恩琼乔之间的敌对关系日益紧张并走向公开化。1983 年 6 月 29 日，莫伊解除了恩琼乔的内阁职务，并组建法律委员会对其进行调查，看其是否参与了此次军事政变。6 月 30 日，恩琼乔辞去议员职务，随后便被肯尼亚非洲民族联盟开除出党。后来的调查表明，关于恩琼乔卷入政变阴谋之说并无实据。

1983 年 10 月，肯尼亚提前举行选举。莫伊组建的新内阁将行政部门的数量缩减为 22 个。齐贝吉继续担任副总统一职。宪法事务部被取消。在此次组阁中，吉库尤人政治势力进一步遭到削弱，肯雅塔时代形成的吉库尤人－卡伦金人－坎巴人联盟逐渐被卡伦金人－卢希亚人－游牧民族联盟所取代。

1985 年 6～7 月，肯尼亚非洲民族联盟举行全国代表大会，这是 1978 年以来该党首次举行全国代表大会。莫伊当选为主席，齐贝吉当选为副主席。此次党代会设立了全国纪律委员会（NDC），从而将权力进一步集中到中央和莫伊手中。莫伊声称，肯尼亚非洲民族联盟的地位是最高的，不仅高于议会，而且高于司法。政党权力高于国家机构成为这一时期的重要特征。然而，肯尼亚非洲民族联盟全国纪律委员会因其威权和高压的特点遭到很多批评。1986 年 8 月，齐贝吉在议会中公开抨击全国纪律委员会，称其为进行恐吓的工具。1987 年 9 月，莫伊最终废除了声名狼藉的全国纪律委员会。

1986 年和 1988 年，肯尼亚议会分别通过宪法第 22 次和第 23 次修正案，先后取消总检察长、总审计长以及最高法院与上诉法院法官的任期保证，改由总统酌情任免。宪法修正案削弱了司法的独立性，使权力进一步向总统集中。

1988 年肯尼亚举行大选，莫伊再次当选为总统。同年 3 月，莫伊组建的新一届政府中，齐贝吉不再担任副总统一职，改任卫生部长。内罗毕大学前副校长卡兰加（Karanja，吉库尤人）成为副总统兼内政部长。在 1988 年 9 月举行的肯尼亚非洲民族联盟全国代表大会上，齐贝吉卸去肯尼亚非洲民族联盟副主席一职，由卡兰加担任。

20 世纪 80 年代末 90 年代初，民主化浪潮席卷整个非洲大陆。非洲的很多一党制国家，如加纳、科特迪瓦、贝宁、赞比亚、卢旺达、埃塞俄比亚、安哥拉等，最终都走向了多党制。在此背景下，肯尼亚也面临严峻的由一党制向多党制转变的压力。特别是国内层面，教会、律师、媒体、非政府组织等都成为推动政治多元化和自由化发展的重要力量。

1990 年 5～6 月，吉库尤人中的著名代表人物肯尼斯·马蒂巴（Kenneth Matiba）、卢比亚发动了争取多党民主的群众运动，这对以莫伊为核心的精英统治阶层造成严重挑战。面对马蒂巴、卢比亚等带来的挑战，肯尼亚非洲民族联盟做出了反击，莫伊甚至将二人称为"外国主人豢养的宠物"。1990 年 7 月 4 日，政府以公共安全为由将马蒂巴、卢比亚、拉伊拉·奥廷加和多名律师逮捕。反对派的支持者走上街头进行集会和抗议，并与警察发生冲突，导致近百人死亡。莫伊镇压反对派的行动引发西方国家的强烈不满，在美国国会的压力下，美国政府于 1990 年 11 月中止了对肯尼亚的军事援助。

面对国内外压力，莫伊进行了某种程度的让步和改革。1990 年 7～10 月，肯尼亚非洲民族联盟派员在全国听取批评意见，据此在 12 月决定取消议会初选的排队投票方式（恢复秘密投票）和获 70% 选票即可直入议会的规定，设立新的纪律委员会和反腐败法庭等。1990 年 11 月，议会通过的新的宪法修正案恢复了对高等法院法官、总检察长、审计长等的任期保证，司法、审计等机构的独立性在一定程度上得到了恢复。

然而，莫伊的让步和改革并未满足反对派的诉求。1991 年 7 月 4 日，奥廷加宣布建立新党——"恢复民主论坛"（FORD）。然而，莫伊政府并未承认这一政党组织，并宣布其为非法，逮捕了其成员。虽然"恢复民主论坛"被政府宣布为非法组织，但它起到了宣传多党政治的作用，并且得到西方国家的同情和支持。1991 年 11 月 25～26 日，国际捐助者会议在巴黎召开，决定暂停对肯尼亚的援助，并将肯尼亚进行政治经济改革作为恢复援助的条件。

面对西方的压力，1991 年 11 月 28～30 日，莫伊政府撤销了对"恢复民主论坛"的指控。同年 12 月 3 日，肯尼亚非洲民族联盟召开全国代表大会，莫伊在会上建议将政治反对派合法化，这一提议得到大会代表的同意。12 月 10 日，肯尼亚议会通过宪法修正案（删去第 2A 条款），完成了实行多党制的法律程序。

（二）1992～2002年

新的宪法修正案为引入多党制奠定法律基础后，肯尼亚涌现出一批新政党。1991年12月31日，"恢复民主论坛"正式登记注册为政党组织。1992年1月，齐贝吉宣布发起成立肯尼亚民主党，并宣布自己为该党总统候选人。肯尼亚民主党成立后，肯尼亚社会民主党、肯尼亚社会主义大会、肯尼亚全国民主联盟等一些小党派相继建立。

1992年1月22日，80岁高龄的奥廷加宣布要代表恢复民主论坛参与总统选举。然而，在谁应成为恢复民主论坛总统候选人问题上，党内存在严重分歧。由于无法达成共识，恢复民主论坛最终一分为二：恢复民主论坛－肯尼亚（FORD-Kenya）和恢复民主论坛－正统（FORD-Asili）。前者支持奥廷加为总统候选人，后者支持马蒂巴为总统候选人。

反对派的内部分裂为肯尼亚非洲民族联盟赢得主动创造了机会。1992年8月，肯尼亚议会通过宪法修正案，对原有条款进行了相应改动：一是明确规定总统任期为两届，二是禁止组建联合政府，三是规定在大选中获胜的总统候选人必须在全国8个省中的5个省至少获得25%的支持率（也称25%规则）。

1992年12月9日，肯尼亚举行全国大选，莫伊以37%的得票率赢得总统选举。在此次总统选举中，马蒂巴的得票率为26%，齐贝吉的得票率为19%，奥廷加的得票率为17%。肯尼亚非洲民族联盟赢得议会100个议席，反对党总共赢得88个议席。莫伊在东北省、裂谷省、滨海省、西部省和东部省五个省的得票率都超过了25%的门槛，而其竞争对手得票率超过25%的省份都没有超过3个。

1993年1月13日，莫伊组建新政府，内阁机构数量由32个缩减为23个。肯尼亚非洲民族联盟的议员中没有选举产生卢奥人或者吉库尤人议员，内阁官员的族群构成成为自肯尼亚独立以来最为不平衡的一届。其中，卡伦金人、坎巴人、卢希亚人在新组建的政府中占主导地位。

1994年1月20日，82岁的奥金加·奥廷加因心脏病去世。同年3月，瓦马卢瓦（Wamalwa，卢希亚人）当选为恢复民主论坛－肯尼亚的主席。1996年12月，恢复民主论坛－肯尼亚走向分裂，拉伊拉·奥廷加出走，重新加入他父亲于 1991 年创办的民族发展党（NDP）。

20 世纪 90 年代，肯尼亚涌现大量非政府组织。这些非政府组织得到西方国家的大量援助和支持，成为推动肯尼亚民主化和自由化的重要力量。1996～1997 年，美国援助肯尼亚资金的 85%，英国援助肯尼亚资金的 40%，都是通过非政府组织的渠道发放的。西方国家支持和资助肯尼亚非政府组织发展的主要目的是，鼓励肯尼亚民主化。

1994 年，肯尼亚成立争取宪法变革公民联盟（4C），其目的在于通过改革宪法，限制总统的权力，建议设立总理一职，取消为总统选举设立的 25% 规则。1997 年 4 月，争取宪法变革公民联盟举行首届全国代表会议，试图在选举前施加压力进而对宪法进行改革。1997 年 7 月 26 日，反对派的政治家和积极分子在蒙巴萨集会，声称"不修宪，就不举行大选"。

面对压力，莫伊调整政策，于 1997 年 8～9 月推动肯尼亚非洲民族联盟和反对派议员联合组成"多党议员团"，对宪法进行了"最低限度修改"，废除了某些阻碍民主化进程的相关法规，扩大了公民的言论、集会和结社自由，决定成立审查修宪问题的多党委员会。

1997 年 12 月 29 日，肯尼亚举行第二次多党大选，莫伊再次当选为总统。肯尼亚非洲民族联盟在议会中赢得 107 个议席，反对派共赢得 103 个议席。其中，以齐贝吉为首的肯尼亚民主党赢得 39 个议席，成为议会中最大的反对党。

1998 年后，肯尼亚非洲民族联盟和民族发展党、卡伦金人和卢奥人之间加强了合作。2001 年 6 月，莫伊组建了自 1963 年以来的首个联合政府，拉伊拉·奥廷加被任命为能源部长，对民族发展党的另外 3 名成员分别给予政府部长、部长助理的职务。2002 年 3 月 18 日，民族发展党和肯尼亚非洲民族联盟正式合并，拉伊拉·奥廷加成为合并后的肯尼亚非洲民族联盟的总书记，莫伊继续担任党主席一职，乔莫·肯雅塔之子乌胡鲁·肯雅塔等 4 人担任副主席。

2002 年下半年，为迎接即将来临的新一届大选，执政党和反对党加紧进行宣传和组织准备。执政党内部因在总统候选人问题上存在分歧而走向分裂，反对党则为赢得选举胜利而走向联合。2002年7月28日，莫伊正式宣布乌胡鲁·肯雅塔为其接班人，这一决定造成了严重的党内分裂。党内反对派出走组建了新政党即自由民主党。2002年10月13日，拉伊拉·奥廷加公开宣称与莫伊在肯尼亚非洲民族联盟总统候选人问题上存在分歧，遂辞去能源部长的职务，并加入反对派阵营。

2002年8月，十多个反对党组建"全国彩虹联盟"。同年10月22日，全国彩虹联盟宣布姆瓦伊·齐贝吉为其总统候选人。拉伊拉·奥廷加加入全国彩虹联盟，并与齐贝吉达成政治谅解。齐贝吉承诺一旦当选总统，便进行宪法改革，并任命拉伊拉·奥廷加为总理。

2002年12月27日，肯尼亚迎来第三届多党大选。齐贝吉以360万张选票62.2%的得票率当选为肯尼亚第三任总统。乌胡鲁·肯雅塔仅赢得180万张选票，其支持率仅为齐贝吉的一半。2002年12月30日，齐贝吉宣誓就任总统。

纵观莫伊执政的24年，肯尼亚的政治发展历经从事实上的"一党制"到法律上的"一党制"，再从法律上的"一党制"到"多党制"的转变。在整个政治发展进程中，肯雅塔时代确立的吉库尤人主导地位逐渐被卡伦金人所取代。在经济发展层面，莫伊治下的肯尼亚成为首个接受国际金融机构"结构调整计划"的非洲国家。国际货币基金组织、世界银行等西方主导的国际金融机构以援助为条件，要求肯尼亚进行私有化、自由化、市场化改革。为获得经济发展所需资金，莫伊政府在私有化、自由化、市场化、民主化等方面进行了大量改革，最终使肯尼亚发展成非洲最为自由化的国家之一。

然而，结构调整计划不仅未使肯尼亚转变成西方意义上的自由、民主、繁荣的现代化国家，反而使其陷入了对"援助的依赖"。到1999年时，肯尼亚的债务规模达到了15亿美元，每个肯尼亚人约承担55美元的债务。到2002年，肯尼亚政府负债高达80亿~90亿美元，其中50亿美元来自国际多边金融机构和外国政府的贷款。如此大规模的债务负担占肯尼亚GDP的2/3~3/4。如何摆脱对援助的依赖，实现经济独立、可持续发展，成为肯尼亚新政府必须加以面对和思考的问题。

三　姆瓦伊·齐贝吉执政时期（2003～2012 年）

2003 年 1 月 3 日，齐贝吉公布其内阁人选，包括 23 名部长和总检察长阿莫斯·瓦科（Amos Wako）。部长助理的数量由 39 人削减到 23 人。拉伊拉·奥廷加仅被授予道路、工程和住房部长一职，负责重建肯尼亚的基础设施。齐贝吉并未兑现执政后 100 天内修改宪法、任命奥廷加担任政府总理的承诺，从而导致拉伊拉·奥廷加与齐贝吉之间的矛盾日益尖锐，这对肯尼亚的政治发展造成严重负面影响。

齐贝吉当选所依赖的全国彩虹联盟并不是一个具有明确意识形态导向的单一政党，而是一个机会主义政党联盟。在新一届议会中，有 50 名全国彩虹联盟议员是自由民主党（LDP）成员，60 名全国彩虹联盟议员则属于肯尼亚非洲民族联盟成员，自由民主党与肯尼亚非洲民族联盟之间的对立和对抗，成为齐贝吉政府增强凝聚力的一大障碍。

在 2002 年大选中落选的乌胡鲁·肯雅塔与西蒙·恩亚切（Simeon Nyachae）合作，于 2003 年 12 月将肯尼亚非洲民族联盟和恢复民主论坛 – 人民（FORD-People）联合组建新的政党——民族团结联盟（Coalition of National Unity，CNU）。恩亚切任主席，乌胡鲁·肯雅塔任副主席。然而，对这一新成立的政党，加入其中的两大政党都存在反对的声音，并且双方在很多问题上无法达成共识。2004 年 7 月，恩亚切加入了齐贝吉重组后的内阁，民族团结联盟也因此解散。

2003 年 4 月 28 日，由 629 人参加的肯尼亚全国宪法会议在博马斯文化中心（Bomas Culture Center）举行，制宪进程正式启动。博马斯制宪进程的核心议题为：是建立一种"强势总统、弱势总理"的权力结构还是"强势总理、弱势总统"的权力结构。齐贝吉支持前一种，拉伊拉·奥廷加支持后一种。2005 年 7 月 21 日，议会通过以"强势总统、弱势总理"为特征的宪法草案，规定总统有权任命副总统、总理和内阁部长，总理有职无权，仅负责在议会中领导政府事务。2005 年 11 月 21 日，肯尼亚就宪法草案举行全民公投，但以 58.12% 的反对票遭否决。11 月 23 日，齐贝吉解散内阁，拉伊拉·奥廷加的政治势力被排除在内阁之外。被政府解职的部长及其盟友随后组成"橙色民主运动",以集体力量抗衡齐贝吉政府。

拉伊拉·奥廷加和齐贝吉之间的对抗延续到了2007年的肯尼亚全国大选。拉伊拉·奥廷加作为橙色民主运动的总统候选人参与竞选,齐贝吉政府在大选前夕成立了新的政党联盟——民族团结党(the Party of National Unity,PNU),齐贝吉于9月16日宣布作为民族团结党的总统候选人参与竞选总统。脱离橙色民主运动的肯尼亚前外长斯蒂芬·卡隆佐·穆西约卡(Stephen Kalonzo Musyoka)成立橙色民主运动 - 肯尼亚(Orange Democratic Movement-Kenya),并宣布代表该党竞逐总统选举。

2007年12月27日,肯尼亚举行总统和议会选举。在议会选举中,橙色民主运动 - 肯尼亚大获全胜,赢得99个议席,成为议会第一大党,而齐贝吉领导的民族团结党仅获得43个议席。然而,与议会选举结果存在巨大反差的是,2007年12月30日,肯尼亚中央选举委员会主席宣布齐贝吉以20万张选票的优势赢得了总统选举。齐贝吉的得票率为46.42%,并在8个省中的7个省赢得了25%以上的得票率;拉伊拉·奥廷加的得票率为44.07%;穆西约卡的得票率为8.8%。

然而,对这一选举结果,拉伊拉·奥廷加领导的橙色民主运动并不认同,其认为齐贝吉政府操纵了选举结果。橙色民主运动的支持者走上街头进行抗议,最初的非暴力抗议活动逐步演变成族群对抗和屠杀。同时,在这场暴力活动中,存在严重的警民冲突。与2007年大选相关的暴力冲突共导致1100人死亡,3500多人受伤,35万人流离失所。

面对肯尼亚爆发的严重暴力事件,西方国家和国际金融机构对肯尼亚施加压力,要求政府与反对派达成妥协,否则就中断援助和贷款,甚至威胁要对肯尼亚进行制裁。在联合国前秘书长安南的调解下,齐贝吉与拉伊拉·奥廷加就权力分享安排达成共识——肯尼亚新设总理和两个副总理职位,齐贝吉继续担任总统,拉伊拉·奥廷加担任新设立的总理一职。此外,根据各政党在议会中的席位比例,组建大联合政府。2008年4月13日,齐贝吉宣布了由43位部长组成的新内阁。这是肯尼亚自1963年独立以来所组建的规模最大的内阁。

随着大联合政府的组建，肯尼亚于 2008 年重启制宪进程。齐贝吉政府任命新的专家委员会，该委员会的使命是制定新宪法。2010 年 2 月，专家委员会公布新宪法草案。2010 年 8 月 4 日，肯尼亚就新宪法草案举行全民公投，得到 67% 的民众的支持。2010 年 8 月 27 日，齐贝吉总统在内罗毕的乌胡鲁公园正式公布新宪法。

根据新宪法，肯尼亚将取消总理一职，并增设国家最高法院及由 47 名议员组成的参议院。参议院主要由经选举产生的区（现在为郡县）代表以及为妇女、青年和残疾人准备的特别议席组成。肯尼亚的行政区划改为中央和郡县两级；新设立 47 个地方级郡县行政机构，并将权力下放给地方政府，给予地方政府更多的决策权。新宪法赋予总统绝对权力，但限制总统独裁滥权的行为，所有由总统任免的重要职位，包括内阁成员、法官和其他高级官员等，必须经议会同意方能生效。同时，内阁成员不得从当选议员中选择。总统任期限制为两届，并首次引入弹劾总统进程。随着新宪法的颁布，肯尼亚政治结构发生巨大变化，由此迈入"第二共和国"时代。

齐贝吉执政时期，肯尼亚既经历了自独立以来最为严重的族群暴力事件，也经历了新宪法出台这样的政治新发展。齐贝吉执政期间，积极推动小学免费义务教育，为艾滋病患者提供免费药物，加强制度建设，打击腐败等，这些都成为其赢得民众信任的重要基础。特别是经济增长成为齐贝吉时代的一大突出亮点。齐贝吉执政后，肯尼亚的经济增长率由 2003 年的 2.9%，增长到 2004 年的 5.1%、2005 年的 5.8%、2006 年的 6.1%、2007 年的 7.1%。虽然 2008 年和 2009 年因受国内暴力冲突和国际金融危机影响，肯尼亚经济增速有所下降，但 2009 年经济增长率便恢复到 2.9%，2010 年经济增长率达到 5.6%。总体上，齐贝吉执政的十年，是肯尼亚历史上经济比较繁荣的时期。

四 乌胡鲁·肯雅塔执政时期（2013～2022 年）

2013 年 3 月 4 日，肯尼亚举行 1991 年实施多党制以来的第五次大选，这是 2010 年宪法颁布、选举管理机构独立选举和边界委员会（IEBC）设立以来所举行的首次大选。乌胡鲁·肯雅塔以 50.07% 的得票率赢得选举，成为肯尼亚共和国第四任总统。在议会层面，乌胡鲁·肯雅塔领导的朱比利联盟（Jubilee Alliance）赢得国民议会 195 个席位，拉伊拉·奥廷加领导的改革和民主联盟（CORD）赢得国民议会 143 个席位；在参议院 68 个席位中，朱比利联盟赢得了 34 个席位，改革和民主联盟赢得了 27 个议席；在郡县政府层面，改革和民主联盟赢得了 23 个郡长职位，朱比利联盟排名第二位，赢得了 18 个郡长职位。

2013 年执政后，乌胡鲁·肯雅塔总统组建了由 18 个部组成的新内阁，包括 18 名部长和 26 名首席秘书。2015 年乌胡鲁·肯雅塔改组内阁，将内阁部门数量由 18 个扩大到 20 个，首席秘书的数量增加到 41 个。乌胡鲁·肯雅塔政府积极推动 2010 年宪法所确定的权力下放制度，不断理顺中央政府和郡县政府的关系，加强郡县政府制度建设。截至 2018 年，共计 1.7 万亿肯先令资金转移至郡县政府层面，以支持郡县经济发展。

乌胡鲁·肯雅塔政府严厉打击腐败，政府出资 16 亿肯先令，促进不同部门间政策协调，以加强反腐败领域的信息共享、政策协调、联合执法等。2015 年，乌胡鲁·肯雅塔总统解除了遭到腐败指控的 5 名内阁部长的职务。在 2019 年国情咨文中，乌胡鲁·肯雅塔总统指出，自 2015 年反腐败行动启动以来，已有 8 名内阁部长和 8 名首席秘书遭革职并被起诉，同时有 30 多名企业的首席执行官被调查或者起诉。反腐败使肯尼亚的政治经济环境得到净化。根据 2019 年世界银行营商环境报告，肯尼亚的排名上升了 19 位，在全球排名第 61 位。这使得肯尼亚成为同期营商环境改善幅度最大的国家。乌胡鲁·肯雅塔政府第一任期，年均经济增速达 5.6%，高于世界平均水平。

为谋求在 2017 年 8 月的全国大选中连任，乌胡鲁·肯雅塔总统领导的朱比利联盟于 2016 年 9 月与副总统威廉·鲁托领导的统一共和党（United Republican Party）等 10 多个政党组建新的政治联盟——朱比利党（Jubilee Party）。与此同时，由拉伊拉·奥廷加领导的橙色民主运动也于 2017 年 1 月与手帕民主运动、恢复民主论坛等主要反对党组建新的政治联盟——肯尼亚国家超级联盟（National Super Alliance，NASA），与朱比

利党抗衡。在 2017 年 8 月 8 日举行的大选中，乌胡鲁·肯雅塔以 54.27%
的得票率赢得选举，成功实现连任。然而，以拉伊拉·奥廷加为代表的反
对党人拒不接受选举结果。9 月 1 日，最高法院宣布此次选举存在违规，
因此大选结果无效，同时宣布肯尼亚将在 60 天内重新举行选举，后选举日
期被推迟到 10 月 26 日。10 月 26 日，肯尼亚重新举行总统选举，拉伊拉·
奥廷加未参与重选进程，乌胡鲁·肯雅塔再次当选总统，并开启第二个
任期。

乌胡鲁·肯雅塔连任后推出了促进经济社会可持续发展的"四大议
程"（Big Four），涵盖医疗、制造业、住房、粮食安全四个方面。为实现
《肯尼亚 2030 年愿景》（Kenya Vision 2030）所设定的目标，乌胡鲁·肯
雅塔政府制定《肯尼亚中期规划（2018～2021 年）》，其所设定的年均经
济增长目标为 6.6%。"四大议程"已取得积极进展，例如，在制造业领
域，乌胡鲁·肯雅塔政府成功引进标致和大众汽车制造企业投资；在医疗
领域，全民医保（Universal Health Coverage）计划已在伊西奥洛、马查科
斯、涅里、基苏木等郡县试行。在审慎的宏观经济政策指导和投资驱动
下，2018 年肯尼亚经济增长率达 6.3%。

近年来肯尼亚经济除 2020 年受新冠疫情影响出现衰退外，其他年份
经济都保持稳步增长态势，2017～2021 年 GDP 增长率分别为：3.8%、
5.6%、5.1%、-0.3%、7.5%。

五 威廉·萨莫伊·鲁托执政以来（2022 年至今）

2022 年 8 月 9 日，肯尼亚举行 2010 年宪法颁布实施以来的第三次大
选，55 岁的联合民主联盟（United Democratic Alliance）候选人、时任副
总统威廉·萨莫伊·鲁托以 50.49% 的微弱优势击败 77 岁的前总理、四
次竞选总统的拉伊拉·奥廷加，赢得选举胜利，成为肯尼亚共和国第五任
总统，并于 9 月 13 日宣誓就职。鲁托执政后，组建了由总统、副总统及
24 名部长级成员构成的新一届内阁。新一届内阁的最大变化是，鲁托总
统新设立了首席内阁部长办公室（Office of Prime Cabinet Secretary）。作为
排在总统、副总统之后最重要的政府机构，其主要职能是协助总统和副总

统对各内阁部门进行协调和监管，监督政府政策、规划和项目的执行等。

根据联合民主联盟大选前公布的竞选纲领《自下而上的经济转型议程（2022～2027年)》，鲁托政府将重点关注和实施三大议程。一是捍卫2010年肯尼亚宪法。2010年宪法存在的问题不在于其自身的制度设计，而是执行层面遭遇的挑战。鲁托政府将加大对2010年宪法的实施力度。二是将肯尼亚政治制度化，即结束政治权力的私人化及治理的私人化。在此方面，鲁托政府将加强公检法系统的独立性和执行能力。鲁托在就职演说中强调，未来5年将每年向司法系统额外增加30亿肯先令的资金，以提高司法系统的资金独立性，扩大司法系统特别是基层法院的规模。三是创造就业。鲁托政府提出"自下而上的经济模式"理念，强调为处于经济金字塔底层的民众赋权。针对青年人失业问题，鲁托政府提出实施低成本住房计划，目标是平均每年建设25万套住房，以借此盘活整个就业市场。

在经济社会发展方面，鲁托政府致力于制定公平、公正、透明的政策监管框架，优化营商环境，扩大贸易和投资。2022年底，鲁托政府建立"草民基金"（Hustler Fund），也称普惠金融基金（Financial Inclusion Fund），主要面向普通民众、中小微企业及创业者提供信贷支持。未来5年，"草民基金"每年将提供500亿肯先令，1500多万肯尼亚人将从中受益。为提高制造能力，肯尼亚中央政府拨付50多亿肯先令资金，支持每个郡县都建立一个工业园区，每个郡县将获得1.1亿肯先令资金支持。

在外交方面，鲁托强调要将肯尼亚打造成为东部非洲地区和平、安全和繁荣的可靠伙伴，积极参与和融入地区一体化进程，加大对《东非共同体条约》和《非洲大陆自由贸易协定》的执行力度。同时，作为部分联合国机构所在地，肯尼亚将在双多边国际交往中发挥关键作用。鲁托执政后，相继访问美国、法国、意大利、比利时、欧盟总部、德国等发达经济体，寻求深化同发达国家在贸易、投资等领域的合作，利用发达国家的资金、技术等优势促进自身经济转型。气候变化议题将是肯尼亚参与全球治理的核心关切，鲁托政府承诺到2030年肯尼亚将实现100%的清洁能源转型。

第三章

政　治

第一节　国体与政体

1963 年，肯尼亚小资产阶级领导的主要政治力量与英国通过谈判协商取得独立地位。根据 1963 年宪法，肯尼亚的国家体制效法英国，属于资产阶级君主立宪制，即行政权在总理领导的内阁，总理由议会中多数党领袖担任，英国女王担任国家元首，并任命总理。1964 年，以乔莫·肯雅塔总理为代表的"保守派"与以奥金加·奥廷加为代表的"激进派"进行激烈较量，最终将肯尼亚的国家体制转变成总统共和制。根据 1964 年肯尼亚共和国宪法，肯尼亚为共和国，乔莫·肯雅塔总理成为共和国的首任总统。总统为国家元首和政府首脑，负责组织内阁，总统及其领导的内阁对议会负责。肯尼亚总统共和制具有两大基本特征。一是中央集权。独立之初，肯尼亚具有浓厚的"联邦主义"色彩，各地区设有地区议会，且地区议会享有较大权力。随着 1964 年肯尼亚共和国宪法的颁布及随后的几次修订，肯尼亚"联邦主义"色彩逐渐淡化，地方的权力被削弱，总统的权力得到强化。不过，自冷战结束以后，在非洲民主化浪潮的席卷之下，肯尼亚政治体制中分权的色彩日趋浓厚，总统的权力遭到削弱。但分权和权力下放都未从根本上改变中央集权的属性。二是多党民主选举。肯尼亚独立之初采取多党民主选举制度。但 20 世纪 60 年代，执政党肯尼亚非洲民族联盟通过与反对派的政治较量与博弈，最终将肯尼亚转变成事实上的"一党制"国家。1982 年，肯尼亚修改宪法，将自身由事实上的

"一党制"国家转变成法律上的"一党制"国家。1992 年，肯尼亚再次修改宪法，重新引入"多党制"。20 世纪 90 年代以来，肯尼亚一直实施多党制民主选举。

一　宪　法

肯尼亚历史上第一部宪法于 1963 年诞生。1963 年宪法是肯尼亚寻求民族独立的政治力量与英国谈判和妥协的产物，它为肯尼亚独立确立了总体法律框架。1963 年宪法模仿英国议会制度，设立参众两院制，行政机关实行总理领导的内阁制，英国女王为国家元首，中央与地方权力分配具有浓厚的"联邦主义"和地方主义色彩。自 1963 年独立以来，肯尼亚宪法经过 30 多次修订，其中对国家政治制度具有深远影响的是 1964 年颁布的共和国宪法和 2010 年颁布的新宪法。中央和地方的权力分配、政党制度、选举规则、权利保护等是独立以来肯尼亚修宪进程中不同政治力量的主要博弈对象。

1964 年，肯尼亚颁布共和国宪法，取代 1963 年独立宪法。根据 1964 年共和国宪法，肯尼亚不再实行君主立宪制，改行总统共和制，总统为国家元首和政府首脑；取消地区议会，实行中央集权。1966 年 12 月，肯尼亚议会对宪法进行第 7 次修订，废除参议院，将两院制改为一院制，政治权力实现进一步集中。1968 年 6 月，肯尼亚颁布宪法第 10 次修正案，对选举规则进行重大调整，规定一旦总统去世、辞职或者无法继续行使总统职责，应在 90 天内举行总统选举以填补空缺，在此期间由副总统行使总统职责。这一条款的修订，为担任副总统职务的莫伊在肯雅塔总统去世后顺利上位奠定了法律基础。

莫伊执政后，通过修改宪法，进一步实现权力集中。1982 年，肯尼亚颁布宪法第 19 次修正案，规定肯尼亚非洲民族联盟为肯尼亚唯一合法政党，这一条款将肯尼亚转变成法律上的"一党制"国家。1986 年和 1988 年，肯尼亚议会分别通过宪法第 22 次和第 23 次修正案，先后取消总检察长、总审计长和最高法院与上诉法院法官的任期保证，改由总统酌情任免。20 世纪 80 年代的修宪进程，使肯尼亚的政治权力实现向政党

（肯尼亚非洲民族联盟）和总统的进一步集中。

独立后至 20 世纪 80 年代末的修宪进程，强化了中央集权，特别是强化了总统的权力。20 世纪 90 年代以来的修宪进程则更加突出权力分立和权力下放，总统的权力也因此遭到了削弱。1990 年 11 月，肯尼亚议会通过新的宪法修正案恢复了对高等法院法官、总检察长、审计长等的任期保证。这一规定使司法独立得到逐步恢复。1991 年 12 月 10 日，肯尼亚通过宪法修正案，删去第 2A 条款，实现向多党制的转变。1992 年 8 月，肯尼亚再次修宪，明确总统任期最长不超过两届，总统选举规则明确为大选中获胜的总统候选人必须在全国 8 个省中的 5 个省至少获得 25% 的支持率（25% 规则）。

反对党和社会组织利用引入多党制带来的政治自由化趋势，积极推动修宪进程，寻求进一步削弱总统的权力，提高其他政治力量在国家权力格局中的地位。1994 年，肯尼亚成立争取宪法变革公民联盟，旨在谋求设立总理一职，取消总统选举的 25% 规则，限制总统权力。1997 年 7 月，反对派发动群众集会，高呼"不修宪，就不举行大选"的口号。1997 年 8～9 月，为了回应反对党和社会组织寻求修宪的政治诉求，莫伊总统推动肯尼亚非洲民族联盟和反对党议员组成"多党议员团"，对宪法进行了最低限度的修改：大选选举委员会由 11 人增至 21 人，必须有反对党代表参加；议会内原由总统任命的 12 个议席改按各政党代表比例分配；删除关于（政府）可未经审讯便可拘留人的法律条款；各政党有权平等使用国家媒体；等等。但此次宪法修订并未改变总统选举的 25% 规则。

2002 年，全国彩虹联盟执政后，继续推动修宪进程。2003 年 4 月，旨在推动制宪的"博马斯进程"正式启动，并于 2005 年 7 月形成新的宪法草案。2005 年 11 月，新宪法草案被提交进行公民投票表决，以 58.12% 的反对票遭到否决。随后，齐贝吉政府宣布解散内阁，制宪进程陷入僵局。直到 2007 年总统选举以及随之而来的严重暴力冲突之后，肯尼亚才再次启动制宪进程。2008 年，齐贝吉政府任命专家委员会，着手制定新的宪法。专家委员会最初撰写的肯尼亚新宪法草案于 2009 年 11 月 17 日公之于众，其目的是使公民就宪法草案进行充分讨论，并决定是否于 2010 年 6 月提交公投。针对专家委员会提交的宪法草案，议会特别委员会（PSC）进行专门审查，并将修改建议反馈给专家委员会。专家委员会对宪法草案进行修订，并于 2010 年 2 月 23 日对外公布。肯尼亚议会于 2010 年 4 月 1 日批准了宪法草案，并于 2010 年 8 月 4 日举行全民公投，最终肯尼亚新宪法以 67% 的支持率获得通过。

肯尼亚 2010 年宪法共 18 章 264 条，分别规定了主权在民、宪法至高无上、公民权利和自由、土地与环境、财产权、人民的代表权，立法、行政、司法、国家治理的基本原则等。2010 年宪法进一步强化了以分权和制衡为基本特征的国家政治体制。具体而言，重大修订主要体现在以下几个方面：一是维持总统制不变，取消 2008 年宪改所设立的总理职位，强化议会的监督功能，总统权力遭到削弱；二是新设参议院，恢复两院制；三是设立 47个郡县，行政区划由原来的中央、省、地区、分区、乡、村六级改为中央和郡县两级，地方政府的权力得到强化；四是人权保护范围得到扩大，新增"人性尊严""隐私权""媒体自由""获得信息权""集会自由""环境权"等内容，并且详细规定了保护儿童、残疾人、年轻人、老年人以及少数人群的正当权益。2010 年宪法同时设立人权和平等委员会，专门负责保护人权事宜。

二　国家元首

肯尼亚宪法规定，肯尼亚共和国总统为国家元首、政府首脑兼武装部队总司令。1963 年，肯尼亚独立之初实行君主立宪制，乔莫·肯雅塔为政府总理，英国女王为肯尼亚国家元首。1964 年宪法颁布后，肯尼亚改行共和制，乔莫·肯雅塔为肯尼亚共和国首任总统。此后，经过一系列修宪进程，总统权力不断得到扩大和强化。20 世纪 90 年代之后，随着多党制的引入，反对党积极推动修宪进程，总统权力遭到削弱。尽管如此，总统依然是肯尼亚中央集权的化身和国家统一的象征。

1. 总统选举

总统选举规则历来是肯尼亚各派政治力量较量和博弈的重要内容。2010 年宪法有关肯尼亚总统选举的规定如下。

第一，总统候选人必须为在肯尼亚出生的肯尼亚公民，有资格作为议员代表参与选举，需经政党提名或作为独立候选人参与竞选，需得到至少一半以上郡县且每个郡县不少于 2000 名选民的支持。

第二，当选总统必须获得一半以上的选票，并获得一半以上郡县每个郡县至少 25% 的得票率。

第三，如果首轮选举中没有候选人胜出，那么须在首选结束后的 30 天内举行第二轮选举。在第二轮选举中，得票最多的候选人当选总统。

第四，总统选举结束后 7 日内，独立选举和边界委员会主席须宣布选举结果，并向首席大法官和现任总统提交选举结果的书面通知。

第五，当选总统在就任前死亡的，由当选副总统暂行总统职权，并于当选总统死亡后的 60 天内重新举行选举；当选总统和当选副总统在就任前双双死亡的，由国民议会议长暂行总统职权，并于第二个死亡日期结束后的 60 天内重新举行选举。

第六，如果不接受总统选举结果，可在选举结果公布后的 7 天内，向最高法院提起上诉。最高法院应在收到上诉后的 14 天内做出判决。如果最高法院做出总统选举无效的判决，那么应在判决之日起的 60 天内重新举行总统选举。

第七，国民议会议员在得到至少 1/3 议员支持的条件下，可发起弹劾总统的动议。如果弹劾总统的动议得到国民议会 2/3 议员的支持，国民议会议长应在 2 天内通知参议院议长。在收到众议院议长决议通知后的 7 天内，参议院议长应对弹劾总统的动议举行听证会。根据决议，参议院可以任命包括 11 名参议员组成的特别委员会对弹劾事宜进行调查。特别委员会应在 10 天内向参议院报告，是否有事实根据予以支持。如果特别委员会的调查确有事实根据，那么参议院便会就弹劾指控进行投票。如果参议院 2/3 以上的议员投票支持弹劾动议，那么总统应停止行使职权。在弹劾总统动议结果公布之前，总统应继续行使职权。

第八，总统选举每五年举行一次，选举日期为第五年 8 月的第二个星期二。总统任期最长不超过两届，每届任期为五年。

2. 总统职权

根据 2010 年宪法规定，总统作为国家元首、政府首脑和武装部队总司令，享有以下职权。

第一，总统在副总统和内阁成员协助下，行使行政权，并对议会负责。

第二，经国民议会批准，总统有权提名和任免以下人员：内阁部长、总检察长、内阁秘书、首席秘书、高级专员、驻外大使、外交和领事代表等。

第三，总统应主持召开内阁会议，向内阁成员分配职责，指导和协调政府不同部门之间的工作。

第四，根据司法服务委员会推荐，经国民议会批准，总统有权任命首席大法官和副首席大法官。

第五，总统担任国家安全委员会主席。国家安全委员会由总统、副总统、国防部长、外交部长、国家安全部长、总检察长等成员组成，负责国家安全事务，并向议会负责。总统须就国家安全事务主持召开国家安全委员会会议。

第六，经国民议会批准，总统有权任命各委员会主席及委员。如公共服务委员会主席、副主席及其他 7 名委员都须由总统任命。独立选举和边界委员会主席、税收分配委员会主席、全国警察服务委员会主席等都须由总统任命。

第七，总统有权宣布紧急状态，经议会批准，有权对外宣战，有权对任何罪犯进行赦免、缓刑或减刑。

第八，宪法规定，总统任职期间，（任何人）不可对其进行刑事和民事诉讼。同时，总统不得兼任其他可获得报酬的职位。

3. 历任总统

乔莫·肯雅塔 1964 年 12 月 12 日，担任肯尼亚共和国首任总统。1969 年和 1974 年的两次大选，肯雅塔作为肯尼亚非洲民族联盟唯一的总统候选人，在无竞争对手的情况下连任总统。1978 年 8 月 22 日，肯雅塔在任上去世。肯雅塔担任肯尼亚总统共计 14 年。

　　丹尼尔·莫伊　1978 年乔莫·肯雅塔去世后，时任肯尼亚副总统莫伊顺利接任总统职位。在 1979 年、1983 年、1988 年的三次大选中，莫伊作为执政党肯尼亚非洲民族联盟唯一总统候选人，在无竞争对手的情况下获得连任。在 1992 年、1997 年的两次多党大选中，莫伊作为肯尼亚非洲民族联盟总统候选人参与大选，并获胜连任。根据肯尼亚宪法，总统任期最长不得超过两届，莫伊于 2002 年结束任期。

　　姆瓦伊·齐贝吉　2002 年，肯尼亚民主党领导人齐贝吉联合其他十余个反对党组建全国彩虹联盟，并作为全国彩虹联盟总统候选人参与当年12 月举行的大选，赢得选举胜利，成为肯尼亚共和国第三任总统。2007年 9 月，齐贝吉在大选前夕组建民族团结党，并作为民族团结党总统候选人参与当年 12 月举行的大选，赢得选举胜利，实现连任。

　　乌胡鲁·肯雅塔　乌胡鲁·肯雅塔是肯尼亚开国元首乔莫·肯雅塔之子，曾在马萨诸塞州阿默斯特学院学习政治科学和经济学，回到肯尼亚后一度经营园艺事业。20 世纪 90 年代，乌胡鲁·肯雅塔开始活跃于政坛，1997 年曾担任肯尼亚非洲民族联盟地方支部的主席。莫伊执政后于 1999年任命乌胡鲁·肯雅塔为肯尼亚旅游委员会的主席，2000 年又任命他为灾难紧急应对委员会的主席。2001 年，乌胡鲁·肯雅塔开始进入议会，2002 年被选举为肯尼亚非洲民族联盟四大副主席之一，2005 年被选举为该党主席。2012 年，乌胡鲁·肯雅塔领导组建新政党全国联盟党（The National Alliance），后该党成为多党联盟朱比利联盟的一部分。2013 年，乌胡鲁·肯雅塔代表朱比利联盟参加全国大选，并当选为总统。后以朱比利党候选人的身份参加 2017 年全国大选，并实现连任。

　　威廉·萨莫伊·鲁托　威廉·萨莫伊·鲁托于 1966 年 12 月 21 日出生于肯尼亚的一个普通家庭，曾就读于内罗毕大学，学习植物生态学，并先后取得学士、硕士和博士学位。20 世纪 90 年代初，鲁托开始步入政坛，结识莫伊总统并将其作为政治导师。1997 年肯尼亚大选，鲁托当选埃尔多雷特北选区国会议员，成为肯尼亚非洲民族联盟的骨干成员。2005年，鲁托当选肯尼亚非洲民族联盟总书记。2008 年，在齐贝吉担任总统后组建的联合政府中，鲁托先后被任命为农业部长和高等教育部长。2012

年，鲁托与肯雅塔组建朱比利联盟，并作为竞选搭档，分别赢得 2013 年和 2017 年大选，成为肯雅塔政府时期的副总统。在肯雅塔执政末期，鲁托与肯雅塔之间的关系日趋紧张，2021 年初鲁托自行成立联合民主联盟，并作为该党候选人参加了 2022 年大选，赢得选举胜利，成为肯尼亚共和国第五任总统。

4. 历届总统选举情况

自 1963 年独立至今，肯尼亚共经历 1969 年、1974 年、1979 年、1983 年、1988 年、1992 年、1997 年、2002 年、2007 年、2013 年、2017 年、2022 年的共计 12 届大选。在 1969～1988 年的 5 届大选中，只有执政党肯尼亚非洲民族联盟提名一位总统候选人，且在无其他竞争对手的情况下实现连任。1992 年后，肯尼亚共经历 7 届多党制民主选举。

1992 年的总统大选于 12 月 29 日举行。在此次多党参与的总统竞选中，共有 8 个政党的 8 名候选人参与竞逐总统职位。其中，肯尼亚非洲民族联盟总统候选人莫伊赢得 36.6% 的支持率，成功当选总统。恢复民主论坛 - 正统总统候选人马蒂巴的支持率为 25.7%，肯尼亚民主党总统候选人齐贝吉的得票率为 19.6%，恢复民主论坛 - 肯尼亚总统候选人奥金加·奥廷加的支持率为 17.1%。在同时举行的国民议会选举中，肯尼亚非洲民族联盟赢得 188 个议席中的 100 个议席，成为议会第一大党。排在其后的前两大政党分别为恢复民主论坛 - 正统（赢得 31 席）和肯尼亚民主党（赢得 23 席）。

1997 年大选于 12 月 29 日举行，此次大选共有 15 个政党的 15 名总统候选人参与竞逐总统职位。肯尼亚非洲民族联盟总统候选人莫伊赢得 40.40% 的支持率，当选总统。肯尼亚民主党总统候选人齐贝吉赢得 30.89% 的支持率。民族发展党总统候选人拉伊拉·奥廷加赢得 10.79% 的支持率。恢复民主论坛 - 肯尼亚总统候选人马瓦尔瓦赢得 8.17% 的支持率。在国民议会选举中，肯尼亚非洲民族联盟赢得 107 个席位，成为议会第一大党。排在其后的前三大政党分别为肯尼亚民主党（39 个席位）、民族发展党（21 个席位）、恢复民主论坛 - 肯尼亚（17 个席位）。

2002 年总统选举于 12 月 27 日举行，此次大选共有 5 个政党的 5 名总统候选人参与竞逐总统职位。全国彩虹联盟总统候选人齐贝吉赢得61.3%的支持率，当选总统。肯尼亚非洲民族联盟总统候选人乌胡鲁·肯雅塔得票率为30.2%。恢复民主论坛–人民的总统候选人西蒙·恩亚切赢得5.9%的得票率。其他政党总统候选人得票率均不足1%。齐贝吉的当选使肯尼亚非洲民族联盟自1963年执政以来首次失去执政地位。在国民议会选举中，全国彩虹联盟赢得210个议席中的125个席位，占56.1%，成为议会第一大党；肯尼亚非洲民族联盟赢得64席，占29.0%。因此，肯尼亚非洲民族联盟不仅失去了总统，也失去了对议会的掌控。

2007年大选于12月27日举行，在此次总统选举中共有8个政党的8名总统候选人参与竞逐总统职位。虽然有8个政党参与，但主要竞争集中在民族团结党和橙色民主运动两大政党联盟之间。民族团结党总统候选人齐贝吉赢得458万张选票，支持率为46.42%；橙色民主运动总统候选人拉伊拉·奥廷加赢得435万张选票，支持率为44.07%。齐贝吉以微弱多数赢得总统选举。在国民议会中，橙色民主运动赢得99个议席，占30.83%；民族团结党赢得43个席位，占20.89%；橙色民主运动–肯尼亚赢得16个议席，占6.57%；肯尼亚非洲民族联盟赢得15个议席，占6.36%。民族团结党掌控了总统职位，橙色民主运动则成为议会第一大党。一度长期执政的肯尼亚非洲民族联盟则沦为议会第四大党。

2013年大选于3月4日举行，在此次大选中共有8个政党的8名总统候选人参与竞逐总统职位。主要竞争集中在朱比利联盟与改革和民主联盟两大政党联盟之间，其他政党可以忽略不计。朱比利联盟总统候选人乌胡鲁·肯雅塔以50.5%的得票率赢得总统选举。改革和民主联盟总统候选人拉伊拉·奥廷加的得票率为43.7%。2010年宪法改革后，肯尼亚将一院制改为两院制，新设参议院。在2013年议会选举中，乌胡鲁·肯雅塔领导的朱比利联盟赢得参议院34个席位，国民议会195个席位；奥廷加领导的改革和民主联盟赢得参议院27个席位，国民议会143个席位。此外，橙色民主运动在国民议会中赢得了78个议席，成为议会第一大党。

2017年大选于8月8日举行。在此次大选之前，执政的朱比利联盟和副总统鲁托领导的统一共和党等10多个政党联合组建新党——朱比利党，乌胡鲁·肯雅塔为该党总统候选人；反对党橙色民主运动联合其他中左翼政党组建国家超级联盟，奥廷加为该党总统候选人。在此次选举中，乌胡鲁·肯雅塔以54%的得票率赢得总统选举，但奥廷加领导的国家超级联盟对此并不承认，认为选举存在舞弊和不公，并向最高法院提起上诉。最高法院最终裁决选举结果无效，并要求在60天内重新举行选举。10月26日，肯尼亚重新举行总统选举，奥廷加表示独立选举和边界委员会并未达成改革预期，因此退出重选进程，乌胡鲁·肯雅塔再次当选总统，但奥廷加对此结果不予承认，并领导国家超级联盟予以抵制。在国民议会290个选区选举中，朱比利党赢得140个议席，加上赢得的25个妇女议席和6个提名议席，朱比利党在国民议会中共赢得171个议席。与之相比，国家超级联盟总计赢得127个议席。在参议院总计67个议席中，朱比利党赢得34个议席，国家超级联盟赢得28个议席，朱比利党成为新一届国民议会和参议院第一大党。

2022年大选于8月9日举行，此次大选角逐主要在鲁托领导的"宽扎联盟"（Kwanza Coalition）和奥廷加领导的"团结－一个肯尼亚联盟"（Azimio La Umoja）之间开展，其中"宽扎联盟"主要由联合民主联盟、阿迈尼全国大会党、恢复民主论坛－肯尼亚等政党组成，"团结－一个肯尼亚联盟"主要由橙色民主运动、手帕民主运动、朱比利党等政党组成。根据肯尼亚独立选举和边界委员会公布的选举结果，鲁托获得710多万张选票，得票率为50.49%，奥廷加获得690多万张选票，得票率为48.85%，鲁托以微弱优势赢得选举胜利。奥廷加阵营认为选举存在舞弊，向肯尼亚最高法院提出申诉。最高法院于9月5日作出裁决，确认鲁托赢得了8月9日的选举，奥廷加最后表示尊重最高法院的判决。在国民议会选举中，"团结－一个肯尼亚联盟"获得168个席位，"宽扎联盟"获得167个席位；在参议院选举中，"团结－一个肯尼亚联盟"获得32个席位，"宽扎联盟"获得33个席位，两大阵营在议会中的力量相当。

第二节　国家行政机构

一　中央行政机构

根据 2010 年宪法规定，肯尼亚中央行政机构由总统、副总统、总检察长和内阁部长组成的内阁构成。总统在副总统、总检察长及其他内阁成员的协助下行使国家最高行政权。内阁由当选总统组建。不同当选总统面对不同形势，组建的内阁规模大小往往也存在明显差异。历史上，肯尼亚内阁部门构成的数量曾达 40 余个。根据 2010 年宪法规定，肯尼亚内阁部门数量需维持在 14～22 个。这意味着，内阁部门构成最多不能超过 22 个。同时，内阁部长不能同时担任国民议会议员。

总统既是国家元首，也是政府首脑。作为政府首脑，总统负责组阁，并对议会负责。总统有权设立或撤销国家机关，任免副总统、各部部长、助理部长和常务秘书。政府一切决定都以总统命令、指示形式下达。

副总统是总统的主要助手，并代表总统行使相应行政权。根据宪法第 134 条款，当总统暂时失去担任总统的能力或在其他法律规定的条件下，副总统应代行总统职权。副总统任期最长不超过两届。副总统职位产生空缺后的 14 天内，总统应任命合适的人选担任副总统职务。国民议会应在接到通知后的 60 天内就副总统的任命进行投票表决。

总检察长由总统提名和任命，由国民议会批准，系政府的主要法律顾问。总检察长应积极推进和支持法治，维护公共利益。其主要职能包括：就法律事务向政府各部、宪法委员会、国有企业等提供咨询和建议；为政府机构协商、起草、审查和解释地方及国际文件、协定与条约；行使法律或者总统所赋予的其他职能。总检察长须代表政府参与以政府为一方的法律诉讼程序。

内阁决议须采用书面形式。内阁部长协助总统行使行政权，并向总统负责，内阁集体向议会负责。内阁部长应参加国民议会或参议院的特别委员会，就自身负责的行政事务接受委员会的质询，并向议会定期提交全面的报告。内阁设内阁秘书，由总统提名和任免，由国民议会批准。内阁秘书主要负责内阁办公事务，根据内阁决议安排内阁相关事务，保存内阁备忘录，向相关个人和机构传达内阁决议。此外，每个内阁部门设立首席秘书一职，由总统在公共服务委员会推荐的人选中进行任命，并由国民议会批准。

内阁由当选总统组建，其数量和规模会因形势需要出现调整和变化。1963 年肯尼亚内阁由 16 个部组成，到 1988 年则达到了 31 个部，1999 年上半年有 25 个部，但同年改革后则减至 15 个部。在 20 世纪 90 年代之前，内阁成员主要由执政党肯尼亚非洲民族联盟的议员担任。20 世纪 90 年代引入多党制，特别是进入 21 世纪以来，在政党联盟化的发展趋势下，内阁部长的组成也日益多样化，一般会由在大选中获胜的政党联盟成员担任。例如，2001 年 6 月，莫伊总统任命民族发展党 2 名成员为政府部长、2 名成员为助理部长，这使肯尼亚政府首次有了联合政府的性质。2013 年大选后所组建的内阁，主要由肯尼亚非洲民族联盟、统一共和党、共和大会党、全国彩虹联盟、橙色民主运动、新恢复民主论坛－肯尼亚等政党控制。

2022 年 10 月，鲁托当选肯尼亚总统后组建新一届内阁。除总统、副总统及首席内阁部长外，新一届内阁还包括 22 个部级机构：内务和国家行政部，国防部，国家财政和经济规划部，外交和侨民事务部，公共服务、性别和平权行动部，道路和交通部，土地、公共工程、住房和城市开发部，信息、通信和数字经济部，卫生部，教育部，农业和畜牧发展部，贸易、投资和工业部，合作社和中小微企业发展部，青年事务、体育和艺术部，环境和林业部，旅游、野生动物和遗产部，水和公共卫生部，能源和石油部，劳动和社会保障部，东非共同体、干旱和半干旱土地与区域发展部，矿产、蓝色经济和海洋事务部，国家法律办公室。

除中央行政机构外，肯尼亚还有诸多全国性的委员会，并在不同功能领域承担相应的公共服务职能。例如，根据 2010 年宪法，肯尼亚建立了公共服务委员会。公共服务委员会由主席、副主席和 7 名委员组成，由总统任命、国民议会批准。公共服务委员会设秘书一职，负责委员会的行政事务。公共服务委员具有建立和废除公共服务办公室的权力，对公共服务办公室人员享有纪律监督检查和任免职能，对公共服务的组织、管理和人员行为进行调查、监督和评估，确保公共服务得到高效供给，就服务条件、行为准则和公共服务领域官员质量进行审查并向中央政府提出建议等。

二 地方行政机构

中央和地方的权力如何划分，一直是肯尼亚各党派竞争的焦点，也是宪法改革的重要组成部分。自 1963 年肯尼亚独立至 20 世纪 80 年代，政治格局发展的主要趋势是权力向中央和总统集中。20 世纪 90 年代以来，随着多党制的引入和政治自由化的发展，分权和权力下放成为政治发展的一大趋势。总体上看，总统的权力遭到削弱，地方的权力得到提升。

历史上，肯尼亚的行政区划分为中央、省、地区、分区、乡、村六级，2010 年宪法颁布后，肯尼亚行政区划改为中央和郡县两级。新设立的 47 个郡县构成了当前肯尼亚的地方层级。每个郡县需设立郡县政府。郡县政府根据如下原则设立：一是民主和分权原则；二是自立原则，即要有可靠的收入来源，以使郡县可以进行高效治理和提供服务；三是代议机构中同一性别的议员不能超过 2/3，这一原则规定为提高妇女的代表性提供了保证。每个郡县政府由郡县议会和郡县行政机关组成。

郡县行政权由郡县行政委员会行使。郡县行政委员会包括郡长、副郡长以及由郡长任命、郡县议会批准的政府官员。郡县行政委员会成员不能同时担任郡县议会议员。如果郡县议会议员的数量不到 30 人，那么郡县行政委员会成员数量不应超过郡县议会议员数量的 1/3；如果郡县议会议员数量超过 30 人，那么郡县行政委员会成员数量应维持在 10 人。也就是说，郡县行政委员会成员的数量最多不应超过 10 人。郡长和副郡长分别为郡县首席行政长官和副首席行政长官。当郡县没有郡长时，由副郡长暂行郡长职权。郡县行政委员会成员需向郡长负责，并在郡长安排下行使相应权力。

郡长由在郡县登记注册的选民直接选举产生。郡长选举日期与大选日期相同，每五年举行一次，在第五年 8 月的第二个星期二。郡长选举采取简单多数的原则，得票最多的候选人赢得选举。郡长任期最长不超过两届，每届五年。郡县行政委员会需要执行郡县和全国性的法律，管理和协调不同行政部门之间的关系，就郡县事务向郡县议会定期提交全面的报告。在因内部冲突或内战导致的紧急状态等情况下，总统有权暂停郡县政府的职能。

郡县议会享有郡县的立法权。参与竞选郡县议会议员必须由一个政党提名，如果作为独立候选人参选，需要得到所在区至少 500 名登记注册选民的支持。

郡县政府的权力和职能主要包括以下领域：农业，卫生服务，空气污染、噪声污染、妨碍公共利益、户外广告控制，文化活动，郡县交通运输，动物管控和福利，贸易发展和管理，郡县计划与发展（包括数据统计、土地调查和丈量、住房、电力和能源管理），学前教育、乡村理工学院、家庭手工业中心、儿童福利机构，执行中央政府制定的关于自然资源和环境保护的政策，郡县公共工程和服务，消防服务和灾难管理，打击毒品犯罪与色情服务，确保和协调社区参与地方治理等。

郡县的建立代表了权力从中央向地方的转移，选区的建立和发展也是分化总统权力的一种努力和尝试。根据 2010 年宪法，肯尼亚划分了 290 个选区。2003 年肯尼亚建立了选区发展基金（Constituency Development Fund），成为议员在其所在选区发挥影响力的重要杠杆。根据《选区发展基金法案》的规定，政府每年需要在财政收入中划拨 2.5%，注入选区发展基金。此外，选区发展基金还通过其他渠道吸纳资金，从而使自身规模不断扩大，占到了政府财政收入的 12%。选区发展基金主要通过支持一些项目在选区内提供基本公共服务，例如向贫困学生提供奖学金，帮助其完成学业；向边远地区的居民提供清洁用水；向艾滋病患者提供医疗服务；等等。当选议员通过选区发展基金积极参与选区内的公共治理，这在一定程度上导致了权力的分散化发展。

第三节　立法与司法

一　立法

1964 年肯尼亚实施参众两院制度，但在 1966 年修改宪法后改为国民议会一院制。2010 年肯尼亚颁布实施新宪法，重新确立两院制。肯尼亚议会由国民议会（National Assembly）和参议院（Senate）组成。在全国层面，肯尼亚议会实施立法权。

1. 议会议员构成及选举

2010 年以来，肯尼亚实行两院制，议会由国民议会（众议院）和参议院构成。

国民议会由以下几个方面的议员构成：（1）290 名议员由肯尼亚划分的 290 个单一选区中登记注册的选民选举产生；（2）47 名妇女议员由 47 个郡县分别作为单一选区，由其中登记注册的选民选举产生；（3）12 名议员由议会中政党根据其议员所占比例进行委任，这些议员所代表的是青年、残疾人、工人等特殊群体的特殊利益。国民议会议长由国民议会多数党领袖担任，副议长由少数党领袖担任。

参议院由以下几个方面的议员构成：（1）47 名议员由 47 个郡县登记注册的选民选举产生，每个郡县构成一个单一选区；（2）16 名妇女议员由政党根据其在参议院议员数量的比例进行委任；（3）2 名议员代表青年人的利益，其中 1 名为男性，1 名为女性；（4）2 名议员代表残疾人的利益，其中 1 名为男性，1 名为女性。参议院议长由参议院多数党领袖担任，副议长由少数党领袖担任。

参与竞选议员需要具备一定资格，具体如下：（1）注册登记成为选民；（2）满足宪法中关于教育、道德等方面的具体要求；（3）由一个政党提名或作为独立候选人参选。作为独立候选人，如果参选国民议会议员，至少需要得到其所在选区登记注册的 1000 名选民的支持；如果竞选参议员，至少需要得到其所在郡县中登记注册的 2000 名选民的支持。

肯尼亚议会选举每五年举行一次，与总统选举同时进行，在第五年 8 月的第二个星期二。议会因议员去世、辞职等因素而出现空缺的，国民议会议长和参议院议长需要在空缺产生后的 21 天内，向独立选举和边界委员会以及该议员所在政党提交书面通知。空缺产生的 90 天内应举行重新选举。如果距离大选还有 3 个月，那么该空缺则无法选举产生新的议员予以填充。每届议会议员的任期为五年。如果肯尼亚陷入战争状态，那么在得到 2/3 以上议员的支持下，议会议员可以延长任期，每次不超过 6 个月。议会议员任期延长总计不能超过 12 个月。

2. 议会委员会及主要功能

议会委员会是立法机关开展立法工作的重要工具，既包括一些常设的委员会，也包括一些因具体问题而成立的特别委员会。肯尼亚议会委员会体系包括国民议会委员会体系和参议院议会委员会体系。

（1）国民议会委员会体系主要包括国民议会内务委员会、部门委员会、议会联合委员会和常设委员会（Standing Committees）。其中，常设委员会主要包括以下几个。

任命委员会（Committee on Appointments） 该委员会成员由议长、副议长以及由议会事务委员会（House Business Committee）任命的议员组成，其中议长担任委员会主席。新一届国民议会建立后要在 7 天内建立任命委员会，任期为三年。议会任命委员会主要负责考虑内阁部长的任命问题。

公共审计委员会（Public Accounts Committee） 该委员会由主席和不超过 16 名议员组成，任期为三年。公共审计委员会在大选结束后立即组建，主要负责审查议会批准的用于公共支出的账目。公共审计委员会主席、副主席人选由委员会成员选举产生。

公共投资委员会（Public Investments Committee） 该委员会成员由主席和不超过 16 名议员组成。公共投资委员会主席和副主席人选由该委员会成员选举产生。公共投资委员会需在大选结束后立即组建，任期为三年，其主要职责为审查总审计长关于公共投资的报告和账目等。

预算和拨款委员会（Budget and Appropriations Committee） 该委员会成员由主席和不超过 50 名议员组成。预算和拨款委员会主要负责对与国家预算协调、控制、监测相关的事务进行调查、询问和报告；讨论和审查预算评估，并向议会提出建议；审查政府向议会提交的预算政策陈述；审查与国家预算相关的法案，包括拨款法案等。预算和拨款委员会应在大选结束后立即成立，任期为三年，其法定人数为 17 名委员。

执行委员会（Committee on Implementation） 该委员会主要负

审查议会决议（包括已经采纳的委员会报告）以及由国家行政机关提交的申诉等，并审查决议是否得到了执行以及在多大程度上得到了执行等问题。

授权立法委员会（Committee on Delegated Legislation） 该委员会负责审查所有的法定文件，是否与宪法条款以及其他相关的成文法律相一致，是否侵犯公民的基本权利和自由，是否有碍司法等。

地区一体化委员会（Committee on Regional Integration） 该委员会负责增强议会在东非地区一体化以及非洲地区一体化进程中的作用，审查东非立法会议所有相关的讨论记录和决议，审查东非立法会议提出的法案和东非共同体法案，审查泛非议会及非洲、加勒比和太平洋－欧盟联合议会会议及其他地区一体化机构通过的所有相关讨论记录和决议等。

（2）参议院委员会体系主要包括特别委员会、内务委员会（参议院事务委员会、程序和规则委员会、联络委员会）、会期委员会、常设委员会。其中，常设委员会主要包括以下几个。

农业、畜牧和渔业委员会（Committee on Agriculture, Livestock and Fisheries） 该委员会主要负责考虑与农业、灌溉、畜牧、渔业发展和兽医服务相关的所有事务。

教育、信息、通信技术委员会（Committee on Education, Information, communication and, Technology） 该委员会主要负责考虑与教育、培训、科技、工程、通信、广播、信息技术开发等相关的所有事务。

能源、道路和交通委员会（Committee on Energy, Roads and Transportation） 该委员会主要负责考虑与可再生能源利用，化石燃料勘探，开发、生产、维护和能源管理，系统管理、交通、公共工程、建筑、公路、铁路、机场、海港的维护等相关的所有事务。

财政预算委员会（Committee on Finance and Budget） 该委员会主要负责对郡县预算协调、控制和监督相关的所有问题进行调查、询问和报告；讨论和审查郡县政府的评估，向参议院提出建议；审查向参议院提交的预算政策陈述；就分配给宪法委员会独立办公室的预算进行审查并提交报告；审查年度税收分配法案、郡县税收分配法案、郡县政府现金支付计划等；审查与国家预算相关的所有问题，包括财政政策、货币政策、公共债务、计划和发展政策；等等。

卫生委员会（Committee on Health） 该委员会负责管理与医疗服务、公共卫生和卫生设备相关的所有事务。

劳工和社会福利委员会（Committee on Labour and Social Welfare） 该委员会负责考虑与劳动力和人力资源控制、养老金、性别、文化和社会福利、青年、全国青年服务、儿童福利、国家遗产、博彩、体育、大众娱乐、工会关系、公共娱乐设施等相关的所有事务。

土地、环境和自然资源委员会（Land，Environment and Natural Resources） 该委员会负责考虑与土地、住房、环境、林地、野生动物、矿业、水资源管理和开发相关的所有事务。

司法、法律事务和人权委员会（Committee on Justice，Legal Affairs and Human Rights） 该委员会负责考虑与宪法事务、法律和司法的组织与管理、选举、提高领导力原则等相关的所有事务，负责执行宪法中关于人权的条款。

国家安全、防务和对外关系委员会（Committee on National Security，Defence and Foreign Relations） 该委员会负责考虑与国家安全和外交关系、减灾和预备、内政事务、防务、移民和国际关系等相关的所有事务。

旅游、贸易和工业化委员会（Committee on Tourism，Trade and Industrialization） 该委员会负责考虑与贸易、工业化、旅游、合作社、投资和财产政策等相关的所有事务。

权力下放和政府间关系委员会（Committee on Devolution and Intergovernmental Relations） 该委员会负责考虑与权力下放、政府和郡县间关系、郡县政府、城市、镇、都市区管理有关的所有问题。

民族凝聚力、平等机会和地区一体化委员会（Committee on National Cohesion equal opportunity and regional Integration） 该委员会负责考虑和追求民族凝聚力和一体化、机会平等、生命平等以及全体国民的地位、地区一体化、东非立法会议和泛非议会相关的所有事务。

3. 议会的主要权力

在肯尼亚，议会享有立法权和监督权。其中，国民议会代表的是选区选民的利益以及国民议会中特殊群体的利益，如青年、残疾人等群体。国民议会有权决定国家税收在不同层级政府部门间的分配；负责向中央政府和其他全国性的政府机构拨款；对国家税收和支出实施监督；审查总统、副总统和其他政府官员的行为，有权发起弹劾进程；对政府机关实施监督。此外，国民议会可以批准宣战和延长国家紧急状态。

参议院代表的是郡县的利益。参议院可以参与制定法律，可以通过讨论和批准与郡县相关的法案。参议院决定国家税收在郡县间的分配，对分配给郡县政府的国家税收实施监督。参议院参与对政府官员的监督，有权通过弹劾总统或副总统的决议。

虽然国民议会和参议院都有立法权，但二者在立法的权限上存在差异。其中，国民议会可以通过所有的法案，与郡县政府无关的法案只能由国民议会提出和通过，与郡县政府相关的法案可以由国民议会或参议院提出和通过，但财政法案只能由国民议会提出。

4. 议会服务委员会

根据 2010 年宪法，肯尼亚建立议会服务委员会。议会服务委员会成员包括国民议会议长和 7 名委员。其中，国民议会议长担任议会服务委员会主席，另外 7 名委员中的 4 名委员由来自参众两院组建中央政府的政党或政党联盟分别委任，在这 4 名委员中至少有 2 名应是女性；另外 3 名委员由没有参与组建中央政府的政党委任，参众两院分别至少委任 1 名，其中至少有 1 名为女性。议会服务委员会副主席由委员选举产生，参议院的书记官担任委员会秘书长。议会服务委员会的主要职责包括：提供服务和便利以确保会议有效发挥作用；组建议会服务办公室，并任命和监督办公室职员；对议会服务支出进行年度评估，向国民议会提交评估报告并征求批准，对服务进行预算控制。

二 司 法

肯尼亚司法体系可追溯到英国殖民时期。1895 年，东非保护地建立领事法院,主要服务于英国人和其他外国人。1897 年,东非保护地建立了首个对所有人都有司法审判权的法院,即东非推事法院,后改名为"东非高等法院"。英国殖民者将英国的治理制度和法律引入肯尼亚,这些法律和制度主要服务于白人移民的利益。非洲本地居民被允许实施非洲人的习惯法,而印度人则实施的是印度人的习惯法,穆斯林和阿拉伯人实施的是伊斯兰教法。殖民当局还赋予乡村长者、酋长等传统领袖以解决纠纷的权威,这些传统的纠纷解决机构后来演变成特别法庭。总之,当前的肯尼亚司法体系根植于英国殖民时期所引进的西方法律制度,并融入了非洲人、印度人的习惯法以及阿拉伯人的伊斯兰教法而成。

肯尼亚实施司法独立,除受宪法和法律约束外,不受任何个人或机构干涉。根据 2010 年宪法,肯尼亚司法体系分为两级:一级为上级法院体系(Superior Courts),一级为下级法院体系(Subordinate Courts)。此外,肯尼亚司法体系还设置了司法服务委员会。

(一)上级法院体系

肯尼亚上级法院体系包括最高法院、上诉法院、高等法院、就业和劳工关系法院以及审理有关环境和土地使用、占有及所有权争议等案件的法院。

最高法院 肯尼亚最高法院由首席大法官、副首席大法官以及其他 5 名大法官组成。其中,首席大法官担任最高法院院长职务,副首席大法官担任最高法院副院长职务。首席大法官和副首席大法官由司法服务委员会推荐、总统任命、国民议会批准。最高法院首席大法官及其他大法官必须具备担任上级法院法官至少 15 年的从业经验,或者是作为研究法律的知名学者、法律工作者、司法实践以及在相关法律行业具备至少 15 年的工作经验。就司法管辖权而言,最高法院可对围绕总统选举所产生的争议进行裁决;受理来自上诉法院以及国家法律所规定的其他任何法院或特别法庭的上诉并做出裁决,但是这些上诉必须仅限于涉及宪法解释或者宪法适用性的案件;最高法院可对上诉法院的判决做出维持原判、改判等裁决;判定宣布国家紧急状态是否有效或者延期紧急状态是否有效;等等。

上诉法院 肯尼亚上诉法院根据宪法第 164 条建立,由至少 12 名法官构成。上诉法院首席法官（即上诉法院院长）从上诉法院法官中选举产生。上诉法院法官的任职资格为：具有担任高等法院法官至少 10 年的工作经验，或者作为知名法律学者、法律工作者或在其他相关法律工作领域有至少 10 年的工作经验。上诉法院对来自高等法院或者议会法案所规定的其他法院及特别法庭所提交的案件有司法审判权。肯尼亚在内罗毕、蒙巴萨、涅里、基苏木、纳库鲁、埃尔多雷特设有上诉法院。

高等法院 宪法规定，高等法院对刑事案件和民事案件有不受限制的初审权及宪法和法律授予的其他司法权。高等法院对下级法院以及具有司法或准司法功能的任何个人、机构等具有司法监督权，但对上级法院不具备司法监督权。最高法院的首席法官从最高法院法官中选举产生。最高法院法官的任职资格为，担任上级法院法官或者具备职业资格的地方推事法院法官至少 10 年的工作经验，或者作为知名法律学者、法律工作者或在相关法律工作领域具备至少 10 年的工作经验。

除最高法院、上诉法院和高等法院外，肯尼亚还根据 2010 年宪法设立了两大上级法院。一是设立就业和劳工关系法院，该法院旨在对与就业和劳工关系相关的法律纠纷做出裁决。即涉及就业和劳工关系的法律纠纷首先在就业和劳工关系法院审理，若对裁决的结果不服，可提交高等法院进行审理。二是设立土地和环境法院，对涉及环境和土地使用、占有及所有权等方面的法律纠纷进行审理并做出判决。

（二）下级法院体系

肯尼亚下级法院体系包括推事法院（Magistrates' Courts）、卡迪法院（Kadhis Courts）、军事法院（Court Martial）以及根据议会法案所建立的其他地方特别法庭。

推事法院 肯尼亚的大部分案件是由推事法院做出判决的。肯尼亚共有 116 所推事法院，至少 455 名推事。推事法院对除谋杀、叛国及违反国际刑事法律的案件外的所有刑事案件享有审判权，对除法律另有限定的民事案件之外的所有民事案件享有审判权。对民事案件而言，所涉资金规模不同，提交审判的推事法院法庭也不同。涉及 700 万肯先令及以上金额的民事案件由首席推事审判，涉及 400 万肯先令以上且 700 万肯先令以下的民事案件由首要推事审判，涉及 200 万肯先令及以下的民事案件由驻节推事审判。此外，推事法院还设有反腐败法庭。推事法院对违反交通法的法律案件享有审判权。对推事法院的判决不服的，可向高等法院提起上诉。

卡迪法院 也称伊斯兰法院，设于穆斯林人口多的地区（主要集中在滨海地区和内地一些城镇）。卡迪法院由 1 名首席卡迪法官和不少于 3 名的卡迪法官组成。在卡迪法院中任职的法官必须信奉伊斯兰教，掌握适用于伊斯兰各教派的伊斯兰教法，并经司法服务委员会认可才有资格主持卡迪法庭。卡迪法院的司法审判权仅限于解决伊斯兰教法涉及的个人地位、婚姻、继承等问题，所涉法律纠纷各方必须都信仰伊斯兰教。

除推事法院和卡迪法院外，肯尼亚的下级法院体系还有军事法院和其他根据议会法案所设立的地方特别法庭。军事法院主要审理军队上发生的法律纠纷案件，特别法庭则是根据议会法案单独设立，是普通法院的重要补充。特别法庭不具有刑事审判权，大部分特别法庭受高等法院监督。

（三）司法服务委员会

根据 2010 年宪法，肯尼亚司法服务委员会由以下人员组成：首席大法官；1 名最高法院法官；1 名上诉法院法官；1 名高等法院法官；1 名推事法院法官；总检察长；2 名辩护律师，1 名为男性辩护律师，1 名为女性辩护律师，每名律师至少有 15 年的从业经验；公共服务委员会提名 1 名成员；经总统任命、国民议会批准的 2 名公民代表。其中，首席大法官担任司法服务委员会的主席。司法服务委员会委员一个任期为 5 年，最长不超过 10 年。

肯尼亚建立司法服务委员会，主要目的是促进司法的独立性，提高司法管理和服务的效率及透明度。司法服务委员会应就提名任命法官的人选向总统提出建议，审查法官及法律从业人员的服务质量和任职条件，执行法官及法律从业人员继续教育和培训等相关项目，就提高司法管理效率和提高司法服务质量向中央政府提出建议。根据 2010 年宪法，肯尼亚设立司法基金，主要用于司法部门的行政开支。

第四节 政党和社会团体

一 政党

1991 年肯尼亚修改宪法，开始实行多党制。政治多元主义的发展使肯尼亚的政党数量不断攀升。在此背景下，明确政党的权力和责任，规范政党的运作和政治参与，成为多党制时代肯尼亚政党政治发展的必然要求。总体上看，1991 年后在多党政治实践的推动下，肯尼亚关于政党治理的法律框架不断完善。肯尼亚政党运行主要受 2010 年宪法第 91 条和第 92 条，以及 2011 年通过的《政党法》约束。

根据 2010 年宪法，肯尼亚政党是经民主选举产生的社会政治组织，应具备全国性特征；应促进民族团结；遵循民主的善治原则，通过定期举行的自由和公正的党内选举促进并实践民主；保护所有人参与政治进程的权利，包括少数族群和被边缘化的群体；尊重和促进人权、基本自由、性别平等和公平；促进宪法目标和原则以及法治；遵守政党行为原则。根据 2011 年通过的《政党法》，肯尼亚建立政党登记办公室，所有政党须经登记注册才具有合法性。经登记注册的政党具备法人身份，可以起诉和被起诉，并拥有财产。肯尼亚政党登记办公室管理政党基金，用于资助政党参与大选活动。根据《政党法》，肯尼亚设立政党仲裁法庭，专门就政党之间的纠纷等问题进行审理和裁决。2022 年 1 月，肯尼亚总统乌胡鲁·肯雅塔签署《政党法（修正案）》。新修订的《政党法》引入了联盟政党的概念，阐明了政党的功能以及获取政党基金资助的标准，同时授权政党登记办公室核证政党成员名单和提名规则以及其他旨在加强政党管理的变革性条款。2010 年宪法和《政党法》为肯尼亚政党的登记注册、管理和资助、政治运作以及结盟、合并、解散等事项提供了法律依据和监管框架。

2022 年，肯尼亚共有约 50 个经登记注册参与全国大选的政党。肯尼亚主要政党和政党联盟的情况如下。

1. 联合民主联盟（United Democratic Alliance）

联合民主联盟成立于2021年1月，在2022年大选中获胜成为执政党。根据《联合民主联盟章程》，该党基于善治原则建立，具体包括公平、多元、爱、团结、自由、公正、责任、透明、和平。联合民主联盟主张建立一种自下而上的经济模式，以促进机会平等、共享繁荣、改善经济福祉。党的标志是一个手推独轮车，象征着"价值、尊严以及在追求建立一个公平的社会中尊重工作"。

2022年5月，联合民主联盟同阿迈尼全国大会党、恢复民主论坛-肯尼亚等政党组建"宽扎联盟"参与2022年全国大选。联合民主联盟候选人威廉·鲁托赢得选举胜利，成为肯尼亚共和国第五任总统，该党在国民议会和参议院选举中分别获得138个席位和22个席位，成为议会第一大党。

联合民主联盟的主要组织机构有：全国代表大会、全国治理委员会、全国执行委员会、全国管理委员会、全国政策委员会、议会党团、妇女大会、青年大会、郡县大会、全国选举委员会、全国争端解决委员会、纪律委员会等。其中，全国代表大会为党的最高权力机关，党首、全国主席、总书记等由全国代表大会选举产生。全国代表大会的常务会议每5年至少召开2次。联合民主联盟的现任党首为威廉·鲁托。

2. 朱比利党（Jubilee Party）

朱比利党于2016年9月由朱比利联盟的主要成员党和10余个其他政党合并成立，该党曾为肯尼亚执政党。朱比利联盟成立于2013年大选前夕，由全国联盟党、全国彩虹联盟、联合共和党、共和大会党等政党组成。朱比利联盟总统候选人乌胡鲁·肯雅塔赢得2013年大选，当选肯尼亚总统，其竞选搭档联合共和党领袖鲁托当选副总统。新成立的朱比利党除了朱比利联盟的成员党外，还包括恢复民主论坛-肯尼亚、恢复民主论坛-人民、联合民主论坛、独立党等政党。

根据朱比利党的党章和竞选纲领，其执政愿景是将肯尼亚变成一个公正、现代和繁荣的国家。作为进步的民主党，朱比利党是动员选民参与到转型进程中的一个重要平台。其中，推动转型的主要手段是建设一个以投资为导向，以创造就业为驱动的现代经济。依托《一起推动肯尼亚的转型》这一竞选纲领，朱比利党赢得 2017 年的总统选举。在国民议会经选举产生的 290 个议席中，朱比利党赢得 140 个议席；在参议院全部 67 个议席中，朱比利党赢得 34 个议席。朱比利党成为国民议会和参议院中的第一大党。在 2022 年大选中，肯雅塔公开支持奥廷加阵营，朱比利党加入奥廷加领导的"团结－一个肯尼亚联盟"，但在国民议会选举中仅获得 27 个席位，成为议会第三大党。

朱比利党的主要组织机构包括全国代表大会、全国治理委员会、全国执行委员会、全国秘书处、全国咨询委员会、朱比利基金会、全国执行委员会和中央政府联合论坛、全国执行委员会和郡县政府联合论坛、全国选举委员会、全国纪律委员会、全国上诉委员会、妇女联盟、青年联盟、残疾人联盟、郡县代表大会、郡县治理委员会等。朱比利党现任党首为萨宾娜·契格（Sabina Chege）。

3. 橙色民主运动（Orange Democratic Movement）

橙色民主运动起源于 2005 年宪法改革公投，正式成立于 2007 年肯尼亚大选前夕。2005 年，肯尼亚就齐贝吉政府提议的宪法改革草案举行公民投票，其中表示赞成的投票卡用"香蕉"代表，表示反对的投票卡用"橙子"代表。在此次公投中，推动公民投票反对的一方形成"橙色民主运动"，并赢得 58.12% 的支持率，从而使齐贝吉政府提议的宪法改革草案受挫。

2007 年大选前夕，肯尼亚非洲民族联盟、自由民主党及其他一些小党联合组建橙色民主运动，以与齐贝吉领导的民族团结党抗衡。然而，在橙色民主运动组建之前，律师穆贾姆比·伊曼亚拉（Mugambi Imanyara）已将"橙色民主运动"注册为政党，这迫使肯尼亚非洲民族联盟等政党使用橙色民主运动－肯尼亚这一名称代替橙色民主运动。成立之初，橙色民主运动－肯尼亚只是松散的政党联盟，并未形成具有统一意识形态和政治理念的政治组织。乌胡鲁·肯雅塔领导的肯尼亚非洲民族联盟于 2007年 7 月退出橙色民主运动－肯尼亚，转而支持齐贝吉连选连任。由于卡隆佐·穆西约卡和拉伊拉·奥廷加之间的竞争，橙色民主运动－肯尼亚在

2007年8月分裂成两大派系。奥廷加一派退出，接管了由穆贾姆比·伊曼亚拉登记注册的政党——橙色民主运动，而卡隆佐·穆西约卡一派继续领导橙色民主运动-肯尼亚［该党后更名为手帕民主运动-肯尼亚（Wiper Democratic Movement-Kenya）］。在2007年大选中，齐贝吉当选总统，拉伊拉·奥廷加领导的橙色民主运动赢得国民议会208个议席中的99个议席，成为议会第一大党。

为赢得2013年大选，橙色民主运动联合手帕民主运动-肯尼亚、恢复民主论坛-肯尼亚、人民民主党、联合民主运动等政党组成"改革和民主联盟"。然而，改革和民主联盟的总统候选人拉伊拉·奥廷加以43.7%的得票率败于朱比利联盟的总统候选人乌胡鲁·肯雅塔。不过，橙色民主运动在国民议会选举中赢得78个议席，成为议会第一大党。2017年1月，橙色民主运动、手帕民主运动-肯尼亚、恢复民主论坛-肯尼亚、全国彩虹联盟、肯尼亚进步党等中左翼政党组成国家超级联盟，竞争同年8月举行的全国大选。8月11日独立选举和边界委员会公布选举结果，乌胡鲁·肯雅塔连任总统。国家超级联盟认为此次选举存在违规和选举不公，并向最高法院提起上诉。9月1日，最高法院裁定选举结果无效，要求在60天内重新举行选举。10月26日，肯尼亚举行总统重选，拉伊拉·奥廷加此前宣布退出此次重新选举，乌胡鲁·肯雅塔再次获胜。奥廷加领导的国家超级联盟不承认大选结果，呼吁选民抵制选举结果。

从意识形态上看，橙色民主运动系中左翼的社会民主党，坚持主权在民原则。从橙色民主运动发布的《橙色民主运动组建政府计划2013~2017：深化改革、追求公正和社会正义》的竞选纲领来看，橙色民主运动主张推动法治和分权、创造财富和就业、促进机会平等和社会保障、实现族群团结和土地改革，其最终目标是在大众民主、社会主义、权力下放原则基础上，建设一个团结、繁荣和现代化的肯尼亚。

2022年大选前夕，橙色民主运动同朱比利党、手帕民主运动等20多个政党组建"团结-一个肯尼亚联盟"，并发布包括10点计划的竞选纲领，承诺要建设一个没有腐败的政府。该党候选人奥廷加以48.85%的得票率惜败，橙色民主运动在国民议会选举中获得83个席位，排名第二。

根据党章，橙色民主运动的组织机构主要包括全国代表大会、全国治理委员会、全国执行委员会、全国秘书处、党的议会团体、市长委员会、妇女联盟、青年联盟、全国选举理事会、党的县议会团体、支部执行委员会等。其中，全国执行委员会系橙色民主运动的党内行政机关，设有中央委员会。中央委员会委员的组成人员包括党首、副党首、全国主席、总书记、全国司库、组织部长、竞选部长、妇女联盟主席、青年联盟主席、行政执行官以及由党首任命的 3 名成员。现任党首是拉伊拉·奥廷加。

4. 手帕民主运动（Wiper Democratic Movement）

手帕民主运动起源于 2007 年成立的"橙色民主运动－肯尼亚"。为区别于拉伊拉·奥廷加领导的橙色民主运动并备战 2013 年全国大选，橙色民主运动－肯尼亚于 2011 年底更名为"手帕民主运动－肯尼亚"。在 2013 年全国大选前夕，手帕民主运动－肯尼亚选择与橙色民主运动、恢复民主论坛－肯尼亚等政党合作组建改革和民主联盟，并推举拉伊拉·奥廷加为联盟总统候选人。在 2013 年全国大选中，手帕民主运动－肯尼亚赢得国民议会经选举产生的 19 个议席、参议院经选举产生的 4 个议席。在 2017 年全国大选中，手帕民主运动－肯尼亚选择加入国家超级联盟，赢得国民议会经选举产生的 19 个议席、参议院经选举产生的 3 个议席。手帕民主运动－肯尼亚成为肯尼亚议会第三大政党。在 2022 年大选之前，手帕民主运动－肯尼亚于 2021 年 11 月将党的名称更改为手帕民主运动，将党的标志由橙子更改为一把撑开的伞，并将"WIPER DEMOCRATIC MOVEMENT"字样置于伞下，伞的颜色由品蓝、白色和土红色构成。在 2022 年大选中，手帕民主运动获得国民议会 24 个席位。

手帕民主运动坚持社会民主原则，主张将国家资源和机会公平分配给全体人民。根据 2021 年颁布的新党章，手帕民主运动主要包括全国代表大会、峰会、全国行政理事会、全国管理委员会、联盟协调委员会、战略规划委员会、全国秘书处、全国选举委员会、全国选举申诉委员会等机构。手帕民主运动领导层主要由党首、副党首、全国主席、总书记等组成。现任党首为卡隆佐·穆西约卡。穆西约卡从政经验丰富，在教育部、外交部、环境部等都有任职经历，曾在 2008～2013 年齐贝吉执政时期担任副总统一职。

5. 肯尼亚非洲民族联盟（Kenya African National Union）

肯尼亚非洲民族联盟由内罗毕人民大会党等 30 多个地区性政治团体于 1960 年 3 月合并成立，以吉库尤人和卢奥人占主导。与肯尼亚非洲民族联盟同年成立的还有肯尼亚非洲民主联盟。卡伦金人、马赛人、图尔卡纳人、桑布鲁人是肯尼亚非洲民主联盟的主要族群，他们主张分权和维护少数族群的利益，反对吉库尤人和卢奥人的主导地位。1963 年 12 月肯尼亚独立后，肯尼亚非洲民族联盟成为执政党，处于反对党地位的肯尼亚非洲民主联盟于 1964 年 11 月并入肯尼亚非洲民族联盟，从而使肯尼亚非洲民族联盟成为当时肯尼亚涵盖族群最为广泛的唯一政党。而肯尼亚非洲民主联盟并入肯尼亚非洲民族联盟时，使原来的两党之间的矛盾转化为肯尼亚非洲民族联盟的党内矛盾，这种矛盾不断激化最终导致以副总统奥金加·奥廷加为首的激进派于 1966 年退党并组建新党——肯尼亚人民联盟。不过，肯尼亚人民联盟于 1969 年遭取缔，领导人被逮捕，肯尼亚非洲民族联盟成为肯尼亚唯一合法政党，这一状态一直延续到 1991 年底肯尼亚实行多党制。

多党制的引入对肯尼亚非洲民族联盟的执政地位构成了威胁，但并未立即使其失去执政地位。在 1992 年举行的多党选举中，肯尼亚非洲民族联盟总统候选人莫伊获胜，继续连任总统，肯尼亚非洲民族联盟也赢得议会多数席位。随着自由多元主义的发展，肯尼亚政党的数量不断增加，到 1997 年已达到 26 个。但政党数量的攀升并未能撼动肯尼亚非洲民族联盟的执政地位。在 1997 年举行的大选中，肯尼亚非洲民族联盟赢得议会 212 个议席中的 109 个席位，成为议会第一大党，莫伊继续连任总统。2002 年 8 月大选前夕，莫伊总统宣布乌胡鲁·肯雅塔为其接班人代表肯尼亚非洲民族联盟竞选总统，这一决定导致党内反对派出走组建新党——自由民主党，并与其他反对党组成全国彩虹联盟，挑战肯尼亚非洲民族联盟的执政地位。在 2002 年 12 月举行的全国大选中，肯尼亚非洲民族联盟总统候选人乌胡鲁·肯雅塔赢得 31.3% 的支持率，败给了赢得 62.2% 支持率的全国彩虹联盟总统候选人齐贝吉。同时，全国彩虹联盟

赢得议会多数席位，成为肯尼亚执政党，从而结束了肯尼亚非洲民族联盟长达近40年的执政地位。

2002年大选之后，肯尼亚非洲民族联盟由执政党转变成反对党，并继续走向分裂和衰落。在2007年的全国大选中，肯尼亚非洲民族联盟并未推出自己的总统候选人，转而加入民族团结党，宣布支持齐贝吉当选总统。2011年《政党法》生效后，由于党内分歧无法弥合，乌胡鲁·肯雅塔及其支持者宣布退党。肯尼亚非洲民族联盟则于2012年12月与民族愿景党、统一民主运动等政党组建政党联盟，宣布推举共同候选人竞逐2013年全国大选。然而，在2013年全国大选中，在国民议会经选举产生的290个议席中，肯尼亚非洲民族联盟仅赢得6个议席；在参议院经选举产生的47个议席中，肯尼亚非洲民族联盟只赢得2个议席。2017年全国大选，肯尼亚非洲民族联盟在国民议会赢得8个议席，在参议院赢得2个议席。显然，肯尼亚非洲民族联盟已不再是肯尼亚政治发展进程中的主导性力量。

肯尼亚非洲民族联盟的最高权力机构是全国代表大会，党的主席、总书记、副主席等领导由全国代表大会选举产生。常设最高领导机构是全国管理委员会及其执行机构全国执行委员会。肯尼亚非洲民族联盟现任党主席是肯尼亚前总统丹尼尔·莫伊之子吉登·莫伊（Gideon Moi）。

6. 恢复民主论坛－肯尼亚（Forum for the Restoration of Democracy-Kenya）

恢复民主论坛－肯尼亚成立于1992年10月，其前身为恢复民主论坛中的奥金加·奥廷加派，另一派系为马蒂巴派，后更名为恢复民主论坛－正统。在1992年12月的全国大选中，奥金加·奥廷加作为该党总统候选人赢得94.5万张选票，得票率为17.6%，位居第四；在国民议会中占32席，仅次于执政党，成为最大的议会反对党。

1994年1月，奥金加·奥廷加去世，党内权力斗争日趋白热化。1997年，在一批卢奥人议员的支持下，奥金加·奥廷加之子拉伊拉·奥廷加退党加入肯尼亚民族发展党。恢复民主论坛－肯尼亚遭削弱，在1997年12月举行的全国大选中，其总统候选人马瓦尔瓦得票率仅为8.29%，仍位居第四，在国民议会中仅获18个议席，由议会第二大党下降为第四大党。

在 2002 年全国大选中, 恢复民主论坛 – 肯尼亚加入全国彩虹联盟, 支持齐贝吉为反对党总统候选人。齐贝吉赢得选举胜利后, 任命恢复民主论坛 – 肯尼亚党首马瓦尔瓦为副总统, 恢复民主论坛 – 肯尼亚多名领导层成员进入内阁。在 2007 年全国大选中, 恢复民主论坛 – 肯尼亚继续选择与齐贝吉合作的战略。在 2013 年全国大选中, 恢复民主论坛 – 肯尼亚加入拉伊拉·奥廷加领导的改革和民主联盟, 赢得国民议会经选举产生的 11 个议席, 参议院经选举产生的 4 个议席。在 2017 年举行的全国大选中, 恢复民主论坛 – 肯尼亚仅赢得国民议会经选举产生的 10 个议席。

从意识形态上讲, 恢复民主论坛 – 肯尼亚坚持社会民主主义, 系中左翼政党。该党将建设一个安全、公正、民主和繁荣团结的国家作为其发展愿景。恢复民主论坛 – 肯尼亚的主要组织机构包括党的全国代表大会、全国执行委员会、管理委员会、全国任命和选举理事会、中央和郡县秘书处等。恢复民主论坛 – 肯尼亚现任党首为摩西·韦坦古拉 (Moses Wetangula)。

二 社会团体

肯尼亚社会团体多样, 代表着不同社会阶层、不同社会群体的利益。这些社会团体往往在不同的领域发挥着重要作用。现简要介绍几个在相关领域发挥着关键作用的社会团体。

1. 肯尼亚中央工会组织 (The Central Organization of Trade Unions, Kenya)

肯尼亚中央工会组织成立于 1965 年, 系肯尼亚最大的工会组织。肯尼亚正式部门就业人口中, 有大约 75% 的工人属于中央工会组织的会员。肯尼亚有 40 多个工会, 其中有 36 个工会属于中央工会组织成员。肯尼亚中央工会组织代表着工人阶层的利益。

历史上, 肯尼亚中央工会组织的前身——肯尼亚劳工和非洲工人大会联邦 (KEL-AWC) 曾在反对英国殖民统治、争取肯尼亚独立、维护工人阶级利益等方面发挥过重要作用。肯尼亚独立后, 肯尼亚中央工会组织与执政党肯尼亚非洲民族联盟站在一起, 参与国家建设。1989 年, 根据总统指令，肯尼亚中央工会组织成为肯尼亚非洲民族联盟的附属团体。面对多党制浪潮，肯尼亚中央工会组织坚决支持一党制，维护肯尼亚非洲民族联盟的执政地位。然而，肯尼亚中央工会组织下属的众多工会意见并不一致，反对支持肯尼亚非洲民族联盟的工会退出了肯尼亚中央工会组织，其中不乏在一些领域具有重要影响的工会，如邮政和通信工人工会、肯尼亚石油工人工会、肯尼亚糖和种植工人工会等。这些工会后来联合组建了全国工会大会，但未能成功登记注册。

1992 年肯尼亚多党大选中，在肯尼亚中央工会组织的支持下，肯尼亚非洲民族联盟赢得执政地位。然而，在随后莫伊的组阁进程中，肯尼亚中央工会组织却被边缘化了。这使肯尼亚中央工会组织和肯尼亚非洲民族联盟之间的关系渐行渐远并最终走向了彼此的对立面。在 2002 年的大选中，全国彩虹联盟击败肯尼亚非洲民族联盟成为执政党，其中一个重要原因是全国彩虹联盟得到了肯尼亚中央工会组织的支持。

21 世纪以来，肯尼亚中央工会组织附属工会曾组织多次罢工以提高工人工资水平，改善工人工作环境。例如，2007 年肯尼亚种植和农业工人工会组织 1 万名茶叶种植园工人进行了为期两周的罢工，最终迫使联合利华做出让步，其所属种植园农业工人工资提高了 8%。2012 年，肯尼亚全国教师工会发起罢工，导致公立学校停课近三周，最后政府同意向教师支付 135 亿肯先令才使罢工平息。

肯尼亚中央工会组织附属工会所涉行业非常广泛，包括肯尼亚金属工人联合工会，肯尼亚油气工人工会，烘焙、甜食制造与联合工人工会，肯尼亚建设、建筑、木材、家具与联合贸易工人工会，肯尼亚化学与联合工人工会，肯尼亚工程工人工会，肯尼亚狩猎与旅行工人工会，肯尼亚印刷、出版、造纸与联合工人工会，肯尼亚种植和农业工人工会，银行保险与金融工会，通信工人工会，铁路工人工会，零售与纺织工人工会等近40 家工会组织。肯尼亚中央工会组织现任总书记为弗朗西斯·阿特沃里。

2. 肯尼亚雇主联合会（The Federation of Kenya Employers）

肯尼亚雇主联合会于 1959 年根据《工会法案》建立，其前身是成立于 1956 年的肯尼亚工商业雇主协会。肯尼亚雇主联合会代表肯尼亚不同行业和领域雇主的利益，代表雇主与政府、工会进行三边协商和对话，维护雇主利益。在成立之初，肯尼亚雇主联合会主要关注的是工业生产领域雇主的利益，随着经济多元化发展，服务业领域雇主的利益和关切也成为肯尼亚雇主联合会关注的对象。

肯尼亚雇主联合会在肯尼亚企业家阶层具有代表性和最广泛的政治参与度，通过影响经济社会发展领域政策制定来维护雇主利益。肯尼亚雇主联合会通过管理委员会制定政策，通过行政委员会执行政策。此外，肯尼亚雇主联合会还有乡村雇主委员会、常设咨询委员会等其他附属机构。肯尼亚雇主联合会现任主席为肯尼亚保险有限责任公司首席执行官马克·约瑟夫·奥布亚。

3. 肯尼亚非政府组织全国委员会（The National Council of NGOs）

肯尼亚非政府组织全国委员会（也称"非政府组织委员会"），根据1990年通过的《非政府组织协调法案》于1993年8月成立。肯尼亚非政府组织全国委员会系自我管理的非党派机构，包括在肯尼亚登记注册的所有非政府组织。肯尼亚非政府组织全国委员会每年召开大会，选举产生行政委员会、监管委员会和理事会。

肯尼亚非政府组织全国委员会的成员分布非常广泛，既有肯尼亚国内的非政府组织，也有非洲地区和国际的非政府组织。从所涉领域来看，非政府组织全国委员会包括农业、水、教育、环境、卫生、人权、性别、发展、儿童权利、减贫、和平、人口、培训、咨询、小企业、残疾人等领域的非政府组织。分布在不同领域的非政府组织每年要向非政府组织全国委员会提交年度工作计划并缴纳会费。目前，肯尼亚非政府组织委员会拥有8500个非政府组织会员。

第四章

经　济

第一节　概述

　　肯尼亚位于非洲东部，是东非地区最大的经济体，也是东非地区金融、通信及交通运输服务的中心。肯尼亚产业门类比较齐全，涉及农业、林业、渔业、矿业、制造业、能源业、旅游业、金融服务业等。根据肯尼亚国家统计局数据，受新冠疫情影响，2020 年肯尼亚实际 GDP 增长率为 −0.3%。2021 年因疫情防控举措逐步放宽，肯尼亚实际 GDP 增长率恢复至 7.5%，名义 GDP 达 12 万亿肯先令。其中，农业产值占 GDP 比重为 22.4%，工业产值占 GDP 比重为 17.0%，服务业产值占 GDP 比重为 60.6%。同年，按 GDP 衡量，肯尼亚为非洲第六大经济体，为撒哈拉以南非洲地区第三大经济体。总体上看，肯尼亚仍然属于中低收入国家。

　　肯尼亚原为英国的殖民地，具有殖民地的普遍特征，即充当宗主国的原材料来源地、商品输出市场和资本投资场所。历史上，欧洲移民在肯尼亚中央高地圈地种植商品作物，以印度人为主的亚洲人则从事贸易经营。肯尼亚在此基础上发展工业，至今肯尼亚依然是整个东非地区工业较为发达的国家。

　　独立之初，肯尼亚实施混合所有制经济，包括国有经济、私营经济、公私合营经济、合作社经济、个体工商户经济以及外资经济等。在市场经济的基础上，肯尼亚强调国家的宏观调控功能，大力发展国有经济。因此，独立之初，肯尼亚的经济体制属于国家资本主义。在土地改革方面，肯尼亚政府利用援助和国际金融机构的贷款购买欧洲人手中的土地，出售给当地的非洲人，或者建立国营农场雇用无地非洲农民从事农业生产。这一政策促进了农业的生产和发展。为促进本国工业发展，肯尼亚实施进口替代战略，从国外进口设备或者原料，在国内进行加工生产，以满足国内对工业制成品的需求。

从独立之初到20世纪70年代末，肯尼亚维持了较高的经济增长速度，经济发展形势良好。20世纪60年代，肯尼亚年均经济增速为5.7%，20世纪70年代年均经济增速提高到了7.2%。这一时期，肯尼亚的经济发展水平高于非洲大陆的整体经济发展水平。在乔莫·肯雅塔执政晚期，肯尼亚经济增长速度因咖啡贸易的繁荣一度达到8.6%的峰值。工业、农业等经济部门实现了长足发展。20世纪70年代是肯尼亚经济发展的黄金时代，农业生产总值年均增长率为6.5%，工业生产总值年均增长率达到11%，远远超过坦桑尼亚、乌干达等邻国。

20世纪80年代，肯尼亚经济发展急转直下，年均经济增速下降到了4.2%。这一时期肯尼亚经济陷入困境是内外因素相互作用所致。第二次石油危机和世界经济危机席卷整个非洲大陆，肯尼亚也不例外。茶叶、咖啡等创汇农产品价格下跌，而石油价格上涨，使肯尼亚面临的外部经济环境不容乐观。从内部因素来看，政治腐败、经济政策失当等是主要原因。面对经济困境，肯尼亚接受了国际货币基金组织和世界银行等国际金融机构提出的结构调整计划。根据这一计划，肯尼亚需要将国有企业私有化，减少政府开支，提高政府和企业运作效率，同时放松乃至取消价格控制、外汇管制等保护性措施。以市场化、自由化、私有化为导向的结构调整计划主要是将西方的治理经验移植到肯尼亚，并未考虑肯尼亚的国情，因而未能使肯尼亚摆脱经济上的困境。

20世纪90年代，肯尼亚经济增长速度继续下跌，年均经济增速仅为2.2%。1991~1993年，肯尼亚的经济形势一度非常严峻，经济增长陷入停滞，农业生产总值年均增长率为-3.9%，1993年8月通货膨胀率甚至高达100%。为向肯尼亚施加压力，推动其政治多元化改革，国际援助者在20世纪90年代初暂停了向肯尼亚的双边、多边援助，这对本已陷入困境的肯尼亚经济而言无疑是雪上加霜。肯尼亚曾一度被视为非洲经济发展的"成功典范"，但20世纪八九十年代的低增长甚至停滞使其经济发展前景暗淡。20世纪90年代初，肯尼亚的人均收入持续下降，1991年为340美元，1992年降为310美元，1993年和1994年则降到了260美元。经济增长无法赶上人口增长，导致人民生活水平持续下降。20世纪末，肯尼亚有47%的国民生活在每天1美元的贫困线以下。

进入21世纪，在非洲复兴的大潮下，肯尼亚经济迎来了新的发展机遇。2002年，自独立以来一直作为执政党的肯尼亚非洲民族联盟被齐贝吉领导的全国彩虹联盟取代。齐贝吉上台执政后，积极推动政府改革和反腐败，加大政府公共服务供给力度，增加对教育和基础设施的投入，加强与西方国家及东非共同体的经贸联系，争取更多国际社会援助。肯尼亚经济持续修复，经济增长率由2003年的2.9%提高到了2004年的5.1%、2005年的5.9%、2006年的6.3%和2007年的7.1%。这是肯尼亚独立以来唯一连续五年经济增长的时期。这一时期的增长涉及各个经济部门：农业部门增长率由2002年的-3%提高到2006年的5.4%；制造业部门增长率由2002年的0.1%提高到2006年的6.9%；交通和通信部门增长率由2003年的3.5%提高到2006年的10.8%；批发和零售部门增长率由2002年的-2.5%提高到2006年的10.9%。肯尼亚央行的外汇储备由2002年的12亿美元提高到2006年的27.5亿美元。金融服务部门由2002年的负增长提高到2006年的6.5%。

受2007年全国大选后发生的暴力冲突、干旱和席卷全球的金融危机的影响，2008年肯尼亚经济增长率下跌到0.23%的低位。2009年，经济增长率恢复到3.31%，2010年则达到8.41%。受全球粮食和石油价格上涨以及干旱影响，2011年肯尼亚经济增长率下降到6.12%，2012年继续下降到4.45%，2013年回升至5.74%，2014年为5.3%。2000~2014年，肯尼亚年均经济增长率为4.37%，低于同期撒哈拉以南非洲国家经济增长率平均水平（4.88%），与2.7%的人口增长率相比，经济增长并不乐观，这也是该时期肯尼亚人均GDP增长率低于其他大多数非洲国家的主要原因。肯尼亚经济增长主要靠日益增长的消费需求和投资拉动。私营经济占肯尼亚经济总量的 97%，全国 80% 以上的就业岗位由私营部门提供。近年来，肯尼亚对投资者的吸引力不断提升，在肯尼亚登记注册的企业数量由 2008 年的 166793 家上升到了 2011 年的 225048 家。根据世界经济论坛全球竞争力指数，肯尼亚的排名由 2012/2013 年的第 144 名提高到了 2013/2014 年的第 96 名。

根据肯尼亚 2007 年颁布的《肯尼亚 2030 年愿景》，肯尼亚经济增长率目标为到 2030 年一直维持在 10% 的水平。这一经济增长水平将使肯尼亚由中低收入国家进入中等收入国家行列。然而，近年来，肯尼亚的经济增长率与《肯尼亚 2030 年愿景》中所制定的 10% 的目标相去甚远。2016 年，肯尼亚经济增长率为 5.8%，2017 年经济增长率为 5.5%。根据《肯尼亚经济展望 2017》（Kenya Economic Outlook 2017）的预测，2017 ~ 2021 年肯尼亚年均经济增长率可以维持在 5.8% 左右。但受新冠肺炎疫情和国际市场需求疲软影响，2020 年肯尼亚经济增长率降至 - 0.3%（见表 4 - 1）。根据世界银行预测，2021 年和 2022 年肯尼亚经济增长率将分别为 5.6% 和 6.0%。显然，对肯尼亚而言，到 2030 年迈入中等收入国家行列并非易事。

表 4 - 1　肯尼亚宏观经济数据指标变化

单位：亿美元，%

	1990 年	2000 年	2010 年	2020 年
GDP	85.7	127.1	400.0	988.4
经济增长率	4.2	0.6	8.4	- 0.3
通货膨胀指数	10.6	6.1	2.1	8.4
农牧渔业增加值占 GDP 比重	30	32	28	35
工业（包括建筑业）增加值占 GDP 比重	19	17	21	16
服务业增加值占 GDP 比重	51	51	51	49
商品和服务出口额占 GDP 比重	26	22	21	11
商品和服务进口额占 GDP 比重	31	32	34	20

资料来源：World Bank，"Country Profile-Kenya," http：//databank. worldbank. org/data/Views/Reports/ReportWidgetCustom. aspx? Report_ Name = CountryProfile&Id = b450fd57&tbar = y&dd = y&inf = n&zm = n&country = KEN。

第二节 农业

一 农业概况

农业是肯尼亚经济的基础，也是经济增长的主要驱动力之一。独立以来，肯尼亚农业产值占国内生产总值的比重呈下降趋势，由独立之初的39%下降到了2013年的20.3%，但农业依然是肯尼亚国民经济的支柱。农业是肯尼亚重要的经济部门，肯尼亚出口收入的65%来自农业。农业部门提供了肯尼亚75%的就业岗位，雇用了全国40%的人口，其中70%为乡村人口。肯尼亚全国大部分人口的生产和生活主要依靠农业。

肯尼亚可耕地面积9.2万平方公里，约占国土面积的16%，其中已耕地占73%，集中在西南部。在可耕地中，农田面积占31%，牧场面积占30%，森林面积占22%。其余的干旱和半干旱地区不适合种植需要充沛雨水的经济作物和粮食作物，但这些地区也具有自身的比较优势，主要出产耐旱的农作物，如木豆产量的99%、绿豆产量的95%、豇豆产量的93%、小米产量的60%都来自干旱和半干旱地区。此外，干旱和半干旱地区也是高粱、大豆和玉米的重要产区，高粱产量的48%、大豆产量的37%、玉米产量的26%来自该地区。

根据降水量的多少，肯尼亚大致分为三个不同的农业产区。一是年均降水量1000毫米以上的地区。这一地区占全部农业用地的20%，肯尼亚全国50%以上的人口生活在这一区域。茶叶、咖啡、除虫菊、蔬菜以及75%以上的奶等产自该地区。二是年均降水量在750~1000毫米的地区。这一地区占全部农业用地的30%~35%，肯尼亚全国30%的人口生活在这一区域。该地区的农民主要种植耐旱的农作物，养牛或者其他小型家畜。三是年均降水量在200~750毫米的地区。肯尼亚20%的人口生活在这一区域。肯尼亚80%的畜产品和65%的野生动物来自这一地区。

农业是肯尼亚国民经济的支柱，也是大部分人口生产和生活资料的来源，因此肯尼亚政府非常重视农业发展。《肯尼亚2030年愿景》将农业发展目标确定为使肯尼亚的小农经济发展成为创新性的、以商业为导向的现代农业。《创造就业和财富：肯尼亚经济复兴战略》强调，加大对农业研究机构和农业研究的投入力度，促进经济可持续发展。《农业部门发展战略（2010～2020年）》提出的目标是建设一个粮食安全和繁荣的肯尼亚。

肯尼亚的农业基础设施薄弱，农业生产对气候条件依赖比较严重，降水量的多少对农业收成有很大影响。目前，肯尼亚20%的粮食依靠进口。为解决粮食安全问题，促进农业发展，特别是小农的发展，近年来肯尼亚颁布了诸多专门的农业发展计划。例如，2007～2008年，肯尼亚农业部颁布《国家加速农业投入准入计划》（National Accelerated Agricultural Inputs Access Programme），通过向贫困的农民家庭提供补贴和技术等方式，帮助其进行农业生产，提高农业产量，满足家庭粮食需要，增加收入。2014年，肯尼亚政府与欧盟、国际农业发展基金等国际组织发起"肯尼亚粮食增收计划"（KCEP），其总体目标是确保粮食安全，增加小农家庭的收入。该计划最初主要用于资助中上等农业用地的农民，后来逐步扩大范围，拓展到了干旱和半干旱地区的农民。

虽然肯尼亚政府颁布了大量促进农业生产和发展的政策与计划，但是农业部门依然面临诸多挑战，如农业生产力发展水平低、农业现代化程度低、农产品附加值低等。几十年来，肯尼亚的农业总产值增长率呈下降趋势：1965～1973年高达6.2%，1980～1990年为3.3%，1990～1999年降至1.4%，2000年则为负增长（-2.4%）。2008年以来的五年间农业总产值年均增长率仅有0.6%的水平。近几年，肯尼亚农业总产值增长率波动明显，2014～2018年的实际增长率分别为4.5%、6.0%、5.0%、1.8%和6.6%。虽然受疫情影响，2020年肯尼亚农业总产值依然实现了5.4%的增长率。

二　种植业

肯尼亚农业以小农经济为主，即个体农户在肯尼亚农业生产中占据主导地位。肯尼亚大约75%的农业产量来自拥有2～3公顷土地的小型农场。种植业在肯尼亚农业发展中发挥着关键作用，其产值占肯尼亚农业总产值的近80%。

肯尼亚农产品种类很多。主要的粮食作物包括谷物、豆类、根类、块茎类等，出口收入仅占肯尼亚出口总值的0.5%。肯尼亚粮食作物主要用于满足国内粮食需求。经济作物主要包括茶叶、咖啡、糖、棉花、向日葵、除虫菊、烟草、剑麻、椰子等，2018年经济作物产值占肯尼亚农业总产值的70.5%。

1. 玉米

玉米是肯尼亚人的主食，各地普遍种植。受降水不足影响，肯尼亚玉米产量由2019年的4400万袋（每袋90公斤）下降到2020年的4210万袋，降幅为4.3%，2021年继续下降到3670万袋。玉米进口量波动较大，2015年进口量为49万吨，2016年下降为14.9万吨，2017年又大幅增至132.8万吨。2016年，玉米产值下降了7.3%，为78.9亿肯先令。2017年和2018年，玉米产值稳步提高，分别达到84.8亿肯先令和99.9亿肯先令。2020年玉米产值由2019年的106.8亿肯先令下降到82.3亿肯先令。

2. 小麦

小麦是供应城市的主要商品粮。2012～2015年，肯尼亚小麦产量稳步提升，由2012年的16.3万吨提高到2015年的23.9万吨。与2015年相比，2016年小麦产量下降了6.8%，为22.3万吨。2020年，因气候条件良好，小麦产量达到了40.5万吨。肯尼亚小麦主要由中西部高原农场生产，但产量远无法满足国民的需求。2015年，肯尼亚小麦进口量为142.2万吨，2016年进口量下降了4.2%，为136.2万吨。2020年，小麦进口量继续下降，由2019年的200万吨下降到190万吨。2016年，小麦产值为80.3亿肯先令，比2015年下降了2.1%。2017年和2018年，小麦产值分别为52.8亿肯先令和117.4亿肯先令。2020年，小麦产值由2019年的133.7亿肯先令下降到102.8亿肯先令。

3. 咖啡

历史上，咖啡曾是肯尼亚最大的出口创汇产品，但近年来地位有所下降，2005年仅占肯尼亚出口创汇的5%。2016年，肯尼亚咖啡种植面积为11.4万公顷，比2015年增长500公顷。产区集中在中部高原和西部地区，多种植优质的阿拉伯种咖啡。由于政府补贴和循环生产，咖啡的产量由 2015 年的 4.2 万吨提高到 2016 年的 4.6 万吨，增长了 9.8%。其中，合作社种植的咖啡产量增长了 10%，而大企业生产的咖啡产量下降了 0.7%。2016 年，咖啡产值大幅提高，由 2015 年的 120.7 亿肯先令增长到了 161.9 亿肯先令，提高了 34.1%。2017 年和 2018 年，咖啡产值有所下降，分别为 160.4 亿肯先令和 148.4 亿肯先令。2020 年，因价格上涨，咖啡产值由 2019 年的 101.6 亿肯先令增长到 108.2 亿肯先令。

4. 茶叶

肯尼亚于 20 世纪初开始种植茶叶。肯尼亚茶叶（红茶）品质优良，受消费者欢迎，主要供出口。自 1989 年以来，茶叶一度占据肯尼亚出口商品首位，但近年来已被园艺产品超越。2016 年，肯尼亚茶叶种植面积达到 21.85 万公顷，比 2015 年增长了 4.3%。2016 年，茶叶总产量为 47.3 万吨，比 2015 年增长了 18.5%。其中，小茶农种植的茶叶产量由 2015 年的 23.8 万吨增长到 2016 年的 26.6 万吨，增长了 11.8%，平均每公顷的产量由 1900.8 公斤增长到了 2084.8 公斤；大规模茶园的产量由 2015 年的 16.2 万吨增长到 2016 年的 20.7 万吨，增长了 27.8%，平均每公顷的产量由 2459.7 公斤提高到 2908.8 公斤。市场价格下跌导致茶叶产值由 2015 年的 1183.9 亿肯先令下降到 2016 年的 1165.5 亿肯先令，下降了 1.6%。2017 年和 2018 年，茶叶产值提高，分别达到 1348.3 亿肯先令和 1276.7 亿肯先令。2020 年，茶叶产值由 2019 年的 1040.7 亿肯先令增长到 1221.6 亿肯先令，增幅达 17.4%。

5. 园艺产品（鲜花、蔬菜、水果）

自 20 世纪 80 年代中期以来，园艺业是肯尼亚发展最快和最成功的农业部门。目前，园艺产品产值占农业总产值的 33%，超过茶叶成为肯尼亚最大的出口创汇商品。近年来，肯尼亚园艺产品的产量和产值呈持续增长的态势。园艺产品的产量由 2015 年的 23.87 万吨增长到 2016 年的 26.12 万吨，增长了 9.4%。其中，新鲜蔬菜的产量由 6.97 万吨增长到 7.88 万吨，增长了 13.1%。鲜花和新鲜水果的产量分别增长了 8.9% 和 5.4%。2016 年园艺产品的产值同比增长了 12.3%，达到 1015.2 亿肯先令。其中，鲜花的产值占园艺产品产值的 69.8%。国际市场园艺产品价格上涨是肯尼亚园艺产品产值增长的主要原因。2018 年，肯尼亚园艺产品的产值达 1536.9 亿肯先令。2020 年肯尼亚园艺产品的产值由 2019 年的 1415.8 亿肯先令增长到 1501.7 亿肯先令。

6. 甘蔗

甘蔗是肯尼亚独立后发展最快的农作物之一，主要用于制糖。1971 年肯尼亚政府设立了食糖管理局。甘蔗产区集中在肯尼亚西部，生产者以小农为主。2020 年，肯尼亚甘蔗种植面积为 20.05 万公顷，比 2019 年增加了 0.31 万公顷。2014~2018 年，甘蔗产量分别为 641 万吨、716 万吨、715 万吨、475 万吨和 526 万吨，平均每公顷的产量分别为 61.4 吨、66.4 吨、62.2 吨、55.3 吨和 55.1 吨。2020 年甘蔗产量达到 680 万吨，与 2019 年的 460 万吨相比，增幅达 47.8%。糖的总产量由 2017 年的 38 万吨增长到了 2018 年的 49 万吨，增幅达 28.9%。2020 年，糖的总产量达 60.4 万吨。2017 年，糖的进口量增长到 99 万吨，但 2018 年出现大幅下降，仅为 28 万吨。2020 年，糖的进口量有所增加，达 45 万吨。肯尼亚糖的出口量很少，2019 年为 800 吨，2020 年增加到 2400 吨。

7. 水稻

近年来，肯尼亚水稻种植面积持续扩大，2014 年为 1.4 万公顷，2017 年为 2.7 万公顷，三年间增长了近 1 倍。由于种植面积的扩大和灌溉系统的不断完善，水稻的产量和产值也有所增长，其中产量由 2018 年的 16.06 万吨增长到 2019 年的 18.09 万吨，同期产值由 101 亿肯先令增长到 105 亿肯先令。

表 4-2　2014~2020 年肯尼亚主要农产品产值

单位：亿肯先令

	2014 年	2015 年	2016 年	2017 年	2018 年	2019 年	2020 年
玉米	96.0	85.1	78.9	84.8	99.9	106.8	82.3
小麦	76.2	82.0	80.3	52.8	117.4	133.7	102.8
咖啡	166.3	120.7	161.9	160.4	148.4	101.6	108.2
茶叶	848.5	1183.9	1165.5	1348.3	1276.7	1040.7	1221.6

续表

	2014 年	2015 年	2016 年	2017 年	2018 年	2019 年	2020 年
鲜花	598.9	629.4	708.3	822.5	1131.7	1041.4	1075.1
蔬菜	187.8	209.4	233.7	240.6	276.9	242.5	242.3
水果	54.1	65.6	73.2	90.1	128.3	131.9	184.3
甘蔗	202.9	224.0	242.2	201.3	209.9	175.8	252.1

资料来源：Kenya National Bureau of Statistics, Economic Survey 2021。

三 畜牧业

畜牧业是肯尼亚重要的经济部门，在增加农业产值和满足民众对肉奶禽蛋等畜牧产品需求上发挥着重要作用。畜牧业产品总值占肯尼亚农产品总值的30%，占国内生产总值的10%，占农业生产总值的50%。肯尼亚大部分畜牧业产品可以自给自足，部分畜牧业产品可供出口。肯尼亚畜牧业主要集中在干旱和半干旱地区，雇用了这一地区90%的农业人口。

肯尼亚饲养的主要牲畜有牛、山羊、绵羊、骆驼、驴、猪等；饲养的家禽以鸡为主，占全部家禽数量的68%，每年平均产禽肉2万吨，产蛋大约125.5万枚。除了放养的鸡之外，家禽还包括鸭、火鸡、鸽子、珍珠鸡、鹌鹑等。

1. 奶及奶制品

奶在肯尼亚畜产品中占有重要地位，包括牛奶、羊奶、骆驼奶等。肯尼亚70%以上的鲜奶及奶制品是由小农生产完成的。2005年，肯尼亚奶产量大约为32.0亿升，消费量达到19.2亿升。根据肯尼亚国家统计局公布的数据，与2015年相比，2016年肯尼亚市场销售的奶量和加工过的奶量分别增长5.6%和3.2%，达到6.5亿升和4.5亿升。2020年奶产值为227.2亿肯先令。

2. 牛

牛是肯尼亚干旱和半干旱地区饲养的主要牲畜。养牛方式分为农家饲养、牧民放养以及大畜牧场或农场饲养三类，分别占57%、35%和8%（20世纪70年代占比）。政府对这三类养牛方式均给予鼓励，并以增加头数、改良品种和提高商品率为目标。与饲养其他牲畜相比，肯尼亚偏好养牛，民众对牛肉的需求量相对较高，牛肉价格也相对较为便宜。肯尼亚每年的牛肉产量为 32 万吨。2016 年，牛的屠宰量增长了 8.2%，达到 246.02 万头。2020 年牛的屠宰量与 2019 年相比下降 36.6%，为 195.37 万头。2018 年，牛肉产值为 1002.5 亿肯先令，2020 年增长到 1171.4 亿肯先令。

3. 羊

肯尼亚饲养的羊主要分为绵羊和山羊两种，羊肉大约占肯尼亚全部红肉消费量的 30%。肯尼亚每年的羊肉产量为 7 万吨。2016 年，山羊和绵羊的屠宰量上升了 25.3%，达到 822.02 万只，2020 年进一步增长到 1204.02 万只。除了供给羊肉外，与羊相关的产品还包括羊毛、羊皮、羊奶等。肯尼亚每年的羊毛产量大约为 1500 吨。2018 年，山羊和绵羊的总产值达 77.6 亿肯先令，2020 年产值增长到 85.3 亿肯先令。

4. 骆驼

骆驼也是肯尼亚干旱和半干旱地区牧民饲养的主要牲畜之一。每年出产的骆驼肉大约为 6600 吨，出产的骆驼奶大约有 2.2 亿升，骆驼奶主要供干旱和半干旱地区居民消费。

表 4-3 2014~2020 年肯尼亚主要畜禽产品产值

单位：亿肯先令

	2014 年	2015 年	2016 年	2017 年	2018 年	2019 年	2020 年
牛	592.7	662.2	847.0	936.3	1002.5	1073.5	1171.4
山羊和绵羊	42.5	48.5	57.7	67.8	77.6	75.9	85.3
奶	187.9	212.1	230.2	230.5	230.3	205.8	227.2
鸡和鸡蛋	74.4	60.1	87.9	106.7	120.7	92.3	106.9
其他	21.2	25.6	31.3	36.3	40.4	36.6	39.6
总计	918.7	1008.5	1254.1	1377.6	1471.5	1484.1	1630.4

资料来源：Kenya National Bureau of Statistics, Economic Survey 2021。

四 渔业

历史上，肯尼亚的卢奥人、卢希亚人等都有捕鱼的传统。以前，肯尼亚的鱼类产品主要供应国内消费。20 世纪 80 年代初开始，肯尼亚鱼类产品开始走出国门，向欧洲及其他地区出口。渔业也逐渐由供应国内消费的产业部门转变为以出口为导向的产业部门。肯尼亚渔业可分为内陆水域渔业和海洋水域渔业。肯尼亚渔业每年创造的外汇收入大约有 50 亿肯先令，雇用了大约 30 万人，其对肯尼亚 GDP 的贡献率大约为 0.5%，占农业生产总值的 2%。2016 年，肯尼亚颁布《渔业管理和开发法案》。根据该法案，肯尼亚建立了渔业委员会和渔业服务中心，对渔业资源的开发、保护和渔业的发展进行监管并为其提供服务。

肯尼亚渔业资源主要在内陆水域，而内陆水域以维多利亚湖产鱼量居多。维多利亚湖水域为乌干达、坦桑尼亚和肯尼亚三国共有，其中乌干达占水域面积的比例为 43%，坦桑尼亚为 51%，肯尼亚仅为 6%。2018 年，肯尼亚维多利亚湖的捕鱼量占肯尼亚淡水总捕鱼量的 79.1%。维多利亚湖周围建有鱼产品加工厂，主要加工向欧洲及其他地区出口的冷冻鱼。近年来，肯尼亚内陆水域的捕鱼量出现了下降趋势，淡水鱼的产量由 2014 年的 159340 吨下降到 2018 年的 124127 吨，降幅达22.1%；同期，维多利亚湖的捕鱼量也从 128708 吨下降到了 98150 吨，降幅达 23.7%。尽管如此，淡水鱼的产值并未发生大幅波动，2014 年淡水鱼的产值为 209.4 亿肯先令，2018 年为 194.2 亿肯先令，仅减少15.2 亿肯先令。除了维多利亚湖，图尔卡纳湖、塔纳河水库及渔场等也是重要的淡水鱼产区。但近几年，肯尼亚很多重要水域的捕鱼量出现了下降趋势，如渔场的捕鱼量由 2014 年的 2.4 万吨下降到 2018 年的1.5 万吨。

肯尼亚是海陆兼备型国家，除了有丰富的湖泊资源外，还有长达 536公里的海岸线，海洋渔业资源丰富。不过，海洋捕鱼量仅占肯尼亚总捕鱼量的 4%。由于没有有效利用海洋经济特区及缺乏深海捕鱼的必要技术，近年来，肯尼亚海洋捕鱼量并没有显著增长。2014 年，海洋的总捕鱼量为 2.3 万吨，2018 年增长到近 2.5 万吨（见表 4-4）。2014 年肯尼亚渔业总产值为 255.8 亿肯先令，2018 年为 240.0 亿肯先令。其中，淡水鱼的总产值占比达 80%。2020 年渔业产值有所增加，由 2019 年的 236 亿肯先令增至 262 亿肯先令。总体上看，肯尼亚的渔业发展现代化程度比较低，大部分是渔民乘小船在湖泊上捕鱼。

表 4-4 2016~2020 年肯尼亚捕鱼量

单位：吨

	2016 年	2017 年	2018 年	2019 年	2020 年
淡水鱼	123513.0	112114.0	124673.0	121580.0	124021.4
海洋渔业资源	24165.0	23733.0	24872.5	27638.0	25656.4
总计	147678.0	135847.0	149545.5	149218.0	149677.8

资料来源：Kenya National Bureau of Statistics, Economic Survey 2021。

五　林业

20 世纪 60 年代，肯尼亚林地面积约 193.5 万公顷，占国土面积的 3%；之后一度减少，20 世纪 80 年代末又增至约 230 万公顷。木材有多种用途，如工业用材、民用燃料、商业木炭等。2016 年，肯尼亚政府颁布《森林保护和管理法案》，以有效开发利用森林资源，实现可持续发展。肯尼亚政府重视植树造林，新增森林面积由 2015 年的 13.05 万公顷扩大到 2016 年的 13.13 万公顷。总体上看，肯尼亚的森林面积由 2014 年的 410.3 万公顷增长到 2018 年的 422.4 万公顷。2020 年，肯尼亚的森林面积达 423.19 万公顷，森林覆盖率为 7.29%。肯尼亚归政府所有的木材销售量由 2014 年的 119.8 万立方米下降到 2018 年的 14.4 万立方米，2019 年仅为 1.07 万立方米，2020 年有所回升，为 8 万立方米。木炭和燃材的销售量由 2014 年的 7 万立方米下降到 2018 年的 1 万立方米，2020 年的销售量仅为 0.4 万立方米。

第三节　工业

肯尼亚是东非地区工业化程度最高且最为复杂的国家。与埃塞俄比亚、坦桑尼亚、乌干达等其他东非国家相比，肯尼亚拥有相对较发达的基础设施（包括铁路、公路、港口、机场等）和受过良好教育的人力资源，这为肯尼亚工业发展奠定了良好基础。

独立以来，肯尼亚政府比较重视工业发展，在不同时期采取了不同的战略举措促进工业发展。

第一，从独立到20世纪80年代，肯尼亚实施进口替代战略，通过采取保护性举措促进本国工业发展。1963~1989年，制造业部门增加值年均增长率达8%。进口替代战略促进了肯尼亚消费品制造企业，如纺织、服装、饮料、食品、烟草等企业的发展。然而，政府的过度保护，导致相当一部分工业企业效率低下。在此背景下，面对国内外压力，肯尼亚政府逐步接受了国际金融机构的结构调整计划。

第二，20世纪80年代末，肯尼亚开始实施结构调整计划。该计划的主要举措包括：降低对国内工业的行政保护，取消价格控制，对国有企业进行私有化改革，降低关税税率等。但这些自由化、市场化、私有化的举措，并没有使肯尼亚的工业发展实现根本转变。1991~1992年，肯尼亚的经济增长率为 - 0.4%，而制造业总产值增长率则由3.8%下降到1.8%。在此背景下，肯尼亚转向出口导向的工业发展战略。

第三，出口导向的工业发展战略，主要目标是提高经济效益，促进私人投资，增加制造业部门的出口创汇收入。20世纪90年代以来特别是21世纪以来，肯尼亚在出口导向的政策框架下，出台了大量的举措促进制造业产品出口，如建立出口加工区，通过减免地租、免税等举措，促进加工区内制造业企业的发展等。

独立以来，工业就在肯尼亚经济增长和创造就业方面扮演着重要角色。工业产值总体上处于不断增长的状态，由1965年的约1.66亿美元增长到1980年的15.26亿美元，再到1999年的18.02亿美元，增长了近10倍。不过，工业产值占GDP的比重虽有波动，但变化幅度不是很大。1980年，肯尼亚工业产值占GDP的比重为21%，1990年下降到19%，2000年继续下跌到17%，2011年有所上升，提高到19%。这种趋势也反映出，肯尼亚虽在东非地区拥有相对良好的工业基础，但是在增长幅度方面不如埃塞俄比亚、乌干达、坦桑尼亚等国家。

一　制　造　业

制造业是肯尼亚工业体系中最重要的部门。不同时期，制造业增长速度有所不同，但制造业占 GDP 的比重一直停滞在 10% 左右的水平。2015年，肯尼亚制造业增加值增长率为 3.6%，2016 年增长率为 3.5%，低于5.7% 的经济增长率，这既反映出了某种去工业化的进程，也表明肯尼亚的制造业部门并未发挥经济增长"引擎"的作用。2017 年，由于高生产成本、进口产品竞争以及大选带来的影响等，制造业增加值增长率仅为0.2%。从整个东非地区来看，肯尼亚制造业部门规模最大，门类最为齐全和复杂，但近年来发展速度远低于埃塞俄比亚、卢旺达、坦桑尼亚和乌干达等国家。

肯尼亚的制造业以生产消费品为主，如食品、饮料、水泥、纺织、服装、皮革、家具、机电、糖、塑料、汽车装配、炼油等。制造业部门集中在内罗毕、蒙巴萨、基苏木等大城市。肯尼亚制造业由大中型企业主导。大中型企业占肯尼亚企业总数的不到 5%，但其对肯尼亚制造业产值的贡献率超过 60%；小微企业占企业总数的 95%，但其产值仅占制造业总产值的 20%。

制造业在创造就业方面起着重要作用。2007~2011 年，正式的制造业部门的就业人数由 26.13 万人增长到了 27.58 万人。到 2016 年，制造业部门雇用的人数达到 30.09 万人，占肯尼亚全部正式就业人数的11.08%。如果加上非正式的制造业部门就业人数，制造业所创造的就业岗位规模会更大。例如，以家庭小工业为主的非正式制造业部门雇用人数由 2007 年的 157 万人增长到 2011 年的 183 万人。

正是由于认识到制造业在促进经济增长和创造就业等方面所发挥的重要作用，近年来肯尼亚政府出台了大量政策和举措，来推动制造业的发展。其中比较重要的政策举措有如下几方面。

一是 2007 年颁布的《肯尼亚 2030 年愿景》。根据《肯尼亚 2030 年愿景》，肯尼亚政府试图通过聚焦本地化生产、提高在地区市场的占有率、找准在全球市场的定位三大战略，打造一个"强劲、多元且具竞争力的制造业"部门。为实现以上目标,肯尼亚政府强调打造两大旗舰项目,一方面基于地区资源禀赋,发展工业和制造业集群;另一方面在关键城市建立至少5个中小企业工业园。除了两大旗舰项目,《肯尼亚2030年愿景》还提出一系列关键倡议,如改革工业结构、提高创新能力、促进科技创新、加强进口管理、完善基础设施、优化营商环境等。

二是2015年颁布的《肯尼亚工业转型计划》。该计划的目标是在未来十年,将肯尼亚正式制造业部门的就业人数提高到70万人,并新增20亿~30亿美元的产值。为实现这些目标,肯尼亚确立了五点战略:在具体的部门发展旗舰项目(如农产品加工、纺织、皮革、建筑服务、油气和矿业服务、信息技术等);发展中小企业;通过建立工业园区、提高劳动者技能、支持基础设施建设等举措营造加快工业发展的有利环境;建立工业发展基金;每6个月向总统报告计划执行情况,监督项目的落实和执行。

三是2012年颁布的《肯尼亚国家工业化政策框架(2012~2030年)》。该政策框架的目标是使工业增加值增长率维持在年均15%的水平,使肯尼亚发展成为非洲工业投资领域最具吸引力的国家。为推动以上目标的实现,《肯尼亚国家工业化政策框架(2022~2030年)》确立了7个优先发展的制造业部门,具体包括农产品加工、纺织和服装制造、皮革和皮革制品、钢铁产业、机床和配件、农业机械以及制药。该政策框架要求建立国家工业发展委员会,以为工业和制造业发展提供引导,对相关政策落实和执行情况进行监督,对参与工业发展的各利益攸关方进行协调。

以下对肯尼亚几个重要的制造业部门做简单介绍。

纺织和服装制造业　纺织和服装制造业是肯尼亚传统的制造业部门。目前,肯尼亚拥有52家纺织厂和几千家服装生产企业。其中,有170家服装公司属于大中型企业,有21家服装公司建在了出口加工区。与2010年相比,2014年肯尼亚出口加工区的服装出口值增长17%,达到3.32亿美元。同期,投资额增长21%,就业人数增长12%,达到37758人。肯尼亚是美国《非洲增长与机遇法案》(AGOA)的受益国。自2000年该法案实施以来,肯尼亚的服装出口额由2000年的860万美元增长到2014年的 3.32 亿美元。肯尼亚服装对美出口量占撒哈拉以南非洲对美服装出口总量的比例由 2004 年的 16% 提高到 2014 年的 37%。

水泥工业 水泥是肯尼亚的重要出口产品。水泥产量由 2015 年的 635.3 万吨增长到 2016 年的 670.7 万吨，之后持续下降，2018 年仅为 607.0 万吨。2019 年后，水泥产量有所回升，2020 年产量达 747.4 万吨。近年来，肯尼亚水泥出口量不断下降，2018 年出口量仅为 14.4 万吨，与 2017 年相比下降了 62.8%。自 2015 年以来，肯尼亚对邻国乌干达、坦桑尼亚的水泥出口量持续下降，2020 年下降到 1.15 万吨。但是肯尼亚对其他国家的水泥出口量实现了大幅增长，由 2019 年的 4.2 万吨增长到 2020 年的 10.9 万吨。肯尼亚的水泥进口量由 2017 年的 1.5 万吨增长到 2020 年的 2.2 万吨。

家具制造业 肯尼亚是东非地区最大的家具制造国家，也是东非地区家具市场规模最大的国家。2013 年，肯尼亚家具市场的销售额是 4.96 亿美元，雇用大约 16 万人，其家具制造业产值是东非第二大家具制造国埃塞俄比亚的 2 倍。近年来，由于住房需求以及办公需求的增长，肯尼亚的家具制造业不断发展。2013 ~ 2018 年，肯尼亚家具制造业产值年均增长率为 8%。正式的家具制造业企业所占家具市场份额达 60%，非正式的家具制造业企业所占市场份额为 1/3 左右。

皮革制造业 历史上，肯尼亚曾是东非地区皮革制造业的中心，但是近年来皮革及皮革制品在肯尼亚工业体系中的重要性显著下降。2013 年，肯尼亚皮革及皮革制品的出口额仅有 1.4 亿美元，占世界皮革及皮革制品出口额的 0.14%。肯尼亚是低端鞋类生产国，每年生产大约 330 万双鞋，主要用于满足国内市场需求。2009 年，肯尼亚开始对生皮出口征收 80% 的关税，这对生皮出口产生了消极影响。由于成革产量的下降，2020 年肯尼亚皮革和皮革相关制品的产量下降了 19.9%。肯尼亚皮革制造业雇用的工人数量相对较少，大约雇用了 1.4 万人，其中非正式部门雇用人数达 1 万人。根据肯尼亚国家统计局数据，2013 年，肯尼亚皮革制造业雇用人数仅占制造业雇用人数的 2%，其产值占制造业附加值的 1.3%。

酿酒工业 最初在肯尼亚内罗毕上市的东非啤酒公司（East African

Breweries Ltd. ）是东非地区最大的酒精饮料公司，其旗下的旗舰公司是成立于1922年的肯尼亚啤酒公司，该公司在肯尼亚啤酒领域占据领先地位。2016年，东非啤酒公司的利润增长了6%，销售收入达到103亿肯先令。2016年，肯尼亚啤酒产量同比增长了11.8%，但出口量由6507.3万升下降到3256.4万升，这说明肯尼亚生产的啤酒以满足国内消费为主。

二　矿业

肯尼亚拥有丰富的矿产资源，主要矿产资源包括苏打灰、萤石、硅藻土、黄金、铁矿石、铅、蛭石、蓝晶石、锰、钛、石英砂、宝石、石膏、石灰石等。肯尼亚虽是矿产资源富集国，但大部分矿产资源处于未开发状态。肯尼亚是世界第三大苏打灰出口国，世界第七大萤石生产国。

肯尼亚独立后并未将矿产资源开发作为经济发展的优先选择，矿业一直处于欠发展状态，2015年其产值占GDP的比重仅为1%。近年来，一些全球性的矿业公司在肯尼亚投资建厂。例如，塔塔化工公司在裂谷的马加迪湖地区进行苏打灰的开采和加工，该公司是非洲最大的苏打灰生产商，也是肯尼亚最大的出口企业之一。肯尼亚萤石有限公司（Kenya Fluorspar Co., Ltd.）自1971年以来就在裂谷地区开采萤石以供出口，近年来该公司萤石产能每年可达到36万吨，是肯尼亚矿业部门第二大企业。非洲硅藻土工业有限公司（Africa Diatomite Industries Ltd.）成立于1942年，主要在内罗毕西北部地区开采硅藻土用于出口。该公司获得了600多万吨硅藻土的开采权。

肯尼亚拥有丰富的石灰石、大理石、角砾云岩等，通常被用来制造水泥以及用于建筑行业。肯尼亚比较大的水泥制造商包括：班博瑞水泥公司（Bamburi Cement），年产能达230万吨；东非波特兰水泥公司（East Africa Portland Cement），年产能达140万吨；萨瓦纳水泥公司（Savannah Cement）市值达100亿肯先令，年产能可达240万吨；蒙巴萨水泥公司（Mombasa Cement）的年产能可达230万吨。

近年来，肯尼亚政府开始重视矿业发展，并将其作为实现工业化和推动经济转型的支柱产业。2016 年 5 月，肯尼亚出台《矿产法》，取代了实施长达 76 年的于殖民时代制定的矿产法规。根据新的《矿产法》，肯尼亚在矿业领域成立了一系列新的机构并制定新的制度，如成立国家矿业公司（National Mining Corporation），该公司是肯尼亚政府在矿业领域的投资机构，其主要职能包括矿产资源普查、采矿、收购矿产项目股份、以独资或合资的形式购买或出售矿业企业，受矿业部监管；矿产和金属产品交易所（Minerals and Metal Commodity Exchange）；采矿权委员会（Mineral Rights Board）；等等。

新的《矿产法》规定，肯尼亚共和国领土范围内的所有矿藏，包括领海和大陆架范围内的矿藏，都属肯尼亚财产，代表肯尼亚人民的中央政府拥有所有权。《矿产法》由 16 个部分 225 项条款构成。其中，第 8 条规定，肯尼亚中央政府对肯尼亚领土范围内的所有战略性矿产资源拥有优先认购权。这一规定使肯尼亚中央政府有权在第一时间购买战略性矿产资源，从而可以更好地维护肯尼亚的国家利益。肯尼亚政府提出，2016 年颁布的《矿产法》旨在保护投资者利益和公共利益并维持二者的平衡，将肯尼亚打造成为东非地区的矿业中心。除完善矿业法律框架外，肯尼亚政府还于 2016 年启动了名为"雄鹰项目"的计划，预计投入 30 亿美元，旨在对肯尼亚进行地理普查，以确定矿产资源的类型、储量等。这一项目的执行将对肯尼亚矿业发展发挥重要作用。肯尼亚矿业部认为，随着《矿产法》的颁布实施，以及政府扶持矿业发展的政策出台，矿业将迎来重要发展机遇，到 2030 年矿业产值占 GDP 的比重有望达到 10%。

三 建筑业

独立初期，肯尼亚建筑业发展迅速。1964 ~ 1970 年年均增长率为 15.5%；20 世纪 70 年代因开办新工厂、铺设输油管、扩建飞机场等，建筑业仍维持较高增长率（1979 年为 7.5%）。20 世纪 80 年代不太景气。90 年代初，由于一些公司如英国的伦罗公司大兴土木，在内罗毕建设豪华办公大楼等，建筑业再度兴旺（尤其是 1990 ~ 1992 年）。近年来，随着城市化进程的不断推进，肯尼亚政府加大了对修建道路工程的投入力度，居民住房需求不断增长，2013～2016年水泥消费量呈逐年递增趋势，建筑业处于不断发展中，2015～2017年的增长率分别为13.9%、9.8%和8.6%，建筑业部门的就业岗位不断增加，由2015年的14.9万个增长到2016年的16.3万个。

建筑业的两大支柱是道路工程和房屋建筑。在道路工程方面，2017年肯尼亚政府出资2017亿肯先令用于道路建设、修复和升级。其中，1033亿肯先令用于建设1500公里的道路，984亿肯先令用于修复、升级道路和立交桥。用于主干线和主干道的建设资金由2015～2016年的516亿肯先令增长到2016～2017年的703亿肯先令，增长了36.2%。肯尼亚道路局（Kenya Roads Board）分配给各道路管理机构和地方政府的资金由2016～2017年的605亿肯先令增长到2017～2018年的635亿肯先令。2020年，肯尼亚政府用在道路工程方面的支出由2019年的2072亿肯先令下降到1689亿肯先令，降幅达18.5%。

在房屋建筑方面，肯尼亚以私人部门为主。2016年，内罗毕市新建的私人建筑物的造价由2015年的709亿肯先令增长到762亿肯先令。同年完成的公共建筑物的造价则由2015年的6150万肯先令增长到38亿肯先令。2016年肯尼亚国家住房公司在内罗毕、基苏木、基西三地进行了大量的房地产开发活动，投入的资金分别为3.287亿肯先令、4.397亿肯先令和1.095亿肯先令。2020年新建的公共建筑物的造价为90.84亿肯先令，而同年内罗毕市完成的私人建筑物的造价高达1000亿肯先令。

近年来，肯尼亚建筑业领域的熟练、半熟练以及非熟练工人的年均基本工资一直在增长。2016年，熟练、半熟练和非熟练工人的基本工资同比分别增长了8.2%、7.9%和7.5%。2015年建筑业领域工人工资的增长率为10%，2016年为7.9%。

肯尼亚建筑业大体有大、中、小三类承包商。大承包商有固定的总部和经验丰富的专业职员，大型的承包公司通常是国际性的，大多设在内罗毕，承建大型工程。中型承包商只承包中型工程，一次一个，还可能使用转包商。许多较小的承包公司是家族企业，企业主人、工程组织者，甚至工匠和技工都是家族成员，这类企业富有经验和才干，愿承担大工程。此外还有诸多小建筑承包公司，大多分布在城镇和乡村，几乎都是"单干"户。

四 电力工业

肯尼亚电力工业不发达，电力供给集中在城市地区，广大乡村地区电力供应不足。2014～2018年，肯尼亚可以用上电的人口占比由32%提高到75%。肯尼亚的电力工业主要包括水力发电、地热发电和火力发电。历史上，水力发电是肯尼亚电力工业的主要门类，水力发电量曾占肯尼亚总发电量的70%以上。然而，水力发电也有其弊端，即受气候变化、降水量多少的影响。为确保电力来源的多样化，肯尼亚政府增加了对地热能、太阳能、风能等新能源的投入，从而减少水力发电量在肯尼亚总发电量中的占比。

根据肯尼亚国家统计局统计数据，2020年，肯尼亚发电总装机容量由2019年的2818.9兆瓦增长到2836.7兆瓦。其中，地热发电装机容量增长了4.2%，达863.1兆瓦；太阳能发电装机容量增长了3.0%，达52.5兆瓦。同年，水力发电装机容量达834.0兆瓦，热电装机容量有所下滑，达749.1兆瓦。2020年，总发电量同比下降了17.1千瓦时，达11603.6千瓦时。2020年肯尼亚92.3%的电力来自可再生能源。其中，地热、水力和风能的发电量占总发电量的比例分别为43.6%、36.5%和11.5%。

肯尼亚拥有丰富的地热资源，地热发电量在非洲居首位，在世界居第八位。除利用丰富的地热资源进行发电外，肯尼亚还积极发展风力发电，2017年建成的图尔卡纳湖风力发电厂，是非洲最大的风力发电厂。图尔卡纳湖风力发电厂的装机容量达300兆瓦，相当于同期肯尼亚发电总装机容量的15%。近年来，肯尼亚为发展清洁能源，将核能发电提上日程。2016年9月，肯尼亚核电委员会与韩国电力公司、韩国核能国际合作协会、韩国电力公司国际研究生院签署伙伴关系协定，肯尼亚旨在通过这一协定向韩国学习核能发电知识和技术。肯尼亚计划到2027年建成首座装机容量为1000兆瓦的核电站，到2033年将核电产能提高到4000兆瓦，从而使核电成为肯尼亚能源的重要来源之一。

为进一步扩大对可再生能源的投资，肯尼亚政府于 2008 年实施上网电价补贴政策（Feed-in Tariff），即以高于市场价的固定价格回购利用太阳能等新能源生产的电力。2011 年，肯尼亚政府对可再生能源设备及配件实施零关税政策，并取消了可再生能源材料、设备及配件的增值税。2011 年之前，肯尼亚政府对可再生能源材料征收 16% 的增值税。在这些政策的鼓励和刺激下，太阳能光伏发电的装机容量也在不断增加，2020 年达 52.5 兆瓦，太阳能发电量占总发电量的 1%。

乡村地区供电不足是肯尼亚电力部门面临的一大挑战。为进一步改善乡村地区的供电状况，肯尼亚政府于 2007 年成立乡村电气化管理局（Rural Electrification Authority），负责执行中央政府制定的乡村地区电气化项目。一方面，肯尼亚政府加大财政支持力度，制定能源获取加速计划（Energy Access Scale-up Programme），耗资 840 亿肯先令，为 100 万个家庭供电；另一方面，肯尼亚政府积极争取国际援助，以支持乡村电气化项目，如 2007 年法国政府提供 27 亿肯先令，以资助肯尼亚的乡村电气化项目。自肯尼亚乡村电气化局成立以来，乡村地区可以用电的家庭占比由 4% 上升到了 31%。2019 年，肯尼亚《能源法》生效，乡村电气化局更名为乡村发电和可再生能源公司，其职责由执行乡村电气化项目扩大到引领肯尼亚的绿色能源发展。

除提高电力产能和向乡村地区的供电能力外，肯尼亚政府还大力发展输变电网等电力基础设施。2017 年，肯尼亚新建 629 公里的输电线路，包括 482 公里的蒙巴萨—内罗毕 400 千伏输电线、103 公里的苏斯瓦—伊辛亚（Suswa-Isinya）400 千伏输电线和 44 公里的基西—埃文多（Kissi-Awendo）132 千伏输电线。截至 2020 年，肯尼亚全国输电线（400 千伏、220 千伏和 132 千伏）总计长约 6294 公里。其中肯尼亚输电公司运营 2364 公里（占比 37.6%），包括 963 公里的 132 千伏输电线路、381 公里的 220 千伏输电线路、1020 公里的 400 千伏输电线路。此外，肯尼亚还与埃塞俄比亚、乌干达和坦桑尼亚等邻国加强电网连接，这有助于深化肯尼亚与邻国间的电力合作。

　　1997 年，肯尼亚进行能源改革，议会通过《电力法》，成立肯尼亚发电公司（Kenya Electricity Generating Company），专门负责发电业务。肯尼亚发电公司系内罗毕证券交易所上市公司，也是肯尼亚最大的能源生产商，占据 65% 的发电市场份额，拥有 1817.82 兆瓦的装机容量。2008 年，肯尼亚输电公司（KETRACO）成立，专门负责规划、设计、建设、运行、维护新的高压电传输基础设施等，是全资国企。肯尼亚电力与照明公司（KPLC）是一个专门负责电力分配的公司，该公司在内罗毕证券交易所上市，其中 49.9% 的股份为私人所有，2011 年更名为肯尼亚电力公司。

　　近年来，肯尼亚着力推动电力部门私有化进程，除了肯尼亚电力公司有 49.9% 的股份为私人所有外，肯尼亚发电公司 30% 的股份也为私人持有。在将国有电力企业私有化的同时，肯尼亚政府也鼓励私人资本投资电力部门，到 2020 年独立电力生产商（Independent Power Producers，即电力部门的私营投资者）生产的电力占比已超过 30%。肯尼亚独立电力生产商共计 15 家，包括 3 家小型水电厂、1 家地热电厂、1 家生物质电厂和 10 家燃油电厂。

第四节　交通与通信

　　与东非其他国家相比，肯尼亚拥有相对较好的交通基础设施和通信网络。在 1977 年东非共同体解体之前，肯尼亚的铁路、港口、航空、邮电等部门都由东非共同体所属公司统一经营管理。东非共同体解体后，肯尼亚成立了本国的国营公司和管理机构，如肯尼亚铁路公司、肯尼亚港口局、肯尼亚航空公司和肯尼亚邮电公司等。肯尼亚的公路交通过去不属于东非共同体管理，运输业务一向由国营和私营两类企业负责。20 世纪 90 年代以来，肯尼亚对交通基础设施和通信领域的国营企业开启了私有化进程，很多企业转变成公私合营企业。与此同时，肯尼亚出台了大量的法律法规和战略举措，加大本国投资和吸引外资的力度，交通与信息通信技术产业发展迅速。肯尼亚公路网不断扩大，新修建了从蒙巴萨到内罗毕的标轨铁路，在蒙巴萨港口扩建的基础上将拉穆港打造成北部交通走廊的枢纽，能够享受移动电话和互联网服务的人越来越多。不断完善的交通基础设施和迅速发展的信息通信技术，既为肯尼亚经济社会可持续发展提供了重要保障，也日益成为国民经济发展的动力。根据肯尼亚国家统计局数据，肯尼亚交通和仓储部门的产值由 2013 年的 7762 亿肯先令增长到了 2020 年的 1.97 万亿肯先令。

一 公路交通

公路系统在肯尼亚交通运输网络中占有重要地位，肯尼亚 93% 的货物运输和旅客运输是通过公路实现的。独立前，肯尼亚已拥有较为广泛的公路系统，但基本上是碎石路和土路。独立后，肯尼亚历届政府重视发展公路交通。1970~1974 年的五年发展计划中用于公路建设的费用占预算的 30%。1970 年，政府公共工程部接管了许多原由地方当局管理的公路，并将全国公路分为五级，即国际干线、干线、一级路、二级路、三级路，此外还有市区道路、国家公园道路、农业工程专用道路等不属于五个等级的公路。经过多年建设，肯尼亚公路系统不断发展和完善，等级公路里程由 1963 年的 41800 公里增长到 2020 年的 161451.3 公里。2018 年，肯尼亚公路网的总长度达 227893.2 公里。从公路铺设和运行的条件来看，57% 的公路运行良好，与 2009 年的 44% 相比提高了 13 个百分点。但是郡县层面的公路状况不佳，这很大程度上是资金投入不足所致。

根据肯尼亚国家统计局数据，肯尼亚铺设沥青的公路由 2016 年的 1.3 万公里增长到 2020 年 6 月的 2.26 万公里。2020 年，肯尼亚政府用在公路建设和维护上的费用为 1688.55 亿肯先令，其中用于公路建设的资金为 1070.22 亿肯先令，用于公路维护和修缮的资金为 618.33 亿肯先令。同年，公路交通运输的产值达 1.55 万亿肯先令，占交通和仓储部门产值的 78.7%。

20 世纪 90 年代初，肯尼亚公路因运载压力大、年久失修、管理不善等，路况不断恶化。为应对不断恶化的路况，肯尼亚政府与世界银行"公路维护倡议"团队共同主持召开了关于公路建设与维护研讨会，此次会议认为制度不健全、管理上存在漏洞以及资金不足是肯尼亚公路运输形势不断恶化的主要原因。为了使公路建设和维护得到充足的资金保证，肯尼亚议会通过了《公路维护税收基金法案》（Road Maintenance Levy Fund）。根据该法案，肯尼亚政府主要通过征收燃油税、过境税、农业税等为肯尼亚公路系统的建设与维护提供可持续的资金。1995 年，在欧洲委员会的支持下，肯尼亚对公路部门的相关制度进行研究，其目标是建立高效的制度框架以对公路系统进行管理。根据这一研究，肯尼亚于 2000 年建立了公路委员会。肯尼亚公路委员会的主要职责包括：管理公路维护税收基金以及其他相关基金；对公路网的建设、修复和维护进行协调，以提高效率、降低成本、保障安全；对与公路网的建设、修复和维护有关政策的执行进行协调；决定公路维护税收基金的分配；等等。

肯尼亚负责公路系统建设和维护的主要职能部门包括肯尼亚国家高速公路局、肯尼亚城市公路局、肯尼亚乡村公路局、肯尼亚野生动物服务局和郡县政府。肯尼亚公路委员会需对公路建设和维护等相关职能部门提交的年度公路工程规划进行评估，并在此基础上形成年度公路规划提交给负责公路建设的内阁部长进行审批。根据肯尼亚 2010 年宪法，肯尼亚国家干线的管理由中央政府负责，而地方的公路系统则由郡县政府负责管理。2016 年 1 月，39995.1 公里的公路被划分为国家干线，分别由肯尼亚国家高速公路局、肯尼亚乡村公路局、肯尼亚城市公路局等负责管理；12456.4 公里的公路被划分为郡县道路，由郡县政府负责管理。

肯尼亚的公路可通往全国大部分地区和所有周边国家，不仅同坦桑尼亚和乌干达有多条干线相通，从内罗毕到埃塞俄比亚首都也有全天候的公路。面对日益增大的交通压力，近年来，肯尼亚加强与邻国的协调与合作，加大投入力度，不断修复、新建和完善与邻国的交通基础设施。2012 年 3 月，肯尼亚、南苏丹、埃塞俄比亚三国决定投资 292.4 亿美元，修建拉穆港—南苏丹—埃塞俄比亚交通走廊。此外，肯尼亚决定出资 10 亿美元，修建从埃尔多雷特到南苏丹朱巴之间的高速公路。总体上看，从蒙巴萨到乌干达边界的北部走廊公路运输条件良好，但是面临交通拥堵的压力。其他国际性的交通干线，如肯尼亚通往南苏丹和埃塞俄比亚的公路运输条件不佳。

二 铁路交通

肯尼亚的铁路系统由旧的米轨（1000 毫米轨距）铁路和新建的标轨铁路组成。其中米轨铁路长度为 2778 公里，标轨铁路长度为 480 公里。肯尼亚米轨铁路始建于英国殖民时期，1896 年从印度洋沿岸的蒙巴萨港开始修建，到 1901 年修建到基苏木完工，这条铁路干线被称为"乌干达铁路"。乌干达铁路于 1903 年开始通车运营。此后，在乌干达铁路的基础上修建了大量的支线铁路，1913 年修建了到锡卡的支线，1926 年修建了到基塔莱的支线，1927 年修建了到纳罗莫鲁的支线，1929 年修建了从乌干达托罗罗到索罗蒂的铁路。1929 年乌干达铁路并入肯尼亚乌干达铁路与港湾公司。1931 年一条通往肯尼亚山的铁路支线修建完工，主干线从纳库鲁延长到乌干达的坎帕拉。历史上，肯尼亚的米轨铁路系统将东非内陆和维多利亚湖与印度洋连接起来，主要服务于英国殖民者的利益。

英国殖民时期，肯尼亚乌干达铁路与港湾公司主要在肯尼亚殖民地和乌干达保护地经营铁路、港口、河运等。1948 年，肯尼亚乌干达铁路与港湾公司更名为东非铁路与港湾公司，主要运营肯尼亚、乌干达和坦桑尼亚三个东非国家的铁路运输系统。然而，到 1977 年，因三国关系恶化，东非共同体解体，该公司在三个国家进行了分割，其中肯尼亚部分成立了肯尼亚铁路公司。由于肯尼亚铁路与乌干达铁路存在历史性联系且相互依赖，为获取潜在收益，肯尼亚和乌干达两国政府于 2003 年 6 月做出战略决策，决定联合对肯尼亚铁路和乌干达铁路做出特许经营。2006 年 11 月，裂谷铁路联合体（Rift Valley Railways Consortium）获得了为期 25 年的肯尼亚和乌干达铁路特许经营权。然而，裂谷铁路联合体并没有改变日益恶化的标轨铁路运输形势。2017 年，世界银行发现有 2200 万美元的贷款被挪用到了一个由裂谷铁路联合体执行官控制的空壳公司。2016 年，乌干达铁路公司向裂谷铁路联合体发出违约通知，肯尼亚铁路公司在 2017 年 4 月终止了该联合体的特许经营权。截至 2017 年，肯尼亚的米轨铁路系统仅有一半处于运行状态。

肯尼亚标轨铁路是一条全长 480 公里的从蒙巴萨到内罗毕的现代化铁

路，也是肯雅塔政府基础设施建设的旗舰项目。蒙内铁路合同金额 38 亿美元，由中国路桥工程有限责任公司承建，全线采用中国标准，是肯尼亚独立后建设的首条现代化铁路。蒙内铁路于 2014 年 9 月开工建设，2017 年 5 月建成通车。蒙内铁路修建后，肯尼亚政府共采购 1620 个货运车厢和 40 个客运车厢，共有 60 名工程师到中国接受培训。蒙内铁路的修建为肯尼亚创造了 3 万个就业岗位。截至 2018 年 8 月 24 日，蒙内铁路累计发送旅客 172.2 万人次，旅客平均上座率超过 97%，周末及节假日上座率达 100%。蒙内铁路每天开行旅客列车 4 列，货物列车 18 列。根据远景规划，蒙内标轨铁路还会延伸到乌干达。目前，肯尼亚与乌干达间的铁路连接主要依靠传统的米轨铁路。肯尼亚与南苏丹、埃塞俄比亚和索马里等邻国并没有铁路相连，与坦桑尼亚虽有标轨铁路相连，但坦桑尼亚北部城市莫希与肯尼亚南部城市沃伊之间的路段已多年不再运行。

近年来，随着蒙内铁路开通运营，肯尼亚标轨铁路在货运和客运方面的作用更加突出，而米轨铁路运输的作用则相对下降。从货运来看，米轨铁路的货运量由 2016 年的 138 万吨下降到 2020 年的 62.8 万吨，米轨铁路货物运输所取得的收入由 2016 年的 47.93 亿肯先令下降到 2020 年的 11.14 亿肯先令；标轨铁路的货运量由 2018 年的 289.9 万吨增长到 2020 年的 441.8 万吨，标轨铁路货物运输所取得的收入由 2018 年的 40.91 亿肯先令增长到 2020 年的 104.6 亿肯先令。从客运来看，受新冠疫情影响，米轨铁路的客运量由 2019 年的 402.5 万人次下降到 2020 年的 189.7 万人次，同期客运收入由 1.67 亿肯先令下降到 8200 万肯先令；标轨铁路的客运量由 2019 年的 159.9 万人次下降到 2020 年的 81.2 万人次，同期客运收入由 17.17 亿肯先令下降到 8.96 亿肯先令。

三 水运与港口

肯尼亚的内河（包括最大的塔纳河）只能局部通航小船。维多利亚湖肯尼亚水域的航运长期由肯尼亚铁路公司经营，现已私有化。1969 年，肯尼亚、坦桑尼亚、乌干达、赞比亚 4 国合办东非国家航运公司，1980 年停业。肯尼亚基苏木有个内陆港，主要服务于与乌干达、坦桑尼亚一些港口的水上航运业务。与内陆水运相比，肯尼亚海运相对发达，是东非地区的海上交通枢纽。肯尼亚蒙巴萨港是撒哈拉以南非洲地区继南非德班港外的第二大港口。

蒙巴萨港始建于 1896 年，当时该港口主要为建设肯尼亚—乌干达铁路运送材料。1907 年，蒙巴萨港长 168 米的北部驳船码头建成，以处理铁路运载的商品以及其他进出口产品。北部驳船码头拥有 4 个驳船点。蒙巴萨港于 1926 年建成第 1 和第 2 停泊位，1929 年建成第 3 和第 4 停泊位，1931 年建成第 5 停泊位和史曼资原油码头（Shimanzi Oil Terminal）。二战时期，英国为应对战时海运需求，分别于 1942 年和 1944 年建成了第 7 和第 8 停泊位。到 20 世纪 80 年代末，蒙巴萨港已建有 18 个停泊位。其中，第 18 停泊位系蒙巴萨的集装箱码头，最初的年处理能力为 25 万标准集装箱。为降低不断增加的货物量带来的压力，肯尼亚于 1984 年在内罗毕的恩巴卡西建设了一个内陆集装箱仓库。2013 年，蒙巴萨港建成第 19 停泊位，该停泊位长 240 米、深 13.5 米，能停泊巴拿马型货船。2011 年，肯尼亚对蒙巴萨港口通道进行疏浚，完工后其总长度达到了 840 米。

近年来，蒙巴萨港承载的货物吞吐量在不断上升，2016 年蒙巴萨港处理的货物量为 2738.4 万吨，2020 年增长到 3411.6 万吨，增幅为 24.6%。在蒙巴萨港停靠的船只数量也由 2016 年的 1607 艘增加到 2017 年的 1767 艘，之后有所减少，2020 年为 1621 艘。同期，蒙巴萨港处理的集装箱运输数量也增加到约 136 万个标准集装箱。蒙巴萨港处理的经海运进口的货物量由 2016 年的 2311.6 万吨增长到 2020 年的 2777.1 万吨；处理的经海运出口的货物量由 2016 年的 367.9 万吨增长到 2020 年的 420.5 万吨。

除蒙巴萨港外，肯尼亚政府正加大投入建设本国第二大商业性港口拉穆港。位于曼达湾的拉穆港长达 10 公里的海岸可以建设 32 个停泊位。拉穆港建设涉及海域吹填，将停泊位向印度洋延伸 700 多米，首批建设的 3 个停泊位深 17.5 米，长 400 米，总长度为 1.2 公里，建成后可同时停靠三艘 12000 标准集装箱船舶。拉穆港首个停泊位于 2021 年 5 月正式运营。中国交通建设股份有限公司负责承建拉穆港。除了停泊位和港口疏浚工程外，拉穆港还配套建设了港口大厦、港口警察局、与国家电网连接的电站以及供水系统等。肯尼亚政府建设拉穆港的主要目的是降低对蒙巴萨港的过度依赖，同时开放肯尼亚欠发达的北部地区，加强肯尼亚北部地区与南苏丹、埃塞俄比亚等邻国的贸易联系。

于1978年建成的肯尼亚港口局（Kenya Ports Authority）负责开发、维护、运营、改善和管理肯尼亚沿海地带的所有海港。2015/2016财年，肯尼亚港口的总载重量为2643万吨，与2014/2015财年的总载重量2620.9202万吨相比，增长了22.0798万吨。而肯尼亚港口处理的过境货物则有所下降，由2014/2015财年的85.6177万吨，下降到2015/2016财年的49万吨。肯尼亚港口局处理的集装箱数量也下降了4611个标准集装箱，从2014/2015财年的107.7644万标箱下降到了2015/2016财年的107.3033万标准集装箱。2015/2016财年肯尼亚港口停泊位的平均占有率为71.8%，比上一年的76.2%下降了4.4个百分点。每艘船等待的平均天数由2.99天下降到1.87天。肯尼亚港口局的收入由2014/2015财年的355.78亿肯先令增长到2015/2016财年的405.44亿肯先令，增长率为14%。近年来，肯尼亚港口局加快基础设施建设，提高设备的现代化水平，以提高运营能力和效率。例如，蒙巴萨港于2016年4月建成并投入运营的Kipevu集装箱码头，具备处理55万标准集装箱的能力，该集装箱码头的建成将整个蒙巴萨港口处理的总集装箱能力提高到了150万标准集装箱。

四　空运

独立后，肯尼亚航空业取得了巨大发展。根据国际航空运输协会（IATA）统计数据，2017年肯尼亚航空运输部门总产值为32亿美元，约占肯尼亚GDP的5.1%，大约创造了62万个就业岗位，包括与旅游相关的就业岗位。肯尼亚大大小小的机场有100余个，比较重要的有内罗毕的乔莫·肯雅塔国际机场、蒙巴萨的莫伊国际机场、埃尔多雷特国际机场以及基苏木国际机场、威尔逊机场、马林迪机场等，这些机场由肯尼亚机场管理局管理。

位于内罗毕的乔莫·肯雅塔国际机场是东非地区最繁忙的机场，也是非洲的航空交通枢纽和进出东非地区的门户。乔莫·肯雅塔国际机场是肯尼亚机场管理局的旗舰机场，拥有40个客运航班和25个货运航班。位于蒙巴萨的莫伊国际机场拥有18条直飞欧洲的航班，与非洲地区的20多个城市实现了互联。基苏木国际机场位于维多利亚湖沿岸城市基苏木的西北部。自2008年3月起，中铁十局开始承建基苏木国际机场升级改造项目，先后进行了一期和二期改造工程。基苏木国际机场一期工程造价4700万美元，包括航站楼扩建工程、飞机跑道、停机坪、滑行道、排水沟、飞机导航灯光系统、附属变电站、警卫房、收费站、停车场等。完工后基苏木国际机场原本仅有300平方米的航站楼扩建至6000平方米。2012年基苏木国际机场一期工程竣工，新机场及航站楼正式启用，成为肯尼亚继内罗毕乔莫·肯雅塔国际机场和蒙巴萨莫伊国际机场后的第三大机场。埃尔多雷特国际机场位于埃尔多雷特市南16公里，坐落于埃尔多雷特到基苏木的公路上。该机场拥有3个固定的国际货运航班，其发展愿景是促进肯尼亚西部地区旅游业发展，加大肯尼亚西部地区向非洲和国际市场的开放力度。威尔逊机场位于内罗毕南部地区，是肯尼亚最为繁忙的机场之一，也是肯尼亚小航空公司开展国内客运服务的主要机场。威尔逊机场是东非地区专用航空的一个现代化枢纽，机场每年起降飞机12万架次。

肯尼亚最为知名的航空公司是1977年1月22日由肯尼亚政府建立的肯尼亚航空公司。该航空公司是在东非共同体解体和东非航空公司解散后建立的，当时从英国米德兰航空公司租赁了两架波音707-321，以服务于内罗毕—法兰克福—伦敦航线。与此同时，肯尼亚航空公司从东非航空公司继承了1架道格拉斯DC-9-52和3架福克F-27-200s，以服务于国内和区域航线。到1980年7月，肯尼亚航空公司已有雇员2100人，开通至亚的斯亚贝巴、雅典、孟买、开罗、哥本哈根、法兰克福、喀土穆、伦敦、毛里求斯、塞舌尔等的国际航线，以及从内罗毕到基苏木、马林迪、蒙巴萨、穆米亚斯等城市的国内航线。20世纪80年代后期，肯尼亚政府开始讨论肯尼亚航空公司的私有化问题，并于1996年正式实施私有化，将政府所占有股份的26%出售给了荷兰皇家航空公司，同时为公司职员保留了3%的股份，其他国际投资商获得14%的股份，34%的股份通过内罗毕股票交易所出售给肯尼亚人，政府则保留了剩下 23% 的股份。不过肯尼亚航空公司的股权结构一直处于变动之中，到 2017 年，肯尼亚政府所持股份由 29.8% 上升到了 48.9%，成为肯尼亚航空公司的最大股东，荷兰皇家航空公司所持股份则由 26.7% 下降到了 7.8%，而由当地银行组成的联合体获取了 38.1% 的股份。截至 2017 年底，肯尼亚航空公司雇用的员工数量为 3582 人，拥有的飞机数量为 39 架，运载的乘客数量为 450 万人次。肯尼亚航空公司已服务于 41 个国家的 53 个目的地。

肯尼亚星际航空公司（Astral Aviation）成立于 2000 年 11 月，是一家总部设在内罗毕的货运航空公司，运营基地设在乔莫·肯雅塔国际机场。星际航空公司的货运线路主要在东部非洲地区，包括乌干达、坦桑尼亚、卢旺达、索马里和南苏丹等国家。肯尼亚星际航空公司的固定线路网络服务于 8 个目的地，货机租赁网络服务于 50 个目的地。截至 2018 年 7 月，肯尼亚星际航空公司共有包括波音 747-400BDSF、波音 747-400F、福克 F27-M500F、道格拉斯 DC-9-30CF 等在内的共计 5 架飞机。这些型号的飞机可运载 6 吨~110 吨的货物。2014 年 5 月 10 日，海航集团、中非基金与肯尼亚星际航空公司和联合银行（Consolidated Bank）在内罗毕签署了《关于在肯尼亚及泛东非区域开展航空产业合作的谅解备忘录》，海航集团由此成为肯尼亚星际航空公司的股东之一。

五 邮电与通信

肯尼亚邮电业的历史可以追溯到 17 世纪初。当时官方的信件主要通过船舶邮寄到阿拉伯和印度，并通过陆路转运到欧洲。19 世纪末，英国在蒙巴萨、拉穆岛、马林迪等地建立了邮局，提供邮政服务。由于乌干达铁路的发展，20 世纪初肯尼亚邮政业取得了迅速发展，邮递所需时间大幅缩短。1895 年，从蒙巴萨到马查科斯（394 公里），邮递一封信件需要两周的时间，而 10 年后从蒙巴萨到内罗毕（426 公里）仅需 28 小时。1977 年之前，肯尼亚的邮电事业由东非共同体管理。东非共同体解体后，肯尼亚于 1978 年成立了国有肯尼亚电信公司。1982 年，该公司与肯尼亚对外电信公司合并成立肯尼亚邮政与电信公司。20 世纪 90 年代，随着肯尼亚经济自由化改革步伐加快，肯尼亚邮政与电信公司于1999年拆分为肯尼亚邮政公司、肯尼亚电信公司和肯尼亚通信委员会。其中，肯尼亚邮政公司主要业务包括邮递信件和包裹、特快专递服务（EMS）、集邮、邮政金融、货币支付代理和汇款等。肯尼亚邮政公司在全国共设有31个邮政总局、472个部门邮政网点和204个邮政代理。其中，每个邮局服务的人员数量为55630人。

20世纪90年代，肯尼亚出台了一系列法律法规，建立了相应的监管机制，从而为肯尼亚电信业的发展提供了保障。1998年肯尼亚通过了《肯尼亚通信法案》，建立了肯尼亚通信局，负责对信息通信技术行业进行监管。1999年，肯尼亚电信有限公司成立，负责为肯尼亚全国提供电信服务，目前肯尼亚政府持有该公司40%的股份。2009年，肯尼亚设立普遍服务基金（USF），其目的是促进公平获取信息通信技术服务，促进郡县信息通信技术服务的建设和创新。截至2015年12月，基金的规模为29亿肯先令。2013年，《肯尼亚通信法案》修订为《肯尼亚信息通信法案》，肯尼亚信息通信技术局得以设立。肯尼亚信息通信技术局主要负责建立和执行信息通信技术标准，促进电子政务服务，推动信息通信技术创新和发展，开发信息通信产业基础设施和技术系统等。为促进信息通信产业的发展，肯尼亚政府相继出台了一系列战略举措。例如，在信息通信基础设施建设方面，肯尼亚政府发起了国家光纤主干基础设施项目（The National Optic Fibre Backbone Infrastructure），这一项目的目标是使肯尼亚47个郡县实现宽带连接，提高郡县政府的服务供应能力。国家光纤主干基础设施项目的一期工程于2009年完工，共铺设4300公里光纤，使35个郡县的58个城市实现了宽带连接。到2017年，国家光纤主干基础设施项目共铺设光纤6000公里，使宽带网络覆盖了全部47个郡县。2014年，肯尼亚信息通信技术局发起了国家信息通信技术总规划，指导此后五年肯尼亚信息通信技术产业的发展。此外，肯尼亚政府还在建设一个占地约20.25平方公里的智慧城市，即孔扎科技城（Konza Technology City），目标是将其打造成为世界级的技术中心和肯尼亚经济发展的驱动器，孔扎科技城项目一期完工后将创造至少1.7万个高技能工作岗位。

近年来，肯尼亚信息通信产业发展迅速。移动电话的用户数量由2012年的3100万户增长到了2015年的3800万户，2020年进一步增长到6141万户。互联网用户也出现了大幅增长，由2013年的1319万户增长到2017年的3337万户，2020年进一步增长到4439万户。国内通信的成本有所下降，每分钟移动通话的平均费用由2016年的3.08肯先令下降到2017年的3肯先令，到2020年依然维持在3肯先令的水平。国际通话费用差异较大，2020年从肯尼亚使用移动电话拨往美国、印度和中国的费用分别为每分钟5.33肯先令、5肯先令、5肯先令，而拨往布隆迪和索马里两国的费用则分别高达83.33肯先令和53.33肯先令。2020年肯尼亚信息通信技术产业的产值达到5355亿肯先令，同比增长5.7%。

第五节 财政与金融

一 财政

根据《肯尼亚2030年愿景》《公共财政管理法案》等政府文件和法律法规，肯尼亚财政政策的基本原则是审慎管理公共资源，通过税制改革扩大财政收入来源，使财政分配向发展性领域倾斜，逐步降低非优先领域的支出，使债务规模维持在稳定、可持续的水平，维持宏观经济稳定，促进经济实现可持续发展。制定财政预算的指导原则是谨慎的财政政策和稳健的货币政策，聚焦于营造可持续的财政环境。根据2012年《公共财政管理法案》第25条款的规定，肯尼亚财政部应负责准备并向内阁提交《预算政策声明》。随后获得批准的《预算政策声明》在每年的2月15日提交议会。议会需在《预算政策声明》提交后的14天内对该报告所包含的建议进行讨论，并通过一项决议决定是予以采纳还是需进行修订后予以采纳。《预算政策声明》旨在提高肯尼亚民众对公共财政的认知和理解，指导对经济社会发展问题的讨论。

近年来，由于肯尼亚财政部和税务局持续推进的改革，肯尼亚的财政收入不断增长。根据肯尼亚国家统计局数据，肯尼亚财政收入由2019/2020

财年的 18160 亿肯先令增长到 2020/2021 财年的 19336 亿肯先令，增幅达 6.5%；同期，总的经常性收入由 17962 亿肯先令增长到了 18926 亿肯先令，增幅为 5.4%。为进一步降低赤字率，肯尼亚实施紧缩的财政政策，以确保债务规模维持在合理的水平。根据肯尼亚中央银行数据，2019/2020 财年肯尼亚财政预算赤字占 GDP 的比重为 7.8%，与 2018/2019 财年持平。这与东非货币联盟宣言所设定的财政预算赤字占 GDP 比重 3.0% 上限的目标还存在一定差距。在实施紧缩财政政策的同时，肯尼亚政府强调要扩大对发展性领域的投入和支出。为此，乌胡鲁·肯雅塔政府明确了优先关注和发展的"四大"计划，即提高附加值和制造业产值占 GDP 的比重，聚焦于确保粮食安全和营养的倡议，提供普遍的全民医疗保障，至少新建 50 万套舒适的住房供肯尼亚人居住。财政预算资金将向以上领域倾斜。

虽然肯尼亚政府出台了多项举措遏制债务规模，但是肯尼亚的债务水平还是呈现攀升的势头。截至 2020 年 6 月底，肯尼亚债务总额为 60579 亿肯先令，同比增长 14.3%，占 GDP 的 65.6%，包括 55.3% 的外债和 44.7% 的内部债务。外债规模由 2019 年 6 月的 30231 亿肯先令增长到 2020 年 6 月的 33506 亿肯先令；国内债务规模由 2019 年 6 月的 22785 亿肯先令增长到 2020 年 6 月的 27073 亿肯先令，增幅达 18.8%。公共债务增长主要归因于政府对基础设施项目的巨大投资。债务规模的扩大限制了政府未来借贷的空间，增大了金融风险，影响未来的发展前景，降低了可供分享的财政收入。

从地方层面来看，郡县政府的财政收入、财政预算和实际支出都有所增长，但是增长率呈下降趋势。肯尼亚郡县政府的财政收入主要依赖财政分配委员会所确定的均衡份额。从 2012/2013 财年到 2017/2018 财年，肯尼亚郡县政府共计分配到 1.3 万亿肯先令的均衡份额。虽然分配给郡县政府的均衡份额从绝对值上看在不断增长，但是年度增长率由 2014/2015 财年的 19% 下降到了 2017/2018 财年的 8%。2017/2018 财年，郡县政府的平均预算为 4105 亿肯先令，比 2016/2017 财年预算高 113 亿肯先令。之前的三个财年，郡县政府的财政预算增长率都有所下降，2014/2015 财年为 25%，2015/2016 财年为 13%，2016/2017 财年为 9%。郡县政府的实际支出继续增长，但增长率有所下降，2014/2015 财年实际支出的增长率为 52%，2015/2016 财年为 14%，2016/2017 财年为 8%。2017/2018 财年，郡县政府的实际支出为 3038 亿肯先令，比上一财年的实际支出减少了 152 亿肯先令。2020/2021 财年，郡县政府支出为 4664 亿肯先令，同比增长 11.8%。同期，中央政府额外转移 77 亿肯先令资金给郡县政府，用于支持地方紧急应对新冠疫情。

除了均衡份额、中央政府附加条件的财政补贴之外，自收也是郡县政府收入来源的重要组成部分。无论从政府所设定的目标还是实际收入来看，肯尼亚郡县政府的自收情况都不容乐观。2017/2018 财年，郡县政府的目标是自收 492 亿肯先令的资金，但是实际自收金额仅为 325 亿肯先令，与上一财年基本持平。近年来自收规模占郡县政府开支的比例总体呈波动下降趋势，2013/2014 财年为 15.5%，2014/2015 财年为 13.1%，2015/2016 财年为 11.9%，2016/2017 财年为 10.2%，2017/2018 财年为 10.7%。这从侧面反映出郡县政府开支对中央政府财政资金的依赖。根据 2012 年《公共财政管理法案》第 107 条第 2 款规定，郡县政府至少需要分配 30% 的预算用于发展性开支。然而，即便郡县支持的预算遵守了这一要求，大部分郡县实际的发展性支出也低于 30% 的要求。2017/2018 财年，仅有 9 个郡县满足发展性支出不低于 30% 的要求。

二　金融

肯尼亚金融业发展最早可追溯到殖民时代开始之前，当时的金融机构主要服务于在欧洲、南非和印度之间开展的国际贸易。最早在 18 世纪，印度的信贷机构开始在肯尼亚提供准银行服务。1889 年，印度国家银行在桑给巴尔设立了代表处，并分别于 1896 年和 1904 年在蒙巴萨和内罗毕建立了分支机构。到 20 世纪 40 年代末，肯尼亚的银行网络已覆盖 10 多个城市，但这些基本上是外资银行。肯尼亚首个归本国所有的商业银行是肯尼亚合作银行，该银行于 1968 年正式运营。肯尼亚中央银行也于 1966 年正式成立运营。肯尼亚中央银行负责制定和执行货币政策，发行货币，为政府、商业银行和其他金融机构提供服务，对银行业进行监管，促进银行业发展。在肯尼亚中央银行成立之前，东非货币委员会在整个东非地区承担货币发行等央行行使的职责。1968 年，肯尼亚首个归政府所有的银行——肯尼亚国家银行成立。1971 年，肯尼亚国家银行与格林德莱银行合并成立肯尼亚商业银行，肯尼亚政府在其中拥有 60% 的股权。根据储蓄规模和分支机构数量衡量，肯尼亚商业银行为肯尼亚最大的商业银行。

经过独立以来半个多世纪的发展，肯尼亚银行业的法律制度不断完善，《肯尼亚中央银行法》《肯尼亚银行法》《肯尼亚小额信贷法》等法律规范为银行业发展提供了制度保障。截至 2020 年 12 月 31 日，除作为监管机构的肯尼亚央行外，肯尼亚银行业部门共包括 42 家银行机构、9 家外资银行的代表办公室、14 家小额信贷金融机构、3 家征信局、17 家货币汇款机构和 66 家外汇局。在 42 家银行机构中，40 家是私营银行，2 家是肯尼亚政府拥有多数股权的公共银行。在 40 家私营银行中，23 家是肯尼亚本国所有的银行，而另外 17 家银行为外资所有。肯尼亚规模较大的银行有肯尼亚商业银行、公平银行、肯尼亚合作银行、肯尼亚渣打银行、巴克莱银行（肯尼亚）等。截至 2020 年 12 月 31 日，银行业部门的净资产为 5.4 万亿肯先令，20 家肯尼亚本国私营商业银行和 2 家公共商业银行净资产占比分别为 66.8% 和 0.6%，17 家外资商业银行的净资产占比为 32.6%（见表 4－5）。银行的分支机构由 2019 年的 1490 个增长到了 2020 年的 1502 个，增加了 12 个。截至 2020 年 12 月 31 日，肯尼亚 9 家大型银行占据了 74.55% 的市场份额，9 家中型银行占据了 17.21% 的市场份额，21 家小型银行占据了 8.24% 的市场份额。

表 4－5　2020 年肯尼亚商业银行的所有权和资产规模

	数量（个）	占比（%）	净资产 （亿肯先令）	占比（%）
本国公共商业银行	2	5.1	301.1	0.6
本国私营商业银行	20	51.3	36134.5	66.8
外资商业银行	17	43.6	17621.9	32.6
总计	39	100.0	54057.5	100.0

注：查特豪斯银行（Charterhouse Bank）、帝国商业银行（Imperial Commercial Bank）、大通银行（Chase Bank）不包括在内。

资料来源：Central Bank of Kenya。

与其他东非国家银行业相比，肯尼亚银行业相对比较开放和发达，既允许外资银行在肯尼亚设立代表处或分支机构，也鼓励和支持本国银行发展海外业务。2018 年 2 月，肯尼亚非洲商业银行全资收购卢旺达克兰银行有限公司（Crane Bank Rwanda Co., Ltd.），从而进入卢旺达金融市场。肯尼亚 I&M 银行有限公司持有毛里求斯第一银行有限公司 50% 的股份，肯尼亚 Prime 银行拥有马拉维第一商业银行 11.24% 的股份和博茨瓦纳资本银行 10.96% 的股份，肯尼亚公平银行拥有刚果（金）ProCredit 银行 79% 的股份，肯尼亚银行在以上国家银行机构的持股使得肯尼亚银行业网络拓展到了东非共同体以外的其他非洲国家。截至 2020 年 12 月，肯尼亚共有 8 家银行在乌干达、坦桑尼亚、卢旺达、布隆迪、南苏丹等东非共同体国家和刚果（金）开展业务。这 8 家银行分别是 KCB 集团控股有限公司、肯尼亚钻石信托银行有限公司、非洲商业银行有限公司、担保信托银行有限公司、公平集团控股有限公司、I&M 银行有限公司、非洲银行公司、肯尼亚合作银行有限公司。截至 2020 年 12 月 31 日，肯尼亚银行在东非共同体伙伴国和刚果（金）的分支机构由 2019 年的 316 家增长到 343 家，增幅为 8.5%。

2016 年 8 月，肯尼亚修订《银行法》，将商业银行的利率水平设定为不高于央行基准利率的 4%，从而为商业银行的利率设置了上限。2002～2011 年，肯尼亚银行系统的利率总体上维持在相对较低的稳定水平，但 2012 年由于实施紧缩的货币政策以应对通货膨胀压力，利率水平有所上升。2013 年以后利率又恢复到了相对较低的稳定水平。根据肯尼亚国家统计局数据，肯尼亚货币政策委员会将肯尼亚央行的基准利率设定为 10%，这一货币政策的目的是将通货膨胀率控制在 2.5%～7.5%，以维持宏观经济稳定，营造良好的投资环境。2013 年以来，由于实施了谨慎的财政政策和货币政策，肯尼亚的通货膨胀率维持在相对较低的稳定水平（年均 6.4%），实现了政府所设定的目标。根据 2019 年世界银行营商报告，肯尼亚的排名由 2017 年的第 80 位上升到了 2018 年的第 61 位，提高了 19 个名次。受新冠疫情影响，2020 年肯尼亚实施宽松的货币政策以提高流动性，肯尼亚货币政策委员会将肯尼亚央行的基准利率累计下调了

150 个基点，达 7%。商业银行的利率随之进行了普遍下调。2020 年 12 月，肯尼亚年均通货膨胀率由 2019 年的 5.2% 下降至 4.9%。

肯尼亚的货币名称为肯先令。1966 年肯尼亚国家银行发行了面值为 5 肯先令、10 肯先令、50 肯先令、100 肯先令的纸币。1985 年 5 先令纸币被硬币取代，随后 10 肯先令、20 肯先令纸币也逐渐被硬币取代。1986 年，肯尼亚发行 200 肯先令的纸币，1988 年和 1994 年分别发行 500 肯先令和 1000 肯先令的纸币。肯尼亚货币由肯尼亚中央银行发行。肯尼亚独立后长期实行外汇管制，20 世纪 90 年代后开始实施金融改革，逐步放松外汇管制，到 1995 年底已完成取消外汇管制的法律程序。自 1993 年 10 月起肯尼亚央行不再规定官方汇率，汇率随市场供求关系确定；各商业银行可自由经营外汇，公司和个人可在商业银行自主开立外汇账户，自由支配；外资利润完税后可自由汇出。近年来，肯先令兑换世界主要货币的汇率水平总体保持稳定，截至 2020 年末肯先令与美元的兑换比为 109.1 : 1。根据肯尼亚央行数据，截至 2021 年 8 月，肯尼亚的外汇储备达 145 亿美元。

保险业是肯尼亚金融服务业的重要组成部分。根据 2006 年修订的《保险法》，肯尼亚建立了保险监督管理局，其职责是管理、监督和促进保险业的发展。截至 2019 年，受保险监督管理局监督管理的保险公司共计 56 家、再保险公司 5 家、保险经纪公司 220 家、再保险经纪公司 17 家、医疗保险提供者 35 家以及保险代理人 10471 个。保险业产值由 2018 年的 2126.6 亿肯先令增长到了 2019 年的 2295 亿肯先令。保险业净利润由 2018 年的 72.7 亿肯先令增长到了 2019 年的 151.2 亿肯先令。

根据 2012 年肯尼亚金融稳定报告和 2013 年开展的资本市场评估，肯尼亚国内对资本市场的认识水平有限，从而限制了资本市场的发展。为此，肯尼亚资本市场监督管理局于 2016 年发布了《资本市场总规划》，其目的是明确肯尼亚资本市场此后 10 年的战略定位和发展方向。根据该规划，肯尼亚资本市场的目标是使自身符合摩根士丹利资本国际指数所界定的新兴市场的要求，到 2030 年使股票市场资本占 GDP 的比重达 70%（840 亿美元）。基础设施投资通过资本市场融资所占比例将由 2016 年的

18% 提高到 80%。截至 2020 年 12 月底，内罗毕证券交易所 20 股指由 2019 年 12 月底的 2654 点下跌到 1868 点，由此导致资本市场的规模由 2019 年的 2.5 万亿肯先令下降到 2.3 万亿肯先令。截至 2021 年 12 月，在 肯尼亚内罗毕证券交易所上市的企业仅 64 家，这在一定程度上限制了肯 尼亚资本市场的发展。

第六节 对外经济关系

一 对外贸易

对外贸易在肯尼亚国民经济中占有重要地位，因为肯尼亚大面积生产 的经济作物几乎是为出口服务，而国家发展所需要的原油和机械设备等生 产资料依靠进口。

独立以来，肯尼亚在贸易领域首先实施的是进口替代战略。根据这一 战略，肯尼亚政府对价格和外汇进行严格控制，实施进口补贴和进口许 可，从而使国内市场受到高度保护。这在很大程度上限制了进口。20 世 纪 80 年代中后期，在国内外压力下，肯尼亚开始实施贸易自由化政策，出口导向的经济增长战略取代了进口替代战略。政府逐渐认识到出口对促 进国民经济增长和社会发展的重要作用。为此，肯尼亚政府出台了一系列 举措以促进出口的增长，如出口补偿、设置出口加工区、保税制造、出口 退税、建立出口促进委员会等。此外，肯尼亚政府还通过削减原材料、资 本产品等的进口关税来进一步降低国内制造业成本，以提高出口产品的附 加值。

20 世纪 90 年代以来，全球化与区域经济一体化的发展为肯尼亚加强 与世界的贸易联系创造了机遇。1995 年，肯尼亚加入世界贸易组织。与 此同时，肯尼亚通过非加太集团与欧盟签署的《科托努协定》以及美国 《非洲增长与机遇法案》所确立的优惠贸易安排实现了向欧美市场的准 入。肯尼亚是东部和南部非洲共同市场、东非共同体等非洲次区域经济组 织的成员，这些区域经济共同体削减关税的贸易安排为肯尼亚产品特别是 制造业产品出口非洲市场带来了便利。

21 世纪以来，促进出口在肯尼亚官方政策中得到进一步确认。肯尼亚减贫战略文件、关于创造财富和就业的《经济复兴战略（2003～2007 年)》等都将出口明确为肯尼亚未来经济增长的关键影响因素。以出口为导向的经济增长战略得到进一步巩固。2003 年 11 月，肯尼亚贸易与工业部发布《国家出口战略（2003～2007 年)》，对肯尼亚的出口形势、面临的问题等进行了系统分析，并提出了相应的举措。肯尼亚《国家出口战略（2003～2007 年)》强调要通过巩固既有的出口市场、开辟新的出口市场、促进出口产品的多样化、提高出口商品的附加值、降低出口商品的生产成本、制定贸易便利化的举措等方式，提高肯尼亚出口的竞争力。根据《国家出口战略（2003～2007 年)》，园艺产品、茶叶、畜牧产品、鱼类产品、食品和饮料、纺织和服装、商业工艺品、交通服务等被确定为优先发展的出口产品。

出口导向的经济增长战略取代进口替代战略体现了肯尼亚对外贸易战略的根本转变。这一战略促进了出口，但贸易自由化也导致汽车、食糖、加工食品等制成品的大量涌入，从而在一定程度上冲击了肯尼亚国内市场。总体上看，肯尼亚进出口贸易不断增长，但是贸易结构不平衡问题也相当严峻。肯尼亚进出口总额由 2016 年的 20203.672 亿肯先令增长到 2019 年的 24030.112 亿肯先令。受新冠疫情影响，2020 年进出口总额下降至 22872.663 亿肯先令。肯尼亚的贸易逆差由 2016 年的 8572.446 亿肯先令增长至 2019 年的 12096.580 亿肯先令，2020 年降至 9998.539 亿肯先令（见表 4－6)。

表 4－6　2016～2020 年肯尼亚商品进出口情况

单位：亿肯先令

	2016 年	2017 年	2018 年	2019 年	2020 年
出口额	5815.613	5979.041	6143.157	5966.766	6437.062
进口额	14388.059	17364.721	17644.715	18063.346	16435.601
总额	20203.672	23343.762	23787.872	24030.112	22872.663
逆差	8572.446	11385.680	11501.558	12096.580	9998.539

资料来源：根据 Kenya National Bureau of Statistics，Economic Survey 2021 计算整理。

近年来，肯尼亚的出口总体呈增长的态势，出口总额由 2019 年的 5966.766 亿肯先令增长到了 2020 年的 6437.062 亿肯先令，增幅达 7.9%。农产品在肯尼亚出口产品中占据主导地位，主要包括茶叶、园艺产品、未经烘焙的咖啡、鱼、动植物油脂等。其中，2020 年茶叶和园艺产品的出口额占出口总额的比重分别为 20.3% 和 21.1%，二者的出口额占到总出口额的 40% 以上。肯尼亚农产品的主要出口目的地是西方国家和地区。肯尼亚可供出口的主要制造业产品包括服装及服饰配件、医药和医疗器械、香精油、钢铁等。其中排在首位的是服装及服饰配件，2020 年其出口额占出口总额的比重为 5.1%，但与茶叶、园艺产品等农业领域的出口创汇产品相比依然有很大差距（见表 4-7）。肯尼亚制造业产品的主要出口市场是非洲国家和地区。

表 4-7　2016~2020 年肯尼亚主要商品出口额及占出口总额的比重

单位：亿肯先令，%

	2016 年		2017 年		2018 年		2019 年		2020 年	
	出口额	占比	出口额	占比	出口额	占比	出口额	占比	出口额	占比
茶叶	1244.967	21.4	1472.508	24.6	1388.355	22.6	1135.507	19.0	1303.534	20.3
园艺产品	1103.383	19.0	1133.494	19.0	1242.668	20.2	1229.163	20.6	1359.597	21.1
服装及服饰配件	307.411	5.3	324.476	5.4	343.284	5.6	347.677	5.8	329.184	5.1
未经烘焙的咖啡	213.714	3.7	234.527	3.9	230.949	3.8	203.099	3.4	222.427	3.5
烟草及烟草制品	145.739	2.5	137.357	2.3	139.880	2.3	130.240	2.2	163.341	2.5

资料来源：根据 Kenya National Bureau of Statistics，Economic Survey 2021 计算整理。

肯尼亚进口商品总额由 2016 年的 14388.059 亿肯先令增长到 2019 年的 18063.346 亿肯先令，随后出现下滑，2020 年进口商品总额为 16435.601 亿肯先令。肯尼亚进口产品以工业制成品为主，主要包括工业机械、石油产品、道路机动车、钢铁、动/植物油脂等，2020 年以上五大类产品进口额占进口总额的比例分别为 14.1%、12.2%、4.9%、6.4%、5.7%（见表 4-8）。

表4-8 2016~2020年肯尼亚主要商品进口额及占进口总额的比重

单位：亿肯先令，%

	2016年		2017年		2018年		2019年		2020年	
	进口额	占比	进口额	占比	进口额	占比	进口额	占比	进口额	占比
工业机械	2535.411	17.6	2383.663	13.7	2524.614	14.3	2576.351	14.3	2318.543	14.1
石油产品	1838.421	12.8	2348.960	13.5	2950.596	16.7	3074.686	17.0	2011.417	12.2
道路机动车	858.395	6.0	852.199	4.9	925.859	5.2	921.405	5.1	811.814	4.9
钢铁	754.691	5.2	835.798	4.8	976.864	5.5	1041.119	5.8	1051.006	6.4
动/植物油脂	532.849	3.7	685.535	3.9	594.259	3.4	598.917	3.3	941.052	5.7

资料来源：根据 Kenya National Bureau of Statistics，Economic Survey 2021 计算整理。

历史上，肯尼亚的主要出口市场是英国、德国、荷兰等国，其次是非洲国家，主要是乌干达、坦桑尼亚和埃及。自1994年起，肯尼亚对非洲国家及东部和南部非洲共同市场的出口额超过了对欧盟的出口额。2002年时，肯尼亚最大的出口市场是东部和南部非洲共同市场，出口额占肯尼亚出口总额的比例为33%，排名第二位的欧盟占比为27%。从国别的角度看，2020年肯尼亚的前五大出口市场是乌干达、巴基斯坦、英国、美国、荷兰，其占比分别为11.2%、8.5%、7.8%、7.7%、7.6%（见表4-9）。在历史演进过程中，肯尼亚的进口来源地也发生了很大变化。肯尼亚传统的进口来源地主要是英国及德国等欧洲国家，以及中东和日本。1994年后，来自美国和南非两国的商品大幅增长，但英国仍是肯尼亚最大的进口来源国，其次是阿联酋、美国、日本和南非。随着新兴经济体的崛起，肯尼亚与新兴经济体的贸易关系不断增强，中国、印度等新兴大国在肯尼亚市场中的地位不断提升。2020年，肯尼亚前五大进口来源国分别为中国、印度、阿联酋、日本和沙特阿拉伯，其占肯尼亚进口总额的比例分别为22.0%、11.5%、5.6%、5.3%、4.2%。作为曾经肯尼亚最大的进口来源地，欧盟所占的比重持续下降，由2000年的33%下降到了2020年的12.4%（见表4-10）。

表 4 – 9 2016 ~ 2020 年肯尼亚的主要出口市场出口额及占比

单位：亿肯先令，%

	2016 年		2017 年		2018 年		2019 年		2020 年	
	出口额	占比	出口额	占比	出口额	占比	出口额	占比	出口额	占比
巴基斯坦	402.543	7.0	640.578	10.7	593.874	9.7	452.395	7.6	546.565	8.5
乌干达	634.883	10.9	634.215	10.6	626.288	10.2	641.061	10.7	722.196	11.2
美国	433.539	7.5	472.699	7.9	473.410	7.7	519.216	8.7	493.780	7.7
荷兰	434.923	7.5	438.918	7.3	463.652	7.5	480.048	8.0	487.376	7.6
英国	375.814	6.5	385.527	6.4	401.921	6.7	400.823	6.7	499.209	7.8
欧盟	1212.675	20.9	1256.153	21.0	1312.017	21.4	1333.949	22.4	992.864	15.4
东非共同体	1239.171	21.3	1340.370	22.4	1300.035	21.2	1404.464	23.5	1583.373	24.6

资料来源：根据 Kenya National Bureau of Statistics，Economic Survey 2021 计算整理。

表 4 – 10 2016 ~ 2020 年肯尼亚的主要进口市场进口额及占比

单位：亿肯先令，%

	2016 年		2017 年		2018 年		2019 年		2020 年	
	进口额	占比	进口额	占比	进口额	占比	进口额	占比	进口额	占比
中国	3374.501	23.5	3906.223	22.5	3708.264	21.0	3767.256	20.9	3613.667	22.0
印度	2054.989	14.3	1704.102	9.8	1852.521	10.5	1788.734	9.9	1885.884	11.5
阿联酋	914.820	6.4	1383.593	8.0	1474.167	8.4	1678.770	9.3	922.829	5.6
沙特阿拉伯	692.591	4.8	1146.069	6.6	1727.030	9.8	1271.248	7.0	690.024	4.2
日本	824.096	5.7	816.629	4.7	998.227	5.7	994.332	5.5	875.943	5.3
欧盟	2125.665	14.8	2065.340	11.9	2196.038	12.4	2354.279	13.0	2041.457	12.4

资料来源：根据 Kenya National Bureau of Statistics，Economic Survey 2021 计算整理。

2017 年，肯尼亚政府推行了一项贸易政策，旨在通过提高以出口为导向的制造业和服务业部门产品的附加值来促进出口的增长，以及探索新兴市场的出口机遇。在此背景下，肯尼亚议会批准了《贸易救济法案》。该法案旨在保护肯尼亚国内的生产商免受不公平的贸易影响，如倾销、补贴等。根据这一法案，肯尼亚政府建立贸易救济局，以开展调查并就救济措施提出建议，包括征收额外的关税和配额。

二　外国投资

肯尼亚独立时已存在一定数量以英资为主的外国资本。独立后，肯尼亚政府吸引外资的政策取得较大成效，对经济发展发挥了积极作用。总体上看，20 世纪 70 年代末以前，外国资本流入增长较快，1965 年约 2350万美元，1977 年增至约 8000 万美元。20 世纪 80 年代外资流入继续平稳增长，但 90 年代明显减少，1990 年为 5700 万美元，1992 年骤降至 600万美元，1995～1998 年分别为 3300 万美元、1100 万美元、5300 万美元和 1100 万美元，同时还出现资本外流现象。

20 世纪 90 年代以来，肯尼亚持续推进市场化改革，并将吸引投资作为促进经济增长和创造就业的重要手段。为营造良好的投资环境，肯尼亚不断加强法律制度建设，目前比较重要的涉及投资的法律法规包括《公司条例》《外国投资保护法》《投资促进法》等。根据 2004 年颁布的《投资促进法》，肯尼亚投资局得以建立。根据相关法律规定，肯尼亚投资局的主要职能包括：发放投资许可；帮助相关企业获取免税激励；提供投资机会；评估投资环境，并向政府和其他相关机构提出建议；等等。肯尼亚投资局旨在创造便利条件以吸引投资。此外，肯尼亚还设有全国投资委员会，其职能主要是向政府及相关机构就增加投资和促进经济发展提供建议，在制定和执行涉及投资的经济政策时促进公私间合作。2007 年《行政许可法》出台，取消或者简化了 694 项行政许可，从而大大简化了投资设厂所需要的手续。2009 年，肯尼亚建立了一个全国性的电子登记系统，以加快经商许可进程和增强透明度。

除了法律制度建设外，为鼓励投资，肯尼亚政府还制定了一系列优惠政策，如投资补贴、折旧、亏损结转、关税减免等。肯尼亚政府在全国范围内对制造业和酒店业以及保税工厂和出口加工区企业给予 100% 的补贴。为鼓励加工企业进入国际市场，政府实施保税计划以吸引国内外投资者。执行该计划的企业可在内罗毕、蒙巴萨、基苏木、埃多、纳库鲁、涅里和塞卡或在这些城市的周边地区开办保税工厂。保税工厂可享受进口工厂机器、机械设备、原材料和其他物资免缴关税和增值税优惠，工厂机器、设备和建筑享受100%投资补贴。

在鼓励、支持和吸引外国投资的同时，肯尼亚政府也针对外资设置了一定的投资门槛。《投资促进法》规定外商在肯尼亚投资必须获得肯尼亚投资局的批准，投资额最低不得低于50万美元，且投资项目需合法且对肯尼亚有益。后肯尼亚又将最低投资门槛由50万美元下调至10万美元。在一些特殊的行业和领域，外国投资也受到一定限制。例如，《渔业法》规定外国企业拥有渔业公司有表决权的股份不得超过49%；《火器法》和《炸药法》规定制造和经营火器（包括军火）及炸药的企业需要获得特殊许可证。根据2007年6月肯尼亚通过的一部法规，在内罗毕证券交易所上市的公司中，外国企业持股比例最高限额由75%下调至60%。为保护当地就业市场，肯尼亚政府规定，所有想在肯尼亚工作的外国人必须得到工作许可，肯尼亚投资企业雇用的外籍员工必须是关键的高级管理人员或者是在当地无法雇用到的特殊技术人才。

总体上看，在肯尼亚寻求投资的外国投资者和本地投资者可以受到一致对待。肯尼亚政府资助的研究计划、出台的出口促进政策并未区分外商投资和本地投资，外商投资并未受到歧视性对待。但是与其他撒哈拉以南非洲国家相比，肯尼亚在一些行业和领域对外国投资的限制条件相对较高。根据2010年世界银行发布的《跨境投资报告》（Investing Across Borders Report），与大部分撒哈拉以南非洲经济体相比，肯尼亚在更多的行业和领域对外资所有权设限。外国经纪公司和基金管理公司在肯尼亚投资必须在肯尼亚当地注册，且肯尼亚人持股比例至少分别为30%和51%。在保险和电信公司中，外商的持股比例分别被限制在66.7%和80%。

近年来，肯尼亚与布隆迪、中国、芬兰、法国、德国、伊朗、意大利、利比亚、荷兰、瑞士、英国等国签有双边的投资保护协定，通过东非共同体于2008年7月与美国签署了《贸易与投资框架协定》。这些双多边协定也是外商投资的重要法律保障。

联合国贸易和发展会议2005年发布的《肯尼亚投资指南》指出，政府缺乏效率、电力成本高企、基础设施建设不佳、电信部门欠发达、犯罪率高和安全环境脆弱等因素是肯尼亚吸引外国投资面临的主要障碍。20世纪90年代，肯尼亚吸引的外国投资一直维持在比较低的水平。但是根据世界银行发布的世界发展指数，肯尼亚的外资净流入额由2006年的5100万美元（占GDP比例为0.2%）增长到2007年的7.29亿美元（占GDP比例为2.7%），增长了13倍多。2008年外国直接投资急剧下降，仅有9600万美元（占GDP比例为0.3%），2009年和2010年又分别增长到1.16亿美元（占GDP比例为0.4%）和1.86亿美元（占GDP比例为0.6%）。根据联合国贸易和发展会议数据，2019年肯尼亚外国直接投资流入额为10.98亿美元。

从肯尼亚吸引的外国直接投资存量来看，欧洲所占的份额最大，2014年和2015年分别占49.8%和48.5%。从欧洲内部来看，2015年来自英国和法国的外国直接投资存量同比分别增长了14.7%和10.6%，分别达到1664.65亿肯先令和543.73亿肯先令。而来自荷兰的外国直接投资存量则下降了37.5%，为204.39亿肯先令。2015年，英国在肯尼亚外国直接投资存量中所占比例增长到28.3%，而荷兰在肯尼亚外国直接投资存量中所占的比例则下降到3.5%。

2015年肯尼亚吸引的外国直接投资存量中，非洲和亚洲所占比例分别为19.4%和18.9%，居第二、第三位。在非洲，东部和南部非洲共同市场所占份额最大，2015年的占比为64.5%，其中主要的外国直接投资来源地是毛里求斯。2015年，肯尼亚来自亚洲的外国直接投资存量为1111.39亿肯先令，比2014年增长了13.5%。印度、日本和中国是肯尼亚在亚洲地区的主要外资来源地。

根据肯尼亚国家统计局发布的数据，金融和保险服务业是吸引外国直接投资最多的部门。2015年该行业的外国直接投资总额达到330.25亿肯先令，同比增长7.1%。制造业是吸引外国直接投资第二多的部门，占全部外国直接投资的20.7%。外国直接投资存量增长最快的是建筑行业，从2014年的95.75亿肯先令增加到2015年的154.44亿肯先令。其他外国直接投资大幅增长的部门包括教育、电力、燃气、空调供应、信息和通信等。

根据联合国贸易和发展会议数据，整个东非地区 2017 年吸引的外国直接投资为 76 亿美元，其中埃塞俄比亚吸引的外国直接投资为 36 亿美元，几乎占该地区吸引外国直接投资的一半。而肯尼亚吸引的外国直接投资为 6.72 亿美元，占该地区吸引外国直接投资的比例仅为 8.8%。显然，与其他东非国家相比，肯尼亚吸引的外国直接投资规模相对较小。根据肯尼亚国家统计局数据，截至 2020 年底，肯尼亚的外国直接投资存量大约为 100 亿美元，与 2019 年相比增长了 7 亿美元。

三 外国援助

肯尼亚是非洲接受外援（官方发展援助）最多的国家之一。自独立到 1977 年底，受援（包括贷款和赠款）总额 14.5 亿美元，平均每年 1.1 亿美元（减去还债部分），之后逐年增加，1990 年为 10 亿～11.87 亿美元。20 世纪 90 年代外援总体趋于下降，1990 年仅有 3 亿多美元，但 2000 年又增至 5.12 亿美元。1991～2000 年官方发展援助总额达 64.88 亿美元，其中 71% 是赠款。

外援对肯尼亚的社会经济发展有直接和重大的影响。在肯尼亚前三个五年发展计划中，政府预算支出的 1/3～1/2 依靠外援。随着经济的发展和国力的增强，外援在肯尼亚预算中所占比重相对有所减少。早在 1979 年，政府财政收入只有 15% 来自国外。外援占国内生产总值的比重也趋于下降，1990 年为 14.7%，1998 年降为 4.2%；人均所获外援 1978 年为 110 美元，1990 年为 50 美元，1998 年为 16 美元，1999 年为 10 美元。

肯尼亚独立后较长时期内，主要双边援助来自英国、联邦德国、瑞典、美国、荷兰、日本、加拿大、丹麦、挪威、法国。20 世纪 80 年代，日援大幅增加，90 年代初日本一跃成为肯尼亚最大的援助国。目前，美国、日本等西方国家依然是肯尼亚重要的援助国。美国对肯尼亚的援助主要在教育、医疗卫生、基础设施建设、民主治理等领域，2014 年美国国际开发署（USAID）对肯援助额为 5.52 亿美元，2015 年为 5.69 亿美元，2016 年为 4.6 亿美元。在美国对非洲援助规模上，肯尼亚继埃及之后排第二位。日本国际协力机构（JICA）向肯尼亚提供的官方发展援助集中在基础设施建设和私营部门发展、农业、自然环境和水、人力资源开发以及卫生等领域。日本向肯尼亚提供援助的形式主要包括技术合作、官方发展援助贷款、无偿援助、培训、专家服务以及志愿者服务等。2009 年，日本向肯尼亚提供技术合作援助 16.55 亿日元，官方发展援助贷款 14.92 亿日元，无偿援助 20.78 亿日元。

世界银行、国际货币基金组织、非洲发展银行等也是肯尼亚的重要发展合作伙伴。据统计，1991～2000 年，世界银行共向肯尼亚提供援助 12.46 亿美元，占同期肯尼亚接受多边机构援助的 47.8%。截至 2014 年年中，世界银行下属的国际开发协会（IDA）在肯尼亚投入共计 43 亿美元，共覆盖 23 个国家项目（35 亿美元）和 7 个地区性项目（肯尼亚在其中得到 8 亿美元的投入）。同年，世界银行的下属机构国际金融公司（IFC）和多边投资担保机构（MIGA）对肯尼亚的投入分别为 7.85 亿美元和 2.55 亿美元。2014 年 6 月，世界银行发布《肯尼亚国家伙伴关系战略（2014～2018 年）》，明确指出世界银行对肯尼亚的影响不仅来自其金融资源，更重要的是来自其创新性的融资、知识以及与其他发展机构的互动与协调。根据这一战略，世界银行计划在 2014～2018 年每年向肯尼亚投入 10 亿美元，促进肯尼亚在减贫、人力资源开发以及以权力下放为核心的郡县政府等领域的改革。此外，欧盟也是肯尼亚在多边领域的重要发展合作伙伴。2008～2013 年，欧盟向肯尼亚提供了 3.83 亿欧元的援助，主要用于肯尼亚基础设施建设和乡村发展。2018 年，欧盟计划 5 年内向肯尼亚提供 45 亿欧元的发展援助，支持肯尼亚政府聚焦四大议程（制造业、粮食安全、普遍医疗覆盖和可负担的住房）。同年，欧盟向肯尼亚提供了 1150 万欧元的人道主义援助。

西方国家和国际组织对肯尼亚等国的援助是有附加条件的。冷战结束后，它们将援助与受援国的政治经济改革挂钩，而不顾受援国国情和客观条件，任意干涉受援国内政。肯尼亚是受到这种压力最大的国家之一。1991 年 11 月，西方国家以停止援助（约 3.5 亿美元）为手段迫使肯尼亚实行多党制。1997 年 7 月，国际货币基金组织以肯尼亚政府反

腐败不力为由中止优惠贷款 2 亿多美元。德国、丹麦、日本等国以肯尼亚存在政治经济管理问题为由削减或冻结援助。2000 年 8 月初，国际货币基金组织决定有条件地恢复援助（约 2 亿美元），用以支持肯尼亚的三年减贫增利规划。但由于肯尼亚未能满足国际货币基金组织的要求（包括重建反贪局、制定经济犯罪法和加快国有企业如肯尼亚电信公司的私有化等），数月后国际货币基金组织就冻结了第二期援助款，到 2001 年底仍未恢复。世界银行、非洲发展银行和英国也随之扣发援款共 3 亿多美元。这使肯尼亚经济雪上加霜。

与外援相伴而生的是外债问题。肯尼亚的外债增长很快，1970 年总额为 3.19 亿美元，1980 年增至 33.83 亿美元，1990 年又增至 70.58 亿美元，1991 年最高达 74.55 亿美元。1996 年后债务总额有所减少，但 1999 年仍有近 66 亿美元，占当年国内生产总值的 62.6%（1993 年占比最高近 140%）。近年来，随着肯尼亚政府加大基础设施建设力度，肯尼亚的外债规模依然在持续扩大，由 2013 年的 8435.6 亿肯先令增长到 2016 年的 17962 亿肯先令，增长了近 1 倍。截至 2020 年 6 月，肯尼亚的外债规模为 33506 亿肯先令，占肯尼亚债务总规模的 55.3%。根据肯尼亚国家统计局数据，截至 2020 年，肯尼亚前四大债权国分别是中国（7194 亿肯先令）、法国（797 亿肯先令）、日本（761 亿肯先令）、德国（305 亿肯先令）。根据英格兰及威尔士特许会计师协会（ICAEW）的研究报告，2018 年肯尼亚的债务规模在非洲排第五位，这成为肯尼亚经济可持续发展面临的一大挑战。

第七节　旅游业

一　发展概况

旅游业是肯尼亚支柱产业，在肯尼亚国民经济发展、创造就业和减贫以及出口创汇等方面具有重要作用。早在独立之初，肯尼亚便已具有一定基础的旅游基础设施，肯尼亚政府也认识到通过发展旅游业进行创汇的潜力。为此，肯尼亚在 1969 年通过了首份涉及旅游业的政府文件，即"肯尼亚旅游业发展议会第 8 号文件（1969）"，明确表示政府要加强与私营部门的合作，以促进旅游业的发展。20 世纪 60 年代，肯尼亚吸引的游客数量实现了大幅增长，由 1960 年的 4.9 万人次增长到 1965 年的 9.6 万人次，游客个人消费所带来的外汇收入由 1965 年的 1090 万英镑增长到 1966 年的 1440 万英镑，旅游业成为肯尼亚第二大外汇来源部门。

20 世纪 70 年代之后，肯尼亚旅游业发展的目标开始由吸引上层社会向中等收入群体转移，在此背景下，观兽旅行、滨海旅游等取得了巨大发展，吸引了大批游客前来旅游。20 世纪七八十年代，肯尼亚旅游业发展迅速，游客数量和旅游业收入都实现了大幅增长，1989 年游客数量达到 71.4 万人次，旅游业收入由 1977 年的 4250 万肯先令（约 1.13 亿美元）增至 1994 年的 14.05 亿肯先令（约 5 亿美元），旅游业收入占肯尼亚出口收入的 24%。英国、德国、法国等欧洲国家是肯尼亚主要的游客来源地。

在经历了 20 世纪 60~80 年代的显著增长后，肯尼亚旅游业在 20 世纪 90 年代陷入衰退，1998 年游客数量仅为 67 万人次，与 1994 年的 86.7 万人次相比下降了近 20 万人次；旅游业收入也呈下降趋势，1998~2000 年的旅游业收入分别为 8.75 亿肯先令（2.9 亿美元）、10.68 亿肯先令（3.03 亿美元）和 9.8 亿肯先令（2.57 亿美元）。1992~1997 年选举暴力，1998 年美国驻肯尼亚大使馆遭恐怖袭击，苏丹、埃塞俄比亚、索马里等邻国难民涌入所造成的暴力事件等是制约 20 世纪 90 年代肯尼亚旅游业发展的重要因素。为推动旅游业恢复发展，肯尼亚旅游局（Kenyan Tourist Board）分别在德国、日本、英国和美国设立办公室，加大国家形象宣传力度，以提高肯尼亚对欧美国家游客的吸引力。随着政治经济形势的改善和肯尼亚旅游局一系列举措的落地，肯尼亚旅游业逐步得到恢复和发展。2004~2006 年，旅游业是肯尼亚发展最快的三个部门之一，每年游客数量的增幅达 22%。根据肯尼亚旅游局数据，到 2007 年，赴肯尼亚旅游的外国游客数量达到 104.87 万人次。

根据肯尼亚国家统计局数据，近年来赴肯尼亚的国际旅客数量呈逐年增长趋势。2016~2019 年，赴肯国际旅客数量分别为 166.6 万人次、

177.8 万人次、202.8 万人次和 203.5 万人次。从旅游业收入来看，2016 ~ 2019 年分别为 997 亿肯先令、1199 亿肯先令、1574 亿肯先令和 1636 亿肯先令。2020 年，受新冠疫情影响，全球人口流动受到极大限制，肯尼亚旅游业也遭受严重冲击。2020 年赴肯国际旅客数量仅为 57.96 万人次，旅游业的收入仅为 917 亿肯先令，同比下降 43.9% 。

二　旅游资源

肯尼亚旅游资源丰富，既有极为多样的自然景观，也有丰富的历史人文景观。

从自然景观来看，肯尼亚有高山、沙漠、雨林、草原、海滩、珊瑚礁、岛屿、大裂谷以及野生动物等。几十年来，野生动物观赏一直是肯尼亚旅游业吸引游客的核心。肯尼亚的国家公园野生动物众多，如狮子、大象、豹、犀牛、河马、水牛等。肯尼亚拥有 25000 种不同的动物物种，其中鸟类有 1100 种。为了保护野生动物，肯尼亚建立了 29 个国家公园、27 个猎物禁猎区、4 个野生动物庇护所、13 个野生动物保护区，面积共计 47674 平方公里。肯尼亚比较著名的国家公园和保护区包括如下几个。

马赛马拉国家保护区（Maasai Mara National Reserve）　位于肯尼亚西南地区，面积达 1510 平方公里，海拔 1500 ~ 2170 米，是非洲最大的野生动物保护区之一，有 95 种哺乳动物和 570 多种鸟类。壮观的草原、悬崖以及牛羚大迁徙是马赛马拉国家保护区的突出特点，每年的 7 ~ 10 月是参观马赛马拉国家保护区牛羚迁徙的最佳时节。马赛马拉国家保护区距内罗毕市 270 公里，车程 4 ~ 5 小时，乘飞机 40 ~ 45 分钟。

纳库鲁湖国家公园（Lake Nakuru National Park）　位于纳库鲁市以南，包括纳库鲁湖及其周边地区，总面积 188 平方公里，是肯尼亚最漂亮的公园之一。纳库鲁湖国家公园创建于 1961 年，主要有犀牛、狮子、豹、河马、濒危的罗氏长颈鹿等野生动物和火烈鸟、杜鹃等鸟类，还有悬崖峭壁、茂密的金合欢森林和瀑布等壮丽景观。纳库鲁湖的南岸最适合观赏野生动物。火烈鸟山下的森林地带是观赏狮子、豹的佳处。

察沃国家公园（Tsavo National Parks）　位于内罗毕和蒙巴萨之间，

并被横贯其中的铁路分为东西两部分，即西察沃国家公园和东察沃国家公园。察沃国家公园面积为22812平方公里，是世界上最大的国家公园之一。其中，东察沃国家公园面积为13747平方公里，位于肯尼亚东南部，靠近沃伊市，地势比较平坦，加拉纳河流经该地区的干燥平原，此外还有亚塔高原（Yatta Plateau）和卢加德瀑布（Lugard Falls）；西察沃国家公园面积为9065平方公里，于1948年4月开放，这里多山，气候潮湿，有湖、沼泽和泉水。因丰富的鸟类资源和大型哺乳动物而闻名。

内罗毕国家公园（Nairobi National Park） 位于内罗毕以南7公里，于1946年建成，是肯尼亚第一个国家公园，总面积117.21平方公里，海拔1533～1760米。内罗毕国家公园与内罗毕市区仅用栅栏相隔，在公园内甚至能看到市区的高楼。公园内有非洲水牛、狒狒、黑犀牛、豹、狮子等野生动物。

阿伯德尔国家公园（The Aberdare National Park） 位于肯尼亚中部高地，距离内罗毕大约150公里，距离奈瓦沙大约87公里。公园内有高山平地、深邃沟壑、瀑布和高沼地等。山脚下是浓密的雨林，顺山而上是竹林，随着海拔的升高可以看到多样的高山植物。在森林中生活着大象、水牛、狮子以及水羚、鹿羚、薮羚等野生动物。此外，阿伯德尔国家公园还有数量可观的黑犀牛。最佳游览时间是每年的1～2月以及6～9月。

安博塞利国家公园（Amboseli Park） 位于肯尼亚与坦桑尼亚交界地带，距离内罗毕140公里，面积392平方公里。这里可以近距离接触自由行走的大象，还可以看到马赛人和常年积雪的乞力马扎罗山。主要的野生动物有角马、非洲象、斑马、葛氏瞪羚、汤氏瞪羚、长颈羚、南非剑羚、黑犀牛、狮子、豹、鬣狗、高角羚等。每年的1～2月以及6～10月是安博塞利国家公园的最佳旅游时间。

图尔卡纳湖国家公园（Lake Turkana National Parks） 位于肯尼亚北部图尔卡纳湖东岸。图尔卡纳湖是东非大裂谷中面积最大和最北端的湖泊，也是世界上最大的咸水湖之一。湖中水产丰富，有记录的水生和陆生鸟类超过360种，还有瞪羚、长角羚、狷羚、转角牛羚、小弯角羚、斑马、狮子、猎豹等哺乳动物。2018 年 7 月 4 日，图尔卡纳湖国家公园在第 42 届联合国教科文组织世界遗产委员会会议（世界遗产大会）上被列入濒危世界遗产名录。

肯尼亚濒临印度洋，越来越多的国际游客选择赴肯尼亚沿海地区度假和旅游，滨海旅游在肯尼亚旅游业中的地位不断提升。肯尼亚拥有 4 个国家海洋公园和 5 个海洋保护区。肯尼亚滨海自然资源非常丰富，主要包括 8.3 万公顷的沿海森林、滩涂湿地以及河口，5.1 万公顷的红树林森林生态系统，5 万公顷的珊瑚礁（受到 2 个海洋公园和 2 个海洋保护区的保护）。肯尼亚的 4 个国家海洋公园分别是马林迪海洋公园、瓦塔穆海洋公园、基西特海洋公园、蒙巴萨海洋公园。

在历史人文景观方面，肯尼亚拥有独特而多元的文化。20 世纪 70 年代在图尔卡纳湖附近发掘的颅骨显示，早在 200 万年前该地区就已存在人类，这是迄今发现最早的人类颅骨之一。肯尼亚拥有 40 多个族群部落，每个族群都有自己的文化和语言。这些族群是由来自埃塞俄比亚的图尔卡纳人，来自西非的吉库尤人、梅鲁人，来自苏丹南部的马赛人、卢奥人等长期融合形成的。8 世纪，阿拉伯、印度、巴基斯坦以及中国商人相继抵达肯尼亚的沿海地区，并在此建立了一系列沿海城市（如蒙巴萨、拉穆等）。他们将非洲文明与阿拉伯文明相融合，最终形成该地区独特的文化类型——斯瓦希里文明。多元文化成为肯尼亚旅游业的重要财富。

在内罗毕南部地区，肯尼亚建有博马斯民俗文化村（Bomas of Kenya），这是肯尼亚旅游和野生动物部下属的一家国有企业。在这里可以欣赏到肯尼亚传统舞蹈和歌曲，其中包括来自不同族群的 50 多种传统舞蹈。此外，文化村内还设有会议中心和尤塔马杜尼餐厅（Utamaduni Restaurant），其中，在会议中心可举办各类会议、演唱会以及婚礼等，在尤塔马杜尼餐厅可以品尝很多肯尼亚当地的特色美食。自 1971 年首次开放以来，博马斯民俗文化村已接待游客 1000 多万人次。

目前肯尼亚被列入联合国教科文组织世界遗产名录的景观主要有 6 处，包括拉穆旧城，耶稣堡，博格利亚湖、纳库鲁湖和艾里门塔塔湖湖泊

系统，图尔卡纳湖国家公园，肯尼亚山国家公园，米吉肯达卡亚圣林
（The Mijikenda Kaya Forests）。

三　旅游政策

根据《肯尼亚 2030 年愿景》，旅游业的发展目标是将肯尼亚打造成为全球十大长途旅游目的地之一。为此，肯尼亚政府启动了一系列促进旅游业发展的项目，并加强旅游领域相关法律制度建设。2011 年 9 月，肯尼亚议会通过《旅游法》（2012 年 9 月生效执行），为可持续旅游以及与旅游相关的活动和服务的发展、管理、推广及监管等提供了制度保障。根据该法案，肯尼亚政府至少每五年要制定一项全国性的旅游规划，以促进旅游业的可持续发展。除此之外，肯尼亚还建有一系列机构对旅游业进行监管、宣传和推广等。例如，肯尼亚旅游监管局（The Tourism Regulatory Authority）的主要职能是为旅游业可持续发展制定指导方针，对肯尼亚旅游业活动和服务进行监督；肯尼亚旅游局的主要职能是进行宣传推广，提升肯尼亚的国际形象，提升肯尼亚在世界旅游市场的吸引力和影响力。肯尼亚旅游局在国内外设有办事处，集中在欧美城市，如伦敦、巴黎、苏黎世、罗马、法兰克福、斯德哥尔摩、洛杉矶和纽约；此外，在南非桑顿也设有办事处。肯尼亚国内的旅游办事处设于内罗毕、蒙巴萨、马林迪等地。此外，肯尼亚还有一系列旅游业领域的行业协会，如总部设在内罗毕的肯尼亚旅游经营者协会、肯尼亚旅游代理人协会以及设在蒙巴萨的蒙巴萨与沿海旅游协会等。

根据《旅游法》，肯尼亚还于 2012 年设立旅游基金，它取代了自 1972 年以来就已存在的餐饮与旅游发展征税信托（Catering and Tourism Development Levy Trustees），这一基金的功能是通过创新、提供优质服务和利益攸关方积极参与，促进旅游资金来源的多元化，以实现旅游业可持续发展。2017/2018 财年，旅游基金共募集 25 亿肯先令，与 2016/2017 财年相比增加了 5 亿肯先令。2018 年 6 月 12 日，肯尼亚旅游和野生动物部在肯雅塔国际会议中心出台了《国家旅游蓝图 2030》（The National Tourism Blueprint 2030），旨在以创新性方式管理肯尼亚旅游部门，通过推

动旅游业转型发展以实现《肯尼亚 2030 年愿景》，同时明确实现这一愿景的指导原则和具体方式。基于《国家旅游蓝图 2030》，肯尼亚还出台了《旅游议程（2018～2022）》（Tourism Agenda 2018－2022），围绕旅游产品、市场营销、旅游投资和基础设施制定四大战略，在四大战略之下又细分为 32 项具体倡议，其目标是通过大力发展旅游业促进经济发展，创造更多就业机会。

肯尼亚为培养旅游业人才，于 1975 年在内罗毕建立了肯尼亚乌塔利学院（Kenya Utalii College）。目前，该学院已成为非洲的一个地区性培训旅游从业人员的重要机构。2015～2017 年，该学院毕业生的数量分别为2324 人、2664 人和 2861 人，呈稳步上升的趋势。与此同时，肯尼亚还建有旅游研究所和旅游数据库，以对旅游业进行研究，对该领域的数据进行统计分析。

近年来，肯尼亚政府通过减税、降费、加大资金支持力度等方式鼓励和促进旅游业发展。主要举措包括：耗资几百万美元在印度进行旅游宣传，旨在将肯尼亚打造成受印度游客欢迎的旅游目的地；取消国家公园门票的增值税，将肯尼亚野生动物服务局管辖下的国家公园门票费用上限由90 美元下调至 60 美元；2016 年新设肯尼亚会议局，旨在为商务旅游提供更好的服务；2016 年 2 月起取消 16 岁以下赴肯尼亚旅游的儿童的签证费；等等。新冠疫情令肯尼亚旅游业深受冲击，为此肯尼亚政府于 2020年出台了一系列紧急举措以促进旅游业恢复和发展，主要包括划拨 5 亿肯先令帮助旅游业部门恢复，通过旅游融资公司（TFC）向酒店及相关企业提供贷款支持，划拨 20 亿肯先令支持旅游设施翻新和旅游资源重组，等等。同时，肯尼亚全国旅游风险和危机管理委员会提出要促进国内旅游市场发展，提高旅游产品质量和多样化水平，实现旅游业数字化发展，使肯尼亚旅游业实现可持续发展。

第五章

军　事

第一节　概述

一　建军简史

肯尼亚军队的前身是英国殖民统治时期英皇非洲步枪队（King's African Rifles）的几个步兵营。英皇非洲步枪队建立于 19 世纪末 20 世纪初，是英国在东非地区的主要军事力量，主要服务于扩大和维护英国的殖民统治。随着殖民体系的瓦解，英皇非洲步枪队的指挥权逐步移交给新独立的马拉维、乌干达、坦桑尼亚和肯尼亚等国政府。独立前夕，第 3、第 5 和第 11 英皇非洲步枪队更名为肯尼亚步枪队，并成为肯尼亚军队的核心和基础。虽然军队指挥权实现了和平移交，但如何获得军队的效忠是新政府面临的一大挑战。1964 年 1 月，第 11 肯尼亚步枪队的 150 名士兵发生哗变，肯尼亚政府请英国驻军出兵平息。之后，肯尼亚政府着手对军队和警察进行改编、补充、重新装备和非洲化。1964 年，肯尼亚先后建立了空军和海军。1966 年 12 月初，作为武装部队总司令的乔莫·肯雅塔总统任命肯尼亚人 J. M. L. 恩多洛上校取代英国人 A. J. 哈迪准将为陆军司令并晋升准将。最后一名英国高级军官在 20 世纪 70 年代初离开肯尼亚军队。除了提高非洲人在军队中的地位和占比、降低对英国的依赖外，肯尼亚政府还提高了占人口多数的吉库尤人在军队中的占比，占肯尼亚人口总量 20% 的吉库尤人在军队中的占比由 1959 年的 3.4% 增长到了 1969

年的 13%。

1963 年，肯尼亚北部边境地区的索马里族试图分裂加入邻国索马里，由此引发希夫塔战争（Shifta War），肯尼亚军队被派往边境作战长达 3 年。1967 年 10 月，肯尼亚与索马里在阿鲁沙签署停火协议，双方承诺尊重彼此领土和主权完整，索马里不再支持肯尼亚境内的索马里族分裂势力，从而使战事逐步得到平息。

独立之初肯尼亚军队的规模很小。20 世纪 70 年代，肯尼亚军队仅有 6500 名陆军、700 名空军和 730 名海军，其规模在东非五国中排第五位。20 世纪 70 年代末，由于周边局势不稳定以及与邻国关系的恶化，尤其是为应对非洲之角战事的威胁，大量补充军备，用几亿美元贷款，从英、美、法等西方国家购买较先进的武器，包括坦克、装甲车、喷气式战斗机以及地对空导弹等。目前肯尼亚军队成为非洲大陆装备最为精良的部队之一。到 2015 年，肯尼亚军方共有 127 架战斗机、17 架拦截机、17 架攻击机、41 架运输机、64 架直升机和 27 架教练机。肯尼亚正规军的数量由 20 世纪 80 年代初的近 1.5 万人（包括新编"莫伊营"）扩充至 20 世纪 90 年代初的 2.4 万余人，至今仍维持在这一水平。同时还有准军事部队 5000 人。根据"全球火力"（Global Fire Power）的排名，2015 年非洲的十大军事强国分别是埃及、阿尔及利亚、南非、尼日利亚、埃塞俄比亚、摩洛哥、突尼斯、肯尼亚、安哥拉和尼日尔，肯尼亚名列第八。

肯尼亚军队一向听命于政府。1982 年 8 月初，肯尼亚部分空军人员发动政变，但被忠于政府的陆军迅速平息。肯尼亚军队主要由陆军组成，肯尼亚陆军被认为是非洲专业化程度较高的军队之一。自 20 世纪 90 年代以来，肯尼亚陆军开始参与联合国的维和行动。肯尼亚军队先后参与了联合国在纳米比亚、克罗地亚、利比里亚、塞拉利昂、黎巴嫩、马里、刚果（金）、苏丹达尔富尔和南苏丹等国家和地区的维和行动。与此同时，肯尼亚还向联合国在纳米比亚、波黑、科威特、西撒哈拉、莫桑比克、卢旺达和安哥拉等国家和地区的维和行动派遣了军事观察员。肯尼亚军官在很多联合国维和行动中担任要职，包括联合国驻利比里亚观察团

（UNOMIL）的两名首席军事观察员、联合国驻利比里亚特派团（UNMIL）部队司令、联合国驻塞拉利昂特派团（UNAMSIL）部队司令、联合国驻南苏丹特派团（UNMISS）部队司令、联合国驻纳米比亚过渡援助小组（UNTAG）部队副司令等。在联合国维和行动之外，肯尼亚军队在海外最为重要的部署是在索马里。2011年10月16日，肯尼亚军队进入索马里，发起对"青年党"的军事打击。2012年中，联合国安理会通过2036号决议，肯尼亚军队随后参与非盟驻索马里特派团（AMISOM），并部署在索马里西南地区。其中，由一名肯尼亚军官担任特派团的副司令。

根据2010年宪法，肯尼亚武装部队总司令由国家总统兼任。现任肯尼亚武装部队总司令是乌胡鲁·肯雅塔。独立以来历任国防军司令的有杰克·穆林格将军（1971～1986年）、马赫穆德·穆罕默德将军（1986～1996年）、道迪·通杰将军（1996～2000年）、约瑟夫·基布瓦纳上将（2000～2005年）、杰里米亚·基安加将军（2005～2011年）、朱力斯·瓦韦罗·卡兰吉将军（2011～2015年）、桑姆森·姆瓦提将军（2015～2020年）。2020年5月4日，罗伯特·卡里乌基·基博奇（Robert Kariuk Kibochi）将军被任命为肯尼亚国防军司令。

二 国防体制

根据肯尼亚2010年宪法，肯尼亚共和国总统兼任武装部队总司令，统帅全国武装力量。武装力量由正规军和准军事部队组成，正规军由陆、海、空三军组成，准军事部队为"警察总队"。陆、海、空三军主要用于维护肯尼亚主权和领土完整，"警察总队"负责在紧急情况下应对危及国家安全的突发事件。

除总统担任武装力量最高统帅外，肯尼亚国防体制还包括国家安全委员会、国防部和总参谋部。肯尼亚国家安全委员会是肯尼亚最高军事决策机构，由总统、副总统、国防部长、外交部长、总检察长、总参谋长、国家情报局局长等人员组成，其中总统担任主席。肯尼亚国家安全委员会对武装力量、情报机构、警察机构等实施监督控制权，同时承担其他职责，如根据防务委员会的建议，有权决定武装力量的规模；统筹有关国家安全的对内、对外和军事政策；根据议会授权在肯尼亚境外部署武装力量；等等。

国防部是肯尼亚的最高军事行政机构，负责制定国防政策，就防务问题向总统和议会提供咨询，维护和管理军事安全设施，组织开展有关防务问题的研究，就国防部的支出、工作和成绩等向总统和议会提交报告，等等。国防部长下设国防部常务秘书，负责处理国防部的日常事务。

总参谋部是肯尼亚最高军事指挥机构，总参谋长的职责包括在军事作战等问题上向总统和国防部长提供咨询和建议；通过与三军司令协调制定军事政策和战略；通过向三军司令发布命令、指令等实施指挥；根据防务委员会的总要求，负责控制、指导和指挥武装力量；等等。肯尼亚现任武装部队总参谋长是罗伯特·卡里乌基·基博奇将军，他曾在英国、印度等国家接受职业培训，目前正攻读和平与冲突管理专业的博士学位，此前曾担任肯尼亚陆军司令、武装部队副总参谋长等职务。

三 国防预算

肯尼亚的国防开支与国内局势存在密切关联。20 世纪 70 年代末 80 年代初，肯尼亚局势比较紧张（外有紧邻非洲之角的战乱和肯、乌两国的领土纠纷，内有空军未遂政变），军事开支猛增，仅购买武器即花费约 3 亿英镑。每年度国防开支占政府总支出的比重也较大，如 1980 年占 16.4%，1982 年占 13.2%（而 1972 年仅占 6%）。此后开支比重有所下降。20 世纪 90 年代初，主要由于索马里的战乱，肯尼亚国防支出的比重又上升到较高水平，1992 年达 9.2%。1994～2000 年，国防开支在政府总支出中的比重在 3%～5% 摆动。

21 世纪以来，肯尼亚军费开支占国内生产总值的比重总体上呈波动下滑的态势。根据斯德哥尔摩国际和平研究所的数据，2001～2012 年肯尼亚军费开支占国内生产总值的比重在 1.5%～1.7% 波动，之后呈稳步下降趋势，到 2020 年时这一比重仅为 1.1%。从军费开支的总额来看，2001 年肯尼亚军费开支为 7.1 亿美元，2012 年增长到 10.6 亿美元，之后基本上维持在 10 亿～12 亿美元的水平，2020 年的军费开支为 11.06 亿美元（见表 5 -

1）。根据 2020 年的数据，从东部非洲地区来看，肯尼亚军费开支水平位列第一，从整个非洲地区来看，肯尼亚军费开支水平排在阿尔及利亚（97.08亿美元）、摩洛哥（48.31 亿美元）、南非（31.51 亿美元）、尼日利亚（25.68 亿美元）、突尼斯（11.57 亿美元）之后，居第五位。

表 5 - 1　2001～2020 年肯尼亚军费开支及占 GDP 的比重

单位：亿美元，%

年份	军费开支	占 GDP 比重	年份	军费开支	占 GDP 比重
2001	7.10	1.5	2011	9.38	1.5
2002	7.64	1.6	2012	10.60	1.7
2003	7.71	1.7	2013	10.47	1.6
2004	7.61	1.6	2014	9.52	1.3
2005	8.03	1.7	2015	10.27	1.3
2006	7.94	1.5	2016	11.05	1.3
2007	8.89	1.5	2017	11.34	1.3
2008	8.48	1.6	2018	11.63	1.3
2009	8.66	1.6	2019	11.17	1.2
2010	9.18	1.6	2020	11.06	1.1

资料来源：斯德哥尔摩国际和平研究所（SIPRI），http://militarybudget.org/kenya/。

四　国防工业

肯尼亚国防工业落后，基础薄弱，武器装备主要依赖进口。1997 年，在比利时的支援下肯尼亚军械制造公司成立，该企业隶属于国防部，主要生产小武器和弹药。公司的产能每天能达到 2 万～6 万发子弹，而肯尼亚每年子弹的需求量是 200 万发。肯尼亚军械制造公司主要生产三种型号的子弹：用于 FN35 勃朗宁手枪或斯特林冲锋枪的 9 毫米子弹、主要用于 FNFAL和 G3 来复枪的 51 毫米子弹，以及肯尼亚警方使用的 5.56 毫米子弹。目前，该公司还不具备生产 AK -47 所使用的子弹的能力。2021 年 4 月，肯尼亚投资 3700 万美元在基安布郡建立了一家小武器加工厂，每年可生产 12000 支冲锋枪，该工厂是肯尼亚加强国防工业制造能力计划的一部分。

第二节　军种与兵种

根据"全球火力"的排名，2021 年肯尼亚军事力量在全球 140 个国家中排名第 83 位。肯尼亚武装部队现有军事人员数量为 3.32 万人，由陆、海、空三军组成。从军事人员数量来看，肯尼亚兵力规模要小于邻国乌干达（5.65 万人）和坦桑尼亚（11.15 万人）。从军费开支、武器现代化、后勤支持、作战指挥等多种因素衡量，2021 年"全球火力"将肯尼亚军事力量排在东非地区第 3 位，整个非洲地区第 12 位。

一　陆军

肯尼亚陆军是肯尼亚三军中最强大的一支，不仅拥有最多的兵力，而且拥有的武器装备也最为先进。在 1982 年空军被解散之前，肯尼亚陆军数量在三军中占到了 85%。20 世纪 70 年代中期至 1982 年，陆军数量由 6500 人增加至 13000 人，增长了 1 倍。肯尼亚陆军现有 2 万余人，编为 2 个师，其下共辖 5 个旅（1 个装甲旅、2 个步兵旅、1 个炮兵旅和 1 个工程旅）和 4 个独立营（1 个独立步兵营、1 个独立空中骑兵营、1 个空降营和 1 个高炮营），另外还有 2 个工程兵营。肯尼亚陆军包括步兵、炮兵、工兵、装甲兵、坦克兵和伞兵等兵种。

肯尼亚陆军的武器装备主要进口自英国、美国及其他欧洲国家（法、德）。肯尼亚陆军的武器装备主要有英式维克斯 MK－3 型中型坦克 76 辆，乌克兰产 T－72 主战坦克 33 辆，各种类型的装甲车几百辆（包括 118 辆土耳其产 Hizir 装甲人员运输车、12 辆法国产"堡垒"装甲人员运输车、150 辆南非产 Puma M26－15 装甲人员运输车、100 辆美国产军用悍马、72 辆法国产 Panhard AML 装甲车、30 辆中国产 CS/VP14 型轮式防雷装甲车、35 辆中国产轮式装甲车 WZ551 等），10 架美国产 M119 榴弹炮，40 架 L118 榴弹炮，5 架俄罗斯产 BM－21 式火箭炮，30 架塞尔维亚产 Nora B－52 榴弹炮，30 架美国产 MD 500 武装直升机，4 架中国产哈尔滨 Z－9 型武装直升机以及 12 架美国产无人机。

陆军于 20 世纪 60 年代在肯尼亚东北部清剿索马里族非法武装多年，也称"希夫塔战争"，后来与邻国（如索马里、乌干达和埃塞俄比亚）部队也发生过短时间的小规模边境冲突。总的来说，陆军实战经验不多，但训练较为严格。它被认为是非洲最专业化的部队之一，向联合国在纳米比亚、克罗地亚、利比里亚、黎巴嫩、马里、刚果（金）、苏丹达尔富尔等国家和地区的维和行动派出部队，向纳米比亚、科威特、西撒哈拉、莫桑比克、卢旺达、安哥拉等国家和地区派出大量军事观察员。肯尼亚的很多军官在联合国维和部队中担任过高级职位。2002 年 5 月，肯尼亚陆军首批排雷小组经英军工兵 4 周的训练后开赴厄立特里亚协助排除地雷。除了参与联合国的维和行动，肯尼亚陆军最重要的军事行动是，2011 年 10 月进入索马里对"青年党"发起军事攻击。根据联合国安理会 2036 号决议，2012 年，肯尼亚在索马里的部队被纳入非盟驻索马里特派团。

现任陆军司令为沃尔特·拉伊拉（Walter Raria）中将，司令部设在内罗毕的乌林其大厦。

二 空军

肯尼亚空军建立于 1964 年 6 月 1 日。1965 年创建了第一个战斗中队，产生了本国的驾驶员和地勤人员。空军建立之初只装备了英国赠送的 9 架花栗鼠（Chipmunk）教练机以及一些侦察机和运输机，后逐步得到补充和更新。1977 年空军增至 800 人，拥有多架美制 F – 5E 式超音速喷气式战斗机。1982 年 8 月 1 日，空军部分官兵发动政变，占领内罗毕的几个空军基地、国际机场、广播电台、主要邮局和若干战略据点，并以"人民救国委员会"的名义发表广播文稿。但当日下午，政变即被忠于政府的陆军部队平息。数日后，纳纽基空军基地的战斗也告结束。事后，所有空军人员被逮捕。经数月审讯，军事法庭判处这次未遂政变为首的 6 名军官和 2 名士兵死刑。另有数百名空军人员被判有期徒刑，最长的达 25 年。时任空军司令 P. M. 卡里乌基将军被指控未能防止这次叛乱于 1984 年被判入狱 4 年。1982 年未遂政变后，莫伊总统对空军进行了彻底改组，对空军所使用的制服、旗帜等都进行了改变，伊斯特莱空军基地更名为莫伊空军基地，纳纽基空军基地更名为莱齐皮阿（Laikipia）空军基地。

肯尼亚空军装备有战斗机、直升机、侦察机、运输机等各种类型飞机达 127 架，其中包括 17 架战斗机（F – 5 型是主力战机），19 架侦察机和运输机（Cessna 208、Harbin Y – 12、Dash 8、DHC – 5），64 架直升机（SA330 Puma、MD 500、Mil MI – 171），27 架教练机（Bulldog T 1、Short Tucano、Grob G 120、F – 5）。此外，空军装备有进攻性和防御性的防空武器，包括反坦克导弹、空对空导弹、空对地导弹等。2017 年，约旦向肯尼亚空军捐赠了 2 架 AH – 1 Cobra 攻击直升机。目前，肯尼亚空军兵力为 5000 人。

现任空军司令为约翰·穆加拉瓦伊·奥曼达（John Mugaravai Omenda）少将，司令部设在内罗毕的莫伊空军基地。

三 海军

肯尼亚海军建立于 1964 年 12 月 12 日，在三军中成立时间最短、规模最小。海军的小舰队实际编成于 1966 年，由当时从英国皇家海军学院毕业的人员回国组编而成，并从国外订购了 3 艘巡逻艇。1972 年 11 月 1 日，肯尼亚的海军军官从英国人手中接过海军指挥权。直到 1983 年，海军仅有 650 名官兵和 7 艘巡逻艇。1994 年之后，海军规模逐步扩大到 1400 多人，目前拥有兵员 3200 人。海军总部所在地是蒙巴萨的姆通桂（Mtongwe）基地，海军在马萨姆本尼、基利菲、什莫尼、马林迪、曼达等地建有基地。

海军主要担负维护肯尼亚海上安全的职责，使肯尼亚免受来自海上的威胁。海军的武器装备主要有导弹攻击快艇 6 艘（尼耶约号 2 艘，属英制沃斯佩型，装备有 4 具奥托马特式地对空导弹；曼巴号 1 艘；马达拉卡号 3 艘，英制布罗克马林型，装备有 4 具加布里埃尔 2 型地对空导弹）；沿海巡逻艇 1 艘（"辛巴"号，装备有 40 毫米口径炮 2 门）；两栖登陆艇 2 艘（"加拉纳"号）；支援舰 1 艘。2002 年初有 2 艘老导弹艇（"哈郎比"号和"加姆呼里"号）退役，它们于 1995 年购自英国。

2002 年 8 月下旬，肯尼亚海军与印度海军舰艇在蒙巴萨海域进行联合军事演习，目的是训练肯尼亚海军的技术操作能力。2003 年，肯尼亚耗资 46 亿肯先令购买了一艘排水量达 1050 吨的沿海巡逻艇（Jasiri 号），并于 2005 年交付使用。该舰艇大大提高了肯尼亚海军的装备水平，并使肯尼亚海军成为东非地区装备最为精良的部队。2012 年，肯尼亚海军参与在索马里基斯马尤打击"青年党"的军事行动，并取得了巨大胜利。

现任海军司令为吉姆森·隆吉罗·穆泰（Jimson Longiro Mutai）少将，海军司令部设在蒙巴萨。

四 海岸警卫队

2018 年，肯尼亚议会通过《海岸警卫队法案》，同年 11 月 14 日，乌胡鲁·肯雅塔总统正式发起组建肯尼亚海岸警卫队。海岸警卫队的职责是打击非法捕鱼和走私、维护海上和水域安全、保护海洋生态系统、开展海上搜救活动、在战时支援军方开展军事活动等。海岸警卫队独立于海军，受海岸警卫委员会监督，委员会主席由负责内政事务的内阁部长担任。委员会的其他成员包括负责国防、环境和森林、交通和基础设施、住房和城市发展等的内阁部长。2017 年，肯尼亚耗资 36 亿肯先令为海岸警卫队采购了一艘海岸巡逻舰，并于 2018 年 11 月海岸警卫队正式组建时移交。这艘名为"多里亚"（Doria）号的海岸巡逻舰由孟加拉国建造，全长 55 米，建有直升机停机坪，配备有 20 毫米口径的奥利康（Oerlikon）机枪。海岸警卫队将以"多里亚"号为母舰打造一支舰队，但在此之前其武器装备主要依靠海军供应。海岸警卫队的总部位于蒙巴萨。

五 准军事部队

在正规军之外，肯尼亚在国家警察总署下建有一支名为"总务队"（The General Service Unit）的准军事力量，但它并不是正式的武装力量的组成部分，也不同于一般的警察，而是按战斗部队编制，拥有自己的陆海空力量和指挥系统。"总务队"建立于 20 世纪 40 年代，其最初规模仅为 50 人，配备有布伦枪和装甲汽车。经过 70 多年的发展，"总务队"的兵力已达 5000 余人，并且装备有 7 架喷气式飞机和 3 架贝尔直升机，其海上警察分队还装备有 5 艘巡逻艇和 12 艘船只。"总务队"的主要职责是向总统和总统府提供安全保障、向选定的外国航班提供安全保障、维护关键设施和战略据点的安全、打击恐怖主义、维护社会稳定等。"总务队"由一系列连队组成，其中 4 个关键连队分别是总务队培训学院连队、侦察连队、总部连队和总统卫队连队。每个连队由 3 个排构成，每个排一般有 60 人。

现任"总务队"司令官为道格拉斯·卡恩加（Douglas Kanja），此前曾担任基利菲县的警察长。"总务队"总部位于内罗毕。

第三节　军事训练和兵役制度

一　军事训练

由于历史原因，肯尼亚军队较多受英国军队传统的影响。至今，肯尼亚军队中的中高级军官常被派到英国军事院校（如著名的桑赫斯特皇家军事学院）接受培训。英国陆军在肯尼亚建有训练营，2016 年英肯两国军队开展了"综合战术培训演习"。

20 世纪 80 年代初之后，美国每年为肯尼亚提供军事训练的资金，特别是帮助肯尼亚训练空军。1998 年 6 月初，肯尼亚和坦桑尼亚、乌干达三国军队在埃多雷特举行代号"98 民族之火"的联合军事演习，美军也参加了此次演习。1999 年 6 月，肯军和美军在肯尼亚某地进行联合军事演习，目的是"强化军事戒备和增进合作"。根据 2000 年 10 月 3 日内罗毕和英国广播公司（BBC）的报道，美国政府决定拨款约 4 亿肯先令（约合 500 万美元）用于肯军的军事装备和特别训练。后者将在"非洲危机反应行动"计划下进行，重点训练维和技能，为期 2 年。

20 世纪 90 年代之后，肯尼亚开始建设自己的军事院校和培训机构，主要有肯尼亚国防学院、参谋学院、军事学院、防务力量技术学院、新兵培训学院等。其中，肯尼亚国防学院成立于 1992 年，并于 1997 年正式设置课程，从 1998 年开始每年有一个班的学员毕业。国防学院最初只是为肯尼亚的高级军官提供进修机会和开展国家安全战略方面的培训，后将培训范围扩大到本国的高级公务员以及非洲邻国的高级军官和公务员。2002
年，国防学院开始与内罗毕大学合作，授予学员艺术学士学位和硕士学
位。国防学院的主要课程是为期48周的国际安全和战略课程。现任国防
学院院长是查尔斯·卡哈里里（Charles Kahariri）少将。

二 兵役制度

肯尼亚实行志愿兵役制度，18～26岁的肯尼亚公民都可以申请入伍，
不满18周岁的公民需要得到父母的同意。服兵役的期限为9年（其中肯
尼亚海军服兵役的期限为7年）。军队一般每年招募占全部兵力5%的新
兵。届时军队有关部门向各地派出招兵组，对志愿入伍者进行体格检查和
心理测试，同时重视族群平衡。据军方人士称，现在的招兵政策是将卡伦
金人中的一些小族群如南迪人、基普西吉斯人、图根人、凯约人等分列为
单独的族体，而与人口更多的吉库尤人、卢希亚人和卢奥人等大族群处于
平等地位。此外，招募新兵对身高、体重、学习成绩等都有一定要求，一
般体重不能低于54.55公斤，身高不能低于1.6米。女性应召入伍的条件
与男性一致。

第四节 对外军事关系

肯尼亚注重发展与外国军队的军事联系，争取外国军事援助，积极参
与美英等国发起的军事培训项目，学习军事强国的经验，同时加强与非洲
邻国的安全合作，参与联合国与非盟在非洲的维和行动，维护非洲特别是
东非地区的和平与稳定。肯尼亚的对外军事关系与安全合作主要体现在军
事政策协调、争取军事援助、联合军事训练、采购军事武器装备、情报信
息分享等方面。

一 与美国的军事关系

肯尼亚与美国于1964年建立正式外交关系。进入20世纪70年代，
双方开始加强军事安全领域的合作。1976年，美国开始向肯尼亚提供军

事援助,当年美国福特政府向肯尼亚出售了一批 F - 5E Tiger Ⅱ 战机。1980 年 4 月,美国与肯尼亚签署军事协定,美国海军由此可以使用肯尼亚蒙巴萨港补给燃料和停靠军舰。根据该协定,美国军方还可以使用肯尼亚的航空设施。作为交换,肯尼亚得到美国大量军事援助。1976 ~ 1992年,美国向肯尼亚提供了大约 2.81 亿美元的军事援助,包括 1987 ~ 1992年的 4730 万美元。虽然美国对肯尼亚的军事援助由 1980 年的 2200 万美元下降到了 1989 年的 1500 万美元,但是肯尼亚所接受的美国军事援助依然占据了美国对撒哈拉以南非洲军事援助规模的 60%。冷战期间,美国利用与肯尼亚的军事安全合作,使用肯尼亚的海空军事设施应对苏联的军事威胁,同时维护其在印度洋、波斯湾、亚丁湾、南部非洲地区等的安全利益。

冷战结束后,美国加强了与海湾国家的军事安全合作,美国军方可以使用沙特和其他海湾国家的军事设施,这导致肯尼亚的战略地位对美国军方的吸引力有所下降,加之美国对肯尼亚政治、人权等状况的不满,肯尼亚与美国关系在冷战结束后有所淡化。随着 1998 年美国驻肯尼亚大使馆遭恐怖袭击、肯尼亚 2002 年大选后的民主化转型以及美国小布什政府反恐战略的启动,肯尼亚与美国的军事安全合作在进入 21 世纪后得到持续深化,双方军事联系不断增强。肯尼亚通过美国"对外军售项目"从美国购买了大量的战斗机、直升机和空军使用的计算机系统,肯尼亚海军通过美国援助提升其应对来自索马里的海盗威胁的能力。2012 年,肯尼亚通过美国国务院项目"东非地区反恐伙伴"(PREACT)获得 1000 万美元的反恐资金。根据 2006 年美国国防授权法案第 1206 条款和 2012 年国防授权法案第 1207 条款,肯尼亚是接受美国国防部"培训和设备"援助的主要非洲国家。美军非洲司令部非洲之角混合部队还在肯尼亚的一个海军基地部署了一支分支部队,主要在肯尼亚开展安全合作活动。奥巴马政府于 2016 年批准向肯尼亚出售价值 1000 万美元的无人机。2017 年初,奥巴马政府批准 4.8 亿美元的对肯尼亚战斗机军售。这是双方合作以来美国对肯尼亚的最大规模军售。美国向肯尼亚提供军事安全援助旨在实现四大目标:促进肯尼亚军事力量的职业化,提高肯尼亚反恐和维护边境安全的能力，增强肯尼亚海上安全意识，提高肯尼亚维和能力。2018 年 8 月，肯尼亚总统乌胡鲁·肯雅塔访问美国，与美国总统特朗普会晤，双方承诺要进一步深化防务和安全合作，美国承诺帮助肯尼亚提高其应对自然灾害和危机的能力。2021 年 2 月 8 日，美国"海谢尔·伍迪·威廉姆斯"远征海上基地船抵达肯尼亚蒙巴萨港，这是美国海军舰艇十年来首次访问肯尼亚。2021 年 11 月，肯尼亚与美国举行第二届双边战略对话，其发表的联合声明强调，两国将在反恐、维护边境安全和海上安全及提高安全部队职业化水平等方面加强合作，双方承诺将通过军事演习、联合行动、提供设备、安全合作等方式打击非洲之角地区的恐怖组织。

二　与英国的军事关系

肯尼亚独立后依然与英国维持着长期密切的军事联系。英国通过《外国力量地位协定》继续维持在肯尼亚的军事存在，其主要目的是在肯尼亚炎热干旱地带训练英国士兵，以使英国军方在相似环境条件下能参与作战行动。2013～2015 年，因英国士兵在肯尼亚违法犯罪以及双方在法律适用问题上的分歧，肯尼亚与英国关系出现恶化。经过两年多的协调，肯尼亚与英国最终于 2015 年 12 月 9 日签署新的《防务合作协定》。根据该协定，英国军方将继续在肯尼亚训练士兵。英军驻肯尼亚训练营系英国在肯尼亚军事存在的实体性机构，该机构坐落于内罗毕以北 200 公里的纳纽基，同时在卡哈瓦（Kahawa）建有一个分支基地。英军驻肯尼亚训练营主要向在肯尼亚进行训练演习的英国士兵提供后勤支援。根据英肯《防务合作协定》，英国每年可以派遣 6 个步兵营在肯尼亚的干旱地区或者山地开展为期 8 周的军事训练。与此同时，英国承诺向索马里派兵以支援肯尼亚打击"青年党"的行动，向肯尼亚警方提供反恐培训，加大对肯尼亚军事人员的培训力度，允许肯尼亚军事人员参与英军在肯尼亚的训练演习等。近年来，每年大约有 1 万名英国士兵在肯尼亚接受军事训练。此外，英国在肯尼亚还建有东非和平支援队，其主要目标是协调英国在东非地区的军事援助，以促进该地区的安全部门改革，提高地区维和能力。

2021 年 7 月，肯尼亚总统乌胡鲁·肯雅塔访问英国期间肯英双方签署了新的五年《防务合作协定》。根据该协定，英国每年需要投入 11.65 亿肯先令以促进英肯防务伙伴关系发展，同时每年要培训 1100 名肯尼亚士兵，英国陆军与肯尼亚国防军每年要举行大约 5 次联合培训演练，包括大约 750 名肯尼亚军事人员和 5000 名英国军事人员。

三 与法国的军事关系

近年来，肯尼亚与法国的军事关系呈强化态势，在打击恐怖主义、参与非洲维和行动等方面，肯尼亚与法国存在共同的利益需求。肯尼亚与法国的军事安全合作主要集中在语言培训、人员交流、军事训练等方面。法国外交与国际发展部及安全与防务合作署针对肯尼亚军方开展法语培训，每年大约有 20 名肯尼亚士兵通过这一培训学习法语。法国开展这一语言培训项目的目标是，通过教授参与非洲维和行动的肯尼亚士兵掌握法语，来加强与操法语士兵之间的交流，同时培养有潜力的肯尼亚官兵，使其能够进一步到巴黎的战争学院学习。2014 年 12 月 11~24 日，法国驻吉布提部队与肯尼亚军方在吉布提开展了一项交流计划，共有 10 名肯尼亚士兵参与了该项交流计划，交流内容主要包括射击、联合训练等。

四 与俄罗斯及东欧国家的军事关系

冷战结束后，肯尼亚与俄罗斯及东欧国家间的军事联系主要体现为肯尼亚从俄罗斯以及东欧国家采购军事武器和装备。特别是近年来，俄罗斯对非洲的外交和军事安全投入不断加大，并于 2015 年发起成立"俄罗斯－非洲论坛"。在此背景下，肯尼亚与俄罗斯的军事联系也有所加强，肯尼亚主要从俄罗斯采购军事武器，其军事人员通过俄罗斯发起的培训项目参与相关军事培训。2015 年 10 月俄罗斯联邦委员会主席瓦莲京娜·马特维延科在访问肯尼亚时称，俄罗斯将肯尼亚视为其在非洲的战略伙伴。2016 年 5 月 30 日，在莫斯科举行的第八届国际原子能论坛上，俄罗斯国家核能公司与肯尼亚核能委员会签署了和平利用核能的合作备忘录。此外，肯尼亚还从东欧国家采购武器装备，如 2008 年肯尼亚从乌克兰购买了 33 架苏联时期的 T－72 坦克，2014 年从塞尔维亚购买了 26 亿肯先令（约 2900 万美元）的重武器。

五　与埃塞俄比亚的军事关系

肯尼亚与埃塞俄比亚存在密切的历史联系，早在 1964 年双方便签署了应对索马里安全威胁的防务协定。肯尼亚境内索马里族的分裂诉求与索马里对埃塞俄比亚欧加登地区的领土要求是肯埃双方加强军事安全合作的根本原因。冷战结束后，肯尼亚与埃塞俄比亚间的军事安全合作逐渐由应对索马里的安全威胁转变为应对恐怖主义威胁。近年来，肯尼亚与埃塞俄比亚不断更新传统的安全协定，将打击恐怖主义、毒品走私、武器扩散等新兴安全问题纳入双方军事安全合作的范畴。2012 年，肯尼亚与埃塞俄比亚签署协定，承诺要加强联合军事行动和情报信息共享，以应对共同的安全威胁。此外，双方在恢复索马里安全秩序、加强索马里中央政府的治理能力、参与非盟在索马里的维和行动等方面都存在密切的政策协调与安全合作。

六　与索马里的军事关系

肯尼亚东北部地区与索马里接壤，该地区生活着大量的索马里人，冷战期间双方曾因领土、族群认同等问题爆发冲突。20 世纪 80 年代末，索马里陷入内战，政治秩序崩溃，肯尼亚东北部地区面临日益严峻的安全危机，如难民问题、海盗袭扰、跨境恐怖袭击等。随着索马里"青年党"所带来的安全威胁不断加剧，肯尼亚军方加强了与索马里的安全合作。2011 年 10 月，肯尼亚与索马里两国安全部门签署协议，强调合作打击"青年党"。之后，肯尼亚武装部队越境进入索马里南部地区，与索马里一些武装组织联合，对极端组织"青年党"实施军事打击。此次军事打击行动于 2012 年结束，随后在索马里的肯尼亚部队被编入非盟驻索马里特派团，继续参与索马里维和任务。肯尼亚是索马里政治秩序重建的重要参与者，肯尼亚通过给予军事培训、资金支持、后勤支援等方式与索马里一些武装派别保持密切的军事联系，以应对"青年党"等极端组织带来的安全威胁。

第六章

社　会

第一节　国民生活

一　就业与收入

肯尼亚独立初期，农村人口占总人口的比重达 90% 以上，20 世纪 90 年代这一比重降至 75% 左右，其中大部分是自耕农（小农）和牧民。除了这部分人外，全国就业大体可分为正规部门（包括公共部门和私人部门）、非正规部门、个体户和无偿家庭劳动三大类。

不同时期，肯尼亚政府对促进就业采取了不同的举措。独立之初至 20 世纪 70 年代末，肯尼亚政府主要通过肯尼亚化（Kenyanization）政策、促进劳资对话、大力发展公共工程（如修建公路）等干预措施促进就业。肯尼亚化政策使公共部门雇用的肯尼亚非洲人的占比由 1964 年的 16.4% 增长到了 1971 年的 97%。20 世纪 80 年代，肯尼亚政府奉行积极的劳动力市场政策，主要通过提供公共就业服务增加就业。1980～1989 年，肯尼亚正规部门的就业人口由 119.1 万人增长到了 179.6 万人，正规部门的就业人口占总就业人口的比重由 1980 年的 84.5% 下降到了 1989 年的 76.2%。20 世纪 90 年代以来，肯尼亚政府大力发展公共工程项目促进就业，例如利用青年企业家发展基金（YEDF）、肯尼亚青年赋权计划（KYEP）、海外青年就业机制（YESA）、女性企业家基金（WEF）等为青年和女性创造更多就业机会。20 世纪 90 年代以来，正规部门就业增长率远远低于非正规部门就业增长率，正规部门的就业人口占比持续下降。1990～2010年，正规部门的就业人口占总就业人口的比重由74.4%下降到了18.8%，非正规部门的就业人口占总就业人口的比重则由1972年的10.4%增长到了2010年的81.2%。

近年来，肯尼亚政府继续实行有助于促进青年、女性和残疾人就业的政策。2016年4月，肯尼亚建立全国就业署（NEA），该机构旨在通过建立和完善就业制度，以加强就业管理和提高就业服务水平，促进青年、少数族群和被边缘化群体就业。根据肯尼亚国家统计局数据，2017年肯尼亚总就业人口达1689万人，与2013年的1352万人相比，新增就业人口337万人。2013～2017年，私人部门创造的有薪就业岗位由160万个增长到了187万个，公共部门创造的有薪就业岗位由68万个增长到79万个。2018年，肯尼亚总就业人口同比增长5.4%，达1780万人，总体就业岗位84万个。现代部门中个体经营和无偿家庭劳动者的数量由2017年的13.9万人增长到2018年的15.2万人。非正规部门新增就业岗位由2017年的79.4万个下降到了2018年的76.2万个。2018年，非正规部门就业人口占总就业人口的比重达83.6%。2020年，新冠疫情对就业造成严重负面影响，总就业人口由2019年的1814.27万人降至1740.52万人。

根据肯尼亚国家统计局数据，近年来，肯尼亚公共部门和私人部门所支付的名义工资总体呈增长趋势，两个部门所支付的总体名义工资总额由2016年的1.69万亿肯先令增长到了2019年的2.28万亿肯先令，但2020年有所下降，为2.20万亿肯先令。雇员的年均收入由2017年的66.9万肯先令增长到了2020年的80.2万肯先令，年均增长约4.4万肯先令。其中，2020年私人部门雇员的年均收入达到了81万肯先令，增幅为3.8%。

私人部门中，不同行业中雇员的工资收入存在很大差距，其中收入比较高的行业有金融和保险业、电力油气资源部门等，收入比较低的有供水和垃圾污水处理、农林渔等产业。2020年金融和保险业从业人员的年平均工资收入达204.5万肯先令，而供水和垃圾污水处理产业的从业人员年平均工资收入仅29万肯先令，前者收入是后者收入的7倍多。公共部门中雇员的收入也存在明显差距，2020年，政府拥有多数股权的机构雇员的年均工资收入达 127.6 万肯先令，而部委公职人员的年均工资收入为 74 万肯先令，前者收入是后者收入的近 2 倍。

为保证底层员工的权益，肯尼亚政府一般根据通货膨胀的水平对最低工资标准进行相应的调整。2018 年，肯尼亚政府宣布将工人最低工资标准上调 5%。农业工人每月的最低工资由 2017 年的 8585 肯先令提高到了 2018 年的 9014 肯先令。不同城市的职工每月最低工资收入标准存在很大差别，2018 年内罗毕、蒙巴萨和基苏木等大城市职工每月平均最低工资收入为 21311 肯先令，而其他小城镇职工每月最低工资收入为 16841.4 肯先令，这表明肯尼亚工人收入存在明显的城乡差别。2019 年和 2020 年工人最低工资标准与 2018 年一致。

过去，肯尼亚劳资纠纷由工业法庭按 1973 年制定的工资指导方针裁决。随着劳动力市场的"自由化"，1994 年肯尼亚对此做了修改，允许劳资双方根据劳动生产率和通胀率自由协商，仅在遇到争议时，双方仍通过工业法庭解决。2019 年和 2020 年，肯尼亚劳资双方通过工业法庭达成集体协议的案件分别为 263 件和 172 件。2020 年，信息通信和制造业领域的劳资纠纷占比较大，汽车和摩托车产业达成的集体协议出现大幅下降。2020 年，这些集体协议所确定的每个月基本工资收入为 34015.7 肯先令，每个月提供的平均津贴为 6005.9 肯先令。

二　消费与物价

2013 ~ 2016 年，肯尼亚居民消费价格指数（CPI）涨幅一直维持在 6% ~ 7%；2017 年，食品价格上涨和上半年干旱导致该年度居民消费价格指数上涨了 8.0%；2018 年因有利的气候条件和审慎的宏观经济政策，居民消费价格指数涨幅有所下降，为 4.7%。2019 年和 2020 年，肯尼亚居民消费价格指数涨幅分别为 5.3% 和 5.4%。在居民消费价格指数篮子中，食品与非酒精类饮料所占比重最高达 32.91%，其次为住房、水电、天然气和其他燃料，所占比重为 14.61%。2018 年，各类商品和服务的平均消费价格指数为 191.82，其中食品与不含酒精的饮料的价格指数为 238.13，饭店与宾馆的价格指数为 196.81，要高于平均消费价格指数；

含酒精的饮料、烟草和麻醉品的价格指数为 187.07，交通运输的价格指数为 184.28，住房、水电、天然气和其他燃料的价格指数为 172.37，服装与鞋袜的价格指数为 159.97，要低于平均消费价格指数。

从具体的消费品来看，每公斤糖的价格由 2016 年的 118.21 肯先令上涨到了 2017 年的 137.82 肯先令，2020 年又下跌至 113.94 肯先令；带骨牛肉每公斤的价格由 2016 年的 399.59 肯先令上涨至 2018 年的 439.04 肯先令，之后下降至 2020 年的 436.76 肯先令；50 千瓦时电力的价格由 2016 年的 533.20 肯先令上涨至 2018 年的 813.72 肯先令，之后下跌至 2020 年的 789.55 肯先令。除了这些主要的价格变动的商品外，有些商品的价格近年来有所下跌，如 13 公斤天然气的价格由 2014 年的 3062.40 肯先令下跌到了 2020 年的 2047.28 肯先令。不同城市的通胀率不同，2019 年和 2020 年，内罗毕的通胀率分别为 5.3% 和 4.7%，其他城镇的通胀率分别为 5.2% 和 5.9%。

三 住房与社会福利

随着城市化速度的加快，向居民提供干净整洁的住房、合理规划城市空间，成为肯尼亚政府促进社会发展所面临的一大挑战。2005 年，肯尼亚生活在城市中的人口占总人口的比重为 20.4%，预计到 2030 年这一比例将达到 60%。城市人口的不断增长导致贫民窟、非正式定居点等迅速扩大，成为影响城市规划和可持续发展的一大障碍。为满足城市化的需求，肯尼亚每年大约需要新建 15 万套住房，但实际每年新建住房数量仅有 3.5 万套，住房供应与需求之间存在巨大的缺口。在这 3.5 万套住房中，只有 6000 多套住房（约占 20%）用来满足中下层居民的住房需求。开发商缺乏建设低成本住房的意愿、中下层居民收入水平低、融资渠道有限等，使得中下层居民很难获得干净舒适的住房。城市中大多数人口生活在非正式的定居点，这些地方卫生、安全等条件普遍较差。

乌胡鲁·肯雅塔政府将大规模开发建设经济适用房作为其执政的四大议程之一。肯尼亚住房和城市发展部负责执行经济适用房项目。为推动住房市场发展，肯尼亚专门设立住房基金，旨在向参与建设经济适用房的私营开发商和购房居民提供融资和信贷支持。住房基金的设立有助于满足中下层居民的住房需求。肯尼亚政府持有 20% 股份的肯尼亚抵押贷款再融资公司（Kenya Mortgage Refinance Company）则通过向银行等金融机构提供长期融资和流动性资金等促进房地产开发市场的发展。肯尼亚政府主要通过提供免费或低成本的国有土地、政策支持、加快审批流程、补贴项目配套基础设施等手段促进经济适用房的开发。肯雅塔执政的第一个任期（2013～2017 年），肯尼亚政府通过实施"肯尼亚非正式定居点改善项目"（KISIP），以 1.65 亿美元的资金升级了全国 90 个非正式定居点的基础设施，改善了这些居住区的出行、卫生和安全条件，使 100 万人从中受益。在内罗毕、基苏木等城市耗资 26 亿肯先令为警察、狱警新建 1894 套住房。乌胡鲁·肯雅塔二度执政后承诺要在未来五年时间内新建 50 万套经济适用房，同时通过提供清洁饮水、卫生设施、公路、路灯、社区门诊等改善贫民窟等非正式定居点的生活环境。

肯尼亚早在 1965 年便设立国家社保基金理事会，在 1987 年之前该理事会作为劳工部下设的一个机构而存在，1987 年之后转变成由信托理事会管理的一家国有企业。社保基金设立的最初目的是向退休人员提供基本的社会保障。2013 年 12 月，肯尼亚通过国家社保基金法案。根据这一新的法案，国家社保基金从公积金机制转变成了养老金机制，所有有收入的肯尼亚人都要将自己收入的一部分存入社保基金以作为自己退休、伤残或者死亡后的一种基本保障。肯尼亚国家社保基金由基于个人账户的养老金和公积金两个系统组成。对于养老金账户，受雇于企业的 18～60 岁的雇员需要强制缴纳养老金，而个体户可以自愿缴纳；公积金属于非强制性缴纳的范畴。职工需要缴纳每个月工资的 5%，企业需要缴纳工资总开支的5%。职工 60 岁退休后可以领取养老金。根据肯尼亚国家统计局数据，2020 年在国家社保基金理事会登记的雇主和雇员数量分别为 82261 人和176112 人。

在医疗和生育保险方面，肯尼亚设有全国医院保险基金，由卫生部负责监督。全国医院保险基金的资金由投保人缴纳，雇员在投保 60 天后才有资格享受医疗保险待遇，6 个月后可享受生育补助。投保人及其被抚养人等入院治疗每年受补偿的医疗费用最高可达43.2万肯先令。对于某些疾病，公立医院提供免费医疗服务，包括结核病、艾滋病等。工伤保险的主要覆盖群体是公共部门和私营部门中的雇员，月收入在4000肯先令以上的非体力劳动雇员、个体户、临时工和家庭劳动者等不在工伤保险范围内。保险金全部由雇主承担，政府则负担因公致伤的政府雇员的保险金。

第二节 社会管理

一 社会制度与社会结构

肯尼亚是资产阶级民主共和制国家，政治上实行多党制；经济上实行市场经济，强调对私有产权的保护，倡导多边自由贸易，并对外资持开放态度；社会上强调对个人权利的保护。21世纪以来，肯尼亚政府加大与社会层面的协商力度，出台了一系列有关社会保障方面的政策。2010年制定的新宪法包含比较全面的权利法案，其中第43条款明确要求国家要保障肯尼亚人的经济、社会和文化权利，包括医疗卫生、住房、免受饥饿、清洁用水、社会保障、教育等方面的具体权利。观察、尊重、保护、促进和实现权利法案中所明确的权利与基本自由，则是国家和各类国家机构的基本职责。在宗教信仰方面，肯尼亚采取政教分离原则，实行世俗制，公民有信仰宗教的自由，各宗教地位平等，禁止宗教歧视。肯尼亚设有国家人权和平等委员会（Kenya National Human Rights and Equality Commission），旨在促进对人权的尊重，塑造保护人权的文化，促进社会平等和性别平等。此外，肯尼亚加入了一系列多边国际条约，如《世界人权宣言》《非盟人权与民族权宪章》等。

根据2010年宪法，肯尼亚设中央和郡县两级政府，并日益突出分权（权力下放）在完善社会治理和提高公共服务供应水平方面的作用。自分权制改革启动以来，郡县政府的权力不断提高，其职责范围扩大到农业、医疗卫生、交通服务、贸易、旅游开发和城市规划等十多个领域。除了中央政府至少15%的全国财政拨款外，郡县政府还可以通过"地方政府转移基金"（Local Authorities Transfer Fund）获取中央政府的拨款。这些制度安排为郡县政府加强社会管理和公共服务供应提供了保障。2015年，肯尼亚开始实施全国城镇政策，郡县政府负责起草自身管辖范围内的城镇政策，以为城市化发展提供指导，包括提供交通、水电、教育、医疗卫生服务等。郡县政府通过向城镇进一步分权，强化基层政府在社会治理、公共服务供给上的作用。

二　社会组织的管理

肯尼亚人具有结社的传统，通过结社可以增进共同利益、聚集资源和参与共同治理。但肯尼亚现代意义上的社会组织是随着殖民入侵而逐步形成和发展起来的。无论是推动肯尼亚实现民族独立，还是跟随西方提出的结构调整计划推动肯尼亚向自由民主制转型，社会组织都发挥过重要作用。根据肯尼亚非政府组织协调委员会2020年发布的《非政府组织部门年度报告（2019～2020年）》，截至2019年，在肯尼亚非政府组织协调委员会登记在册的非政府组织已超过11000家。非政府组织获得的捐款实现了大幅增长，由2010～2011年的859亿肯先令增长到了2019～2020年的1580亿肯先令。不过，肯尼亚非政府组织所获资金大部分来自肯尼亚境外。例如，2018年，肯尼亚非政府组织所获资金的88%来自肯尼亚境外。

肯尼亚于1990年通过《非政府组织协调法》，并根据这一法律建立非政府组织协调委员会。该机构的主要职责包括：为肯尼亚境内的非政府组织开展工作提供便利和进行协调；对非政府组织的登记注册进行管理，包括其活动领域、隶属关系和活动地点等；接收和讨论非政府组织的年度报告；围绕非政府组织开展的活动及其在肯尼亚国家发展中的作用向政府提出建议；对非政府组织开展的活动进行定期评估；对非政府组织的活动提供指导，以使其符合肯尼亚的国家发展计划；围绕如何高效规划和协调非政府组织的活动提出建议；针对非政府组织的管理及其在肯尼亚的活动制定行为准则。无论是肯尼亚国内的非政府组织还是国际非政府组织都需要在非政府组织协调委员会登记注册才具备合法性，才能在肯尼亚境内开展活动。

2013 年，肯尼亚根据形势的发展变化，制定《公共利益组织法》（*Public Benefit Organizations Act*），取代《非政府组织协调法》，以提高非政府组织的透明度和登记注册效率。然而，《公共利益组织法》因没有达成共识而一直没有付诸实施。2017 年 7 月，社会组织领导人与 2017 年全国大选的总统候选人及其代表围绕社会组织进行讨论，政治领导人随后承诺，保证在大选之后为社会组织开展活动营造有利和安全的环境；积极推动《公共利益组织法》的实施；与公共利益组织定期进行对话，以增进国家与社会组织之间的关系；等等。2018 年 9 ~ 10 月，非政府组织协调委员会与社会组织领导人举行会谈，旨在解决与《公共利益组织法》相关的一系列问题。《公共利益组织法》若得以实施，将为公共利益组织创造更加有利的环境，并有助于政府与公共利益组织发展伙伴关系。不过，到 2021 年，《公共利益组织法》仍未实施。

肯尼亚政府还寻求通过公私伙伴关系，在中央和地方层面提高透明度和公众参与度。2019 年 1 月，肯尼亚政府与来自私营部门和社会组织的伙伴，发起了第三个"开放政府伙伴关系"（OGP）国家计划。"开放政府伙伴关系"是一个合作倡议，旨在使政府更加开放和透明，并回应公民的诉求。肯尼亚于 2011 年加入"开放政府伙伴关系"，此后在提高政府开放性和透明度上，加强了政府机构、私营部门和市民社会间的协调与合作。近年来，肯尼亚郡县政府也加入了"开放政府伙伴关系"。

第三节　医疗卫生

在医疗卫生领域，肯尼亚面临着一系列挑战，如传染性与非传染性疾病的威胁、难民涌入所带来的医疗需求增加、财政资金投入不足、医疗卫生基础设施薄弱等。面对这些挑战，肯尼亚政府出台了诸多政策，寻求提升医疗卫生水平。1994 年，肯尼亚制定《肯尼亚卫生政策框架》（Kenya Health Policy Framework），为医疗卫生事业的长远发展勾画了蓝图。为贯彻落实这一政策文件，卫生部出台了《肯尼亚卫生政策框架执行行动计划》，并于1996年设立了卫生部门改革秘书处（HSRS），以监督相关政策的执行情况。1999年，肯尼亚政府出台首个《国家卫生部门战略规划（1999～2004年）》，后于2005年出台了《国家卫生部门战略规划（2005～2010年）》，这两个五年战略规划是对《肯尼亚卫生政策框架》的具体落实。2013年，肯尼亚卫生部出台《肯尼亚卫生部门战略与投资计划（2013～2017年）》，其总体目标是降低医疗卫生服务的不平衡供应，遏制与医疗卫生相关各项指标的下降趋势。2014年7月，肯尼亚卫生部发布《肯尼亚卫生政策（2014～2030年）》，作为一项长期的战略规划，这一政策明确要建立高标准的医疗卫生服务体系，以满足肯尼亚民众对高质量医疗卫生服务的需求。

过去二十多年，肯尼亚出台的一系列卫生政策以及相应的财政投入使医疗卫生水平得到一定提高，总体的医疗卫生状况得到一定改善。肯尼亚的人均预期寿命1993年时为50岁，2009年上升到60岁，2019年进一步上升到66.7岁。婴儿死亡率从2003年的77‰下降到了2014年的39‰；5岁以下儿童的死亡率由2003年的115‰下降到了2014年的52‰。虽然总体的医疗卫生状况有所改善，但是很多指标依然低于世界平均水平，如人均医疗卫生支出、每10万人所配比的医护人员数量等。肯尼亚不同地区的医疗卫生状况也不平衡，肯尼亚中部和内罗毕地区的婴儿死亡率最低，但肯尼亚西部、沿海等地区则要高于全国平均水平。

从医疗卫生支出的情况看，自费医疗依然是医疗卫生领域面临的一大问题，占到了医疗卫生总支出的32%。有6.2%的肯尼亚人将其非食品支出的40%用在了医疗上。这使得很多贫困人口更加难以摆脱贫困局面。近年来，政府在医疗卫生领域的财政投入有所增加。2020/2021财年，肯尼亚中央政府在医疗服务上的支出达1198.04亿肯先令，与2016/2017财年566.06亿肯先令的支出相比，增长了1倍多。同年，郡县政府在医疗服务上的支出达1136.78亿肯先令，与2016/2017财年707.74亿肯先令的支出相比，增长了近1倍（见表6-1）。近年来，政府在医疗卫生领域的财政支出占总支出的比例不断攀升，由2016/2017财年的4.8%增长到了 2019/2020 财年的 6.2%。尽管如此，肯尼亚政府在医疗卫生领域投入的占比依然没有达到《肯尼亚卫生部门战略与投资计划（2014～2018年)》所设定的 12% 的目标，当然也没有达到 2001 年非洲国家政府与首脑会议发布的《阿布贾宣言》所确定的 15% 的目标。

表 6-1 2016/2017 财年至 2020/2021 财年肯尼亚政府
在医疗卫生领域的支出

单位：亿肯先令

	2016/2017 财年	2017/2018 财年	2018/2019 财年	2019/2020 财年	2020/2021 财年
中央政府	566.06	618.41	766.84	1031.25	1198.04
郡县政府	707.74	839.78	920.24	1067.27	1136.78

资料来源：Kenya National Bureau of Statistics, Economic Survey 2021。

乌胡鲁·肯雅塔执政后重视发展医疗卫生事业，于 2018 年 12 月宣布启动全民医保计划，旨在为肯尼亚民众提供可负担的医疗卫生服务，并将肯尼亚打造成为非洲大陆医疗卫生领域的领跑者。全民医保计划是乌胡鲁·肯雅塔政府所确立的"四大行动计划"之一，该计划首先在伊西奥洛、马查科斯、涅里和基苏木四个郡县进行试点，然后向其他地区扩展。除全民医保计划外，肯尼亚一些地方政府在医疗卫生服务领域也有自主性的创新尝试。例如，根据马库埃尼（Makueni）县实施的医保计划，该县每个家庭每年只需缴纳 5 美元的医疗保险费用，便可免费享受基本的医疗卫生服务。

肯尼亚政府设有卫生部，负责制定医疗卫生政策，对医疗卫生事务和全国转诊医疗卫生设施进行管理，提高能力建设并向郡县政府提供技术支援。卫生部下属的国有机构主要有肯尼亚医疗用品管理局（Kenya Medical Supplies Authority）和肯尼亚医学研究所（Kenya Medical Research Institute）。前者的职责是根据国家规定的公共卫生计划、国家战略储备等需求，对药品和医疗用品进行采购、储存和分配；后者主要负责开展医学研究。根据肯尼亚《国家卫生部门战略规划（2005～2010 年)》，肯尼亚医疗卫生服务体系由六个层次组成：第一个层次是社区（Community），即个人、家庭、村落等；第二个层次是诊所、药房等；第三个层次是卫生中心、疗养院等；第四个层次是初级医院；第五个层次是中级医院；第六个层次是高级医院。肯尼亚寻求通过加强不同层次的能力建设，提高医疗卫生服务供应水平。

全国医院保险基金是卫生部下设机构，成立于1966年，最初只为正式岗位的就业人员提供医疗保险服务。1972年，全国医院保险基金将医疗保险服务的覆盖范围扩大到了非正式岗位的就业人员。1998年，全国医院保险基金根据议会法案转型成为国有企业。加入全国医院保险基金的条件是年满18周岁、每月收入不低于1000肯先令。近年来，被纳入全国医院保险基金的人员数量不断攀升，由2015年的1359.3万人增长到了2019年的2199.5万人。全国医院保险基金还与政府合作，制定了一些面向特定群体的医保服务计划，如"中学生医保计划"，旨在向公立中学的学生提供免费医疗保险服务；"医疗保险补贴计划"，面向的群体主要是贫困户、孤儿等。全国医院保险基金在肯尼亚设有62个分支办公室和42个服务中心。

从医疗卫生设施方面看，根据肯尼亚国家统计局数据，截至2020年，肯尼亚共有医疗诊所5178家，其中94.4%是私营诊所。药房和卫生中心的数量分别为5850家和1368家，主要是公立的。各类医院的数量总计873家，其中私立医院375家。医疗卫生机构的总量14600家，与2019年的13790家相比，增幅达5.9%。从医疗卫生机构的归属来看，除政府和私营部门所有外，还有一部分医疗卫生机构归宗教组织和非政府组织所有。以第四层次的初级医院为例，政府和私营部门所有的初级医院占比为86%，剩余14%的初级医院归宗教组织和非政府组织所有。

近年来，肯尼亚医疗卫生从业人员的数量不断增长，2018年医疗卫生从业人员的数量达17.6万人，与2017年的16.5万人相比，增长了6.7%。其中登记注册的护士占比最高，达29.9%。2018年，医疗卫生从业人员中增长最多的是临床医生，增幅达9.4%；增长最少的是牙医，增幅为5.3%。每10万人所拥有的医护人员的数量由2014年的272人增长到了 2018 年的 368 人。

　　肯尼亚建有肯尼亚卫生培训学院，主要针对医疗卫生从业人员开展培训。2017 年中级水平的医学毕业生数量达 10869 人，比 2016 年的 8965 人增长了 21.2%，其中 67.4% 的毕业生获得了大专学历，多数是社区医疗护理专业文凭。2018 年，医学专业本科生和研究生总量达 21209 人，其中本科生为 18691 人，研究生为 2518 人。

第七章

文　化

第一节　教育

一　简史

肯尼亚的学校教育最初由西方基督教传教士于 19 世纪引入，首所教会学校于 1846 年在蒙巴萨建立。建立教会学校的主要目的是使肯尼亚人皈依基督教。到 1930 年，肯尼亚全境约有 90 所教会学校，共有学生 8.5 万人。从 20 世纪 20 年代起，这些教会学校接受殖民政府资助并受其监督和进行某些改革，但教会保留独立管理权。同时，殖民政府也拨款办学。殖民政府采取歧视性的教育政策，欧洲人、亚洲人和非洲人接受不同的教育。欧洲人主要接受学历教育，而非洲人侧重职业技能培训，殖民政府希望培养一批具有一定教育水平的非洲人，以发展殖民经济和帮助酋长、头领等进行行政管理。出于对殖民教育政策的不满，非洲人也在建立自己的独立学校，1939 年肯尼亚建立了首所非洲人的教师学院，其目标是为独立学校培训教师。二战后，肯尼亚学校教育（主要是小学）发展相对较快。肯尼亚独立前共有小学 6000 多所，中学 150 所。此外，1961 年肯尼亚开办了第一所高等学校——内罗毕大学学院。总体上看，殖民时期，非洲人接受的主要是技能培训，而不是正规的学历教育。

肯尼亚独立后组建教育委员会，其职责是评估肯尼亚的教育资源和现状，并就制定全国性的教育政策向政府提出建议。肯尼亚教育委员会建议建立单一的教育制度,将小学教育免费作为重要目标,并鼓励和支持民间自办学校(主要是哈朗比中学)发展,以扩大中学招生规模。根据教育委员会的建议,肯尼亚政府废除了殖民时期的歧视性教育政策,采取单一的全国性教育政策,普遍实施英式的"7+4+2+3"教育制度,即7年制的小学教育、4年制的中学教育、2年制的高中教育和3~5年的大学教育。

20世纪70年代,肯尼亚政府通过免除小学教育的学费扩大招生规模,同时制定了一系列计划来提高教育质量以满足经济发展对人才的需要。1975年,肯尼亚建立全国教育目标与政策委员会,旨在对教育目标和政策进行评估与检验。根据该委员会的建议,肯尼亚政府延长了小学教育的年限,并组建基础教育部以贯彻和执行9年基础教育计划。1974年和1979年,肯尼亚政府先后宣布取消小学前4年和其后几年的学费,促使初等教育规模迅速扩大。小学生人数由1963年的89.1万人激增至1974年的273.4万人和1979年的369.7万人。由于人口增长过快和政府预算问题,20世纪80年代政府改行费用分担政策,小学入学率增速减慢。

20世纪80年代,莫伊总统执政后对肯尼亚教育制度进行重大改革,以美式的"8+4+4"教育制度取代"7+4+2+3"教育制度。所谓"8+4+4"教育制度,是指实行8年的小学教育、4年的中学教育和4年的大学教育。根据1981年麦凯委员会的建议,除了学制改革外,新的课程设置还强调技术与专业技能,使不同学制的毕业生除少部分人进一步深造外,其余大部分人能有更多的就业机会。1985年,肯尼亚议会通过《肯尼亚大学法》,设立高等教育委员会,同时认可私立大学的地位。莫伊总统曾在1988年指令各大学将招生人数由3000人增加到7000人,以加快高级人才的培养和满足更多青年对大学教育的需求。

20世纪80年代末,儿童受教育权得到越来越多国家的重视。1989年11月,联合国围绕儿童权利召开会议,强调每个儿童都拥有受教育权,应向所有人提供免费的小学教育。在此背景下,肯尼亚成立教育制度调查委员会,该委员会建议政府提供高质量的教育。2001年肯尼亚议会通过《肯尼亚儿童法》,明确规定儿童的受教育权,并强调提供教育是政府和家长的职责所在。肯尼亚政府从 2003 年开始正式实施免费义务小学教育。随着这一政策的实施，肯尼亚小学生的数量实现大幅增长，从 2003 年的 590 万人增长到 2007 年的 820 万人，在四年的时间内增长了近 40%；小学毕业后进入中学学习的学生比例也实现了大幅增长，由 2002 年的 41.7% 提高到了 2005 年的 60.0%。根据《肯尼亚 2030 年愿景》，教育部门的目标是建立具有全球竞争力的高质量教育、培训和研究，以促进经济可持续发展。

二 教育体制及教育现状

肯尼亚中央政府设有教育部，负责全国教育的行政管理。根据肯尼亚 2013 年第 2 号行政令，教育部主要负责教育政策管理、继续教育管理、早期儿童教育管理、教育标准和规范的制定、教育标准管理、全国考试和认证的管理、课程开发、确保教育质量、小学和中学教育机构的管理、教师教育和管理、学校管理和规划、基础教育和培训机构的登记注册、公立大学和高等教育机构管理、技术培训机构的管理、全国职业院校的管理。

除教育部外，肯尼亚还有一批附属于教育部的半独立性质的机构，这些机构也在不同方面承担着与教育相关的某些职能。例如，肯尼亚课程开发研究所主要承担着教育研究以及除大学之外其他各年级课程与课外资料开发的监督工作，通过对教科书及相关辅导材料的评估，确保教育和培训课程的质量；肯尼亚全国考试委员会主要负责小学、中学和大学阶段考试的管理；肯尼亚教育管理研究所主要负责教育行政管理人员的能力建设，为教学机构的管理人员提供培训；大学教育委员会（CUE）主要负责促进大学教育目标的实现，就与大学教育相关的政策向教育部长提出建议，确定大学教育质量的相关标准，监督和评估大学教育制度的现状等。此外，还有全国科技创新委员会、肯尼亚特殊教育委员会、教师服务委员会、乔莫·肯雅塔基金会、肯尼亚联合国教科文组织全国委员会等机构。

肯尼亚各级教育情况如下。

学前教育 1979 年肯尼亚政府将学前（3～6 岁儿童）教育纳入国家教育系统。包括将幼儿园在内的教育机构统称为"学前学校"。教育部负责协调管理学前教育。为执行学前教育规划，肯尼亚设有"全国幼儿教育中心"和"地区幼儿教育中心"网络。全国幼教中心隶属于肯尼亚教育学院，主要负责为地区幼教中心培训干部，制定幼教课程和教师培训大纲，承担研究项目和咨询服务。地区幼教中心负责本地区幼儿教师的在职培训，编写适合本地区的幼儿教材并进行指导，承担有关幼教的专项研究。

2005 年肯尼亚政府专门发布文件，强调将幼儿营养和健康融入早期幼儿发展教育计划的重要性。2006 年，肯尼亚教育部与其他利益攸关方合作制定了肯尼亚首份《全国早期幼儿发展政策框架》。这一政策框架明确了涉及学前教育的各机构职责，提出到 2030 年肯尼亚所有幼儿都能获得高质量的早期发展和学前教育，从而为进入小学学习奠定基础。2009 年，肯尼亚出台《全国学校健康政策》，强调要为早期幼儿发展教育提供营养和健康。2010 年的《全国幼儿政策》和《全国幼儿行动计划(2015～2022 年)》，进一步明确了不同利益攸关方在提供幼儿服务方面的角色，强调要使所有幼儿都获得平等、包容和高质量的学前教育。

政府各项政策的出台和实施扩大了学前教育的规模，学前教育的入学人数从 2012 年的 271 万人增长到 2016 年的 320 万人，学前教育的入学率从 2012 年的 69.4% 增长到 2016 年的 76.6%。学前教育教师的总人数从 2013 年的 101062 人增长到 2015 年的 107187 人。接受培训的学前教育教师的人数从 2013 年的 83814 人增长到 2016 年的 97717 人，增幅达 16.6%。

初等教育（小学教育） 肯尼亚独立后小学教育的学制和课程曾有几次变动。20 世纪 80 年代后，肯尼亚的小学学制由 7 年改为 8 年。小学教育共分为低（标准 1～3 年级）、中（标准 4～5 年级）、高（标准 6～8 年级）三个阶段。小学阶段教育结束时，小学生需要参加由肯尼亚全国考试委员会组织的"肯尼亚初等教育证书"（KCPE）考试。这一考试既是对小学毕业的一种证明，也是对小学结业时学习成绩的区分，在考试中表现良好的学生可以进入全国性的中学进行学习。肯尼亚小学教育适用全国统一的课程，主要包括英语、斯瓦希里语、本地语言、数学、科学、社会学、宗教教育、美术与手工、体育和生活技能。考试共分为五门：斯瓦希里语、英语、数学、科学和农学以及社会学。正常情况下，小学入学年龄为 6 岁，毕业年龄为 14 岁。

从 2003 年开始，肯尼亚实施免费的小学义务教育，小学生的规模不断扩大。小学入学人数从 2008 年的 870 万人增长到了 2020 年的 1017.01 万人，其中有 497.87 万人为女生，519.14 万人为男生。小学毕业生的比例从 2008 年的 79.8% 提高到了 2020 年的 94.6%，从小学到中学的升学率则由 2008 年的 64.1% 提高到了 2020 年的 91%。小学教育机构的数量也随之增加，从 2008 年的 26206 所增长到了 2020 年的 32437 所。在提高非正式定居点和边远地区基础教育水平方面，非正式教育扮演着重要角色。2010 年，肯尼亚全境注册有 392 所提供基础教育和培训的非正式教育机构，其中大多数集中在内罗毕。

中等教育 肯尼亚中学教育学制为 4 年，共分 2 个阶段完成，每个阶段时间为 2 年，大部分学生从 14 岁开始中学阶段的学习。中学阶段的课程由五类科目组成：英语、数学和斯瓦希里语，生物、物理、化学、体育教育和科学，历史和政治、地理、基督教、伊斯兰教、社会伦理、印度伊斯兰教，家政学、艺术设计、农业、木工、金属制造、建筑、电力机械、电力、绘画设计、航空技术等，法语、德语、阿拉伯语、音乐、商务、经济、打字与办公实践等。其中，第一类科目是所有学生的必修课程，同时必须在第二类科目中选择至少 2 门课程作为必修课，其他类的科目则可以作为选修课程。在中学第四年期末时，学生要参加"肯尼亚中等教育证书"（KCSE）考试，根据成绩的高低可以选择进入大学还是职业技术院校学习。

肯尼亚中学大体分为四类。（1）公立中学，这类学校由政府提供经费并进行管理，占中学总数的大约 1/4。（2）公款补助中学，这类学校由社会组织或宗教团体兴办，政府在师资和经费上给予帮助，其中有些学校的全体教师都属政府雇员，有些则只有 1 名——通常是校长——由政府发薪，这些学校数量占中学总数的一半以上。（3）民办自助中学或称"哈朗比中学"，这类学校由社区居民自建校舍和集资兴办。由于政府提倡"哈朗比"精神，独立之初这类学校发展很快，20世纪70年代初其数量曾占中学总数的一半以上。但这类学校在师资和教学设备等方面不如公立学校，不仅学费贵，而且教学质量较差。（4）私立中学，由私人开办，通常以营利为目的。

根据《肯尼亚教育和科技部战略规划（2013～2017年）》数据，肯尼亚中学的数量由2008年的6566所增加到了2012年的8197所，中学入学人数由2008年的1335907人增长到了2013年的2023334人。中学的纯入学率由2005年的20.5%提高到了2012年的33.1%，但这一比例依然较低。根据肯尼亚国家统计局数据，截至2020年3月，肯尼亚中学的数量为10413所，其中公立中学9112所，私立中学1301所；中学入学人数为352.04万人。肯尼亚中等教育存在地区发展不平衡和性别不平等的问题。

高等教育 肯尼亚独立时仅有一所构成东非大学一部分的内罗毕大学学院（另外两个是乌干达的麦克雷雷学院和坦噶尼喀的达累斯萨拉姆学院）。1970年东非大学解散，肯尼亚正式成立内罗毕大学及从属于它的肯雅塔大学学院。之后，高等教育有很大发展。20世纪90年代末，肯尼亚全国拥有6所公立大学、13所私立大学（大多是外国大学附设在肯尼亚的学院）、29所师范学院、1所特殊教育学院和4所理工专科学院。截至2020年，经肯尼亚大学教育委员会批准设立的大学机构数量共计74所，其中包括31所公立大学、6所公立的附属学院，18所私立大学、6所私立的附属学院，13所具有临时牌照的机构。随着大学数量的增加，大学的招生规模也在不断扩大，大学招录的学生数量从2009～2010学年的177735人（其中包括公立大学144181人和私立大学33554人）增长到2011～2012学年的361147人（其中包括公立大学271143人和私立大学的90004人）。2020～2021学年，大学招录的学生数量达546699人。

肯尼亚主要公立大学的情况如下。

（1）内罗毕大学。内罗毕大学的前身是成立于1956年的皇家技术学院，1961年改称内罗毕皇家学院，成为东非地区第二所大学学院，并与伦敦大学维持着特殊关系。1964 年 5 月 20 日，内罗毕皇家学院更名为内罗毕大学学院，作为东非大学的附属学院，其招录的学生取得的是东非大学的学位。1970 年，内罗毕大学学院转变成肯尼亚首个国立大学并更名为内罗毕大学。自 1970 年以来，内罗毕大学取得诸多创新，促进了自身和肯尼亚国家的发展。内罗毕大学拥有 84000 名学生，1500 名教学人员和 3500 名行政技术人员，10 个校区，其中 7 个校区在首都内罗毕，下设农业学院、艺术学院、工程学院、教育学院、卫生科学学院、社会科学学院、商务与管理科学学院、法学院等 11 个学院。

（2）莫伊大学。莫伊大学成立于 1984 年，是肯尼亚第二所公立大学，也是一所理工类院校。自建校以来，莫伊大学取得了巨大的发展成就，其所建立的诸多附属学院已升级为大学，如马塞诺大学、马辛德·穆里罗科技大学、马赛马拉大学等。莫伊大学设有科学学院、教育学院、艺术与社会科学学院、商业与经济学院、农业与自然资源学院、信息科学学院、人力资源开发学院、工程学院、医学学院、公共卫生学院、护理学院、牙科学院、法律学院、旅游学院、酒店与活动管理学院、航空航天学院、生物与物理科学学院、农业科学学院等。近年来，为整合资源，莫伊大学重建了研究生院，将原来在人力资源开发学院下的一些科研项目转移到了信息科学学院和商业与经济学院之下，而人力资源开发学院则转变成了创业与发展研究所。莫伊大学的学生数量从 1984 年的 83 人增长到 2021年的 3 万多人，有教职工 3000 余人。莫伊大学目前的研究资金规模达 18亿肯先令，其医学院的研究开支在肯尼亚 8 所公立医学院中排第二位。

（3）肯雅塔大学。肯雅塔大学建于 1985 年，前身是内罗毕大学肯雅塔（教育）学院，现已发展为一所综合性大学。肯雅塔大学下设农业与企业发展学院，建筑与建筑环境学院，商学院，创意与表演艺术、电影与媒体研究学院，虚拟与开放学习数字学院，经济学院，工程与技术学院，环境研究学院，教育学院，酒店旅游与休闲研究学院，人文与社会科学学院，法学院，医学院，护理学院，药学院，公共卫生与应用人文科学学院，安全、外交与和平研究学院，应用科学学院等近 20 个学院。

（4）埃杰顿大学。埃杰顿大学的前身是英国人在 1939 年建立的农业学校，1950 年学校升级为埃杰顿农业学院，并开始提供学历教育。1986 年埃杰顿农业学院成为内罗毕大学的附属学院，后在 1987 年根据议会法案升级为埃杰顿大学。埃杰顿大学拥有 3 个校区和 1 个校区学院。其中，农业学院、艺术与社会科学学院、教育与社区研究学院、工程与技术学院、环境与资源开发学院、科学与兽医学院等在主校区。自建校以来，曾附属于埃杰顿大学的一些学院已经升级为大学，如楚卡大学、基西大学、莱基皮亚大学。此外，埃杰顿大学还建立了一系列研究机构，如妇女、性别与发展研究所等。埃杰顿大学有在校生 19000 人，教学人员 514 人，非教学员工 1441 人，每年毕业的学生超过 3000 人。

（5）肯雅塔农业技术大学。肯雅塔农业技术大学的前身是在日本援助下成立于 1981 年的肯雅塔农业技术学院。1988 年 9 月，根据《肯雅塔大学法案》，肯雅塔农业技术学院成为肯雅塔大学的一个附属学院，并更名为肯雅塔大学农业技术学院。1994 年，根据《肯雅塔农业技术大学法案》，学院升级为独立的肯雅塔农业技术大学。1999 年，日本结束与肯雅塔农业技术大学的技术合作，并将其移交给肯尼亚政府。学校设有卫生科学、工程技术、应用科学、农业与自然资源、人力资源与发展五个学部。

（6）马塞诺大学。马塞诺大学始建于 1991 年，是世界上唯一沿赤道而建的学校。马塞诺大学的前身是马塞诺政府培训研究所和希瑞巴教师培训学院合并而成立的马塞诺大学学院，最初是作为莫伊大学的附属学院而存在的，后在 2001 年升级为独立的大学。马塞诺大学设有艺术与社会科学学院、教育学院、生物与物理学院、公共卫生与社区发展学院、环境与地球科学学院、发展与战略研究学院、商业与经济学院、医学院、农业与粮食安全学院、数学与精算科学学院、计算机与信息学院、规划与建筑学院、性别研究所等，拥有学生数量达 21000 人。

大学教育委员会是肯尼亚大学教育的政府管理机构，该机构根据 2012 年《大学法》而建立。大学教育委员会负责确保大学教育、培训和研究等方面的标准和质量。所有大学机构都须经过大学教育委员会的批准才能运行，与肯尼亚相关机构合作开展大学教育的国外大学也需要向肯尼亚大学教育委员会申请。对国外大学提供的学位资格,肯尼亚大学教育委员会提供认证服务。

2018 年,肯尼亚政府颁布了新的五年教育规划,针对高等教育提出如下优先发展目标:将大学教育的入学率由 7% 提高到 15%;提高培训和研究的质量与相关性;使加入"科学、技术、工程和数学"(STEM)计划的学生人数增加 60%;为学术研究人员创造机会攻读博士学位,提高教学能力;建立肯尼亚开放大学,利用网络扩大教育的覆盖率;增强大学教育的平等性和包容性;加强大学教育的治理和管理。

职业技术教育 受殖民地时期教育的影响,肯尼亚独立初年较重视普通文化教育而轻视职业技术教育。20 世纪 70 年代初,政府认识到这种教育制度使许多毕业生缺乏可施展的技术,不适应社会工作的需要。之后即加强了中小学校的技术和职业教育,目的是使学生学到实践技能和知识,以便使他们在不能升学时具有谋生的本领。同时,政府在多所中高级技术院校(如内罗毕、蒙巴萨、埃多雷特的理工专科学院以及肯雅塔农业技术学院和肯尼亚技术师范学院等)培训中高级技术人才,以适应农业、医药、兽医、林业、合作社、航空、文秘、餐饮、通信等行业发展的需要。学制为 2 ~ 5 年不等。在上述 5 所高等技术学院完成有关课程的学员获得普通技术教育文凭、技术教育文凭和高级技术教育文凭。

根据肯尼亚教育、科学与技术部《全国教育部门战略规划(2018 ~ 2022 年)》的数据,肯尼亚登记注册的职业技术培训机构的数量从 2013 年的 700 所增长到了 2018 年的 1300 所,职业技术培训机构招录的学生数量从 2013 年的 148009 人增长到了 2018 年的 363884 人。2008 ~ 2013 年,肯尼亚新建了 13 所公立的职业技术培训机构,同时通过向职业技术培训机构提供设备建设了一批人才中心。其间,肯尼亚政府根据"经济刺激计划",投入 21 亿肯先令,在 48 所职业技术培训机构建设了一批新的实验室和会议室。

2013 年,根据《技术与职业教育培训法案》,肯尼亚建立技术与职业教育培训局,负责对肯尼亚全国的培训工作进行管理和协调,对培训机构进行登记注册、发放执照和监督，对相关的培训课程和规划进行授权和监督，制定全国技术和职业培训的目标，确保培训的质量等。肯尼亚技术与职业教育培训机构主要包括全国理工专科学院、技术培训机构、职业培训中心以及技术培训学院等。

成人继续教育 开展成人继续教育的主要目的是在成人和青年中扫除文盲并推广斯瓦希里语。长期负责这项工作的是政府前文化和社会服务部成人教育司。过去，不少民间机构尤其是教会也从事扫盲活动，但成效不大。1979 年后政府实施大规模扫盲行动。到 1988 年，全国参加过扫盲班的成人超过了 200 万人。一些高等教育机构也开展远程教育、成人教育等。例如，内罗毕大学设有继续与远程教育学院，学院的招生人数从 1990 年的 1000 人增长到了 2013 年的 10000 人，每年毕业人数从 2005 年的 845 人增长到了 2012 年的 3929 人。截至 2010 年，15～24 岁的青年人识字率为 94.4%。尽管如此，45～49 岁的成人中依然有 49% 的人不识字。根据肯尼亚国家统计局数据，成人教育的招生人数由 2018 年的 21.2 万人下降到了 2020 年的 18.0 万人。从地区来看，内罗毕的招生人数最多，2020 年达 14655 人，拉穆的招生人数最少，2020 年仅 853 人。

三 师资力量

随着学校数量的不断增加和招生规模的持续扩大，各类教育机构对教师的需求不断增长，肯尼亚政府采取多种举措加大对教师的培训和招录力度。在教师培训方面，肯尼亚教师培训学院的数量从 2008 年的 132 所增长到了 2012 年的 246 所。肯尼亚教师服务委员会（TSC）负责教师的登记注册和招录，该委员会最初隶属于教育部，2010 年新宪法修订后成为独立机构。教师服务委员会除负责教师的登记注册外，还需对教育标准和教师培训进行规划，对教师职业进行管理，对教师的供应与需求进行评估，并就与教师职业相关的事务向政府提供咨询。根据教师服务委员会的统计，2014～2018 年，新招录的教师总数达 28843 人（见表 7－1）。截至 2018 年 6 月，在教师服务委员会登记注册的教师数量达 317069 人，其中初等教育机构教师的数量达 217291 人，中高等教育机构教师的数量达 99778 人。

表 7 – 1　2014～2018 年肯尼亚新招录教师的数量

单位：人

年份	初等教育机构	中高等教育机构	合计
2014	2479	2521	5000
2015	2481	2662	5143
2016	1225	3775	5000
2017	2205	2795	5000
2018	—	8700	8700
总计	8390	20453	28843

注：为促进实现小学升中学比例达到 100% 的目标，2018 年教师服务委员会招录了 8700 名中高等教育机构教师。这是政府政策在教师招录方面的一个重要变化，即教师资源的再分配开始向中学教师倾斜。

资料来源：肯尼亚教师服务委员会（TSC）。

肯尼亚政府认识到，投资高质量教育、提高劳动力技能和壮大人才队伍，是促进经济持续发展的关键。提高教育质量的一个重要方面是扩大师资规模，提高教师的教学水平。《肯尼亚 2030 年愿景》中设定的目标是，将教师与学生的比由 1∶47 变为 1∶40。根据肯尼亚教师服务委员会"战略规划（2019～2023 年）"，之后五年肯尼亚将投入 1145 亿肯先令，计划招录 95000 名教师，同时每年招录 20000 名实习教师。尽管如此，肯尼亚的师资力量依然不足，难以与不断增长的学生数量相匹配。截至 2018 年 6 月 30 日，各类教育机构教师的缺口为 96345 人，其中初等教育机构的教师缺口为 38054 人，中高等教育机构的教师缺口为 58291 人。

四　教育国际交流

肯尼亚积极参加非洲地区的教育合作。肯尼亚是非洲课程组织培训中心之一，也是非洲社会科学计划组织秘书处所在地。肯尼亚还参加非洲理科教育计划组织。作为东非共同体的成员国，肯尼亚积极参加该组织有关教育的国际交流活动。例如，2010 年东非共同体召开涵盖教育、科学、技术、文化和体育的第九届部门委员会会议，并批准《协调东非教育制度和培训课程区域报告》；2011 年成员国组建技术委员会以领导执行进程，并使执行的关键建议具体化。肯尼亚积极参与地区层面教育制度的协调与整合。

根据联合国教科文组织数据，截至 2019 年，肯尼亚在海外学习的学生数量达 14012 人，肯尼亚学生的主要留学目的地是美国（3122 人）、澳大利亚（2422 人）、英国（2173 人）、南非（1091 人）。肯尼亚招收的国外留学生有 4782 人。据美国知名国际教育新闻网站 The PIE News 在 2019 年 6 月 5 日的报道，肯尼亚国家资格认证局（Kenya National Qualifications Authority）计划制定一项政策，以吸引国际留学生，其目标是此后五年将肯尼亚国际留学生的数量从 5000 人增加到 30000 人。这一政策旨在通过吸引索马里、南苏丹、坦桑尼亚等邻国的学生，将肯尼亚打造为区域高等教育中心。

第二节　科学技术

历史上，英国殖民政府曾在肯尼亚建立一批科学研究机构，集中在农业和医疗卫生领域，为独立后肯尼亚科技发展奠定了一定的基础。例如，1903 年建立的斯科特农业实验室（Scott Agricultural Laboratories）、1908 年建立的咖啡研究服务局（Coffee Research Services）、1910 年建立的兽医研究实验室和 1958 年建立的医学研究实验室等。1963 年独立后，肯尼亚政府相继建立一系列研究机构，包括在大学设立研究所等，寻求运用科学技术促进自身经济发展。1977 年，肯尼亚颁布《科学技术法》，旨在为科技研发活动提供法律保障。根据这一法案，肯尼亚建立国家科学技术委员会（NCST）。作为半独立性机构，肯尼亚国家科学技术委员会旨在围绕研究、科学和技术等相关问题向政府提供咨询服务，管理和协调相关科研项目，推动开展研发和科技创新活动。随着《科学技术法》的实施，肯尼亚涌现一批科研机构，以服务农业、林业、渔业、卫生、海洋、工业等不同领域的科技创新和发展。例如，1983 年，肯尼亚政府建立了国家科学院，同时先后设立涉及各重要经济部门的研究所，如农业研究所、医学研究所、锥虫病研究所、工业与发展研究所、海洋生物与渔业研究所、森林研究所。这些研究所不仅从事研究工作,还与高等院校合作参与培训计划,负有将研究成果向各经济部门和社会推广的责任。

进入 21 世纪,肯尼亚政府更加重视科技创新在经济发展中的作用。2007 年肯尼亚政府颁布的《肯尼亚 2030 年愿景》将科学技术与创新作为经济、社会和政治三大支柱领域实现发展的关键基础。该愿景强调,要通过科学技术创新提高肯尼亚的生产力和生产效率,将肯尼亚打造成为知识型经济体和新兴工业化国家。根据世界经济论坛全球竞争力指数,从创新能力的角度看,2011 年肯尼亚的排名为第 52 位,接近金砖国家的平均水平;2007 年,肯尼亚研发投入占 GDP 的比重为 0.48%,相当于金砖国家平均水平的一半。近年来,肯尼亚的创新能力起伏不定,由 2013 年的第 46 名提高到了 2017 年的第 37 名,但 2019 年又下降至第 78 名。

肯尼亚科技创新领域的管理机构主要包括:(1)负责科学技术与创新的中央政府机构,如教育部下设研究与科技局,负责制定全国性的科学技术与创新政策,通过各种政府机构监督科学技术与创新政策的执行,引领科学技术创新领域的双多边合作,就全国和郡县政府的科学技术与创新服务进行协调;(2)国家科学技术与创新委员会(NACOSTI),该机构根据 2013 年《科学技术创新法》而建立,其主要职责是对科学技术创新部门进行管理,确保科学技术发展质量,就科学技术创新问题向政府提供咨询和建议;(3)国家创新管理局(KENIA),其职责是制定和管理肯尼亚的创新制度,并通过设在郡县层面的分支机构来执行相关制度;(4)国家研究基金(NRF),该基金是根据 2013 年《科学技术创新法》而建立,其使命是募集和管理资金,以促进知识生产和科技创新。这些政府机构通过与私营企业、学术机构、科研院所等合作,推动肯尼亚经济由要素驱动向创新驱动转型。

自《肯尼亚 2030 年愿景》颁布以来,肯尼亚政府每五年会制定一个中期计划,旨在通过相关政策的实施,到 2030 年将自身打造成为一个具有全球竞争力的新兴工业化国家和中等收入国家。肯尼亚国家科学技术创新委员会也会制定相应的战略规划,以促进科技创新活动。目前,肯尼亚国家科学技术创新委员会正在实施第三个五年战略规划，即"战略规划（2018～2022年）"。根据肯尼亚教育部颁布的《科学技术创新政策》，肯尼亚将通过以下几个方面政策的实施来促进科技发展：（1）加强科技创新领域的法律和制度框架建设；（2）政府每年分配占GDP 2%的资金用于研发，同时与企业、科研机构等密切协调，推动其加大对科技和研发活动的投入；（3）在科技创新优先领域建设一支关键的人力资源队伍；（4）提高教育、培训和研究的质量，促进知识型经济发展；（5）发展科技创新基础设施，支持优先领域的相关规划；（6）政府为科学家、研究人员和创新人员获得知识产权提供便利；（7）推动知识和创新观念的发展、扩散和转移；（8）加强中介组织的支持能力；（9）挖掘本土资源和传统知识的潜力，促进国家经济发展；（10）建立一套全面的科技创新表现管理框架，将科研项目成果与影响联系起来；（11）加大对科学技术的宣传力度，提高全社会的科技创新意识。

在科学技术双多边交流与合作领域，肯尼亚是诸多科学技术领域国际条约的签署国和国际制度的成员国，如以维护生物安全和多样性为目的的《卡塔赫纳生物安全议定书》，关于和平利用核能的《全面禁止核试验条约》《核材料实物保护公约》《非洲无核武器区条约》《核不扩散条约》《非洲核科学技术研究、开发和培训区域合作协定》等，关于太空科学的《外层空间条约》等。肯尼亚是执行《非洲科学技术创新行动计划》的关键领导者和参与者。2009～2010年，肯尼亚担任非洲部长级科学技术委员会（AMCOST）的主席。齐贝吉执政时期，肯尼亚主持召开首届非洲科学技术创新论坛，以促进青年就业、人力资本开发和经济包容性增长。肯尼亚还与非洲发展新伙伴计划科学技术办公室发布"非洲科学技术创新指数"（ASTII），此举可使肯尼亚利用非洲科学技术创新指数指南衡量自身科学技术创新部门的发展。肯尼亚积极参与联合国各种科技机构的活动，如联合国科学技术发展基金会、国际原子能机构、联合国教科文组织等的活动。不少国际和地区性科技机构总部设在肯尼亚首都内罗毕，如联合国环境规划署（UNEP）、国际家畜疾病研究实验室（ILRAD）、国际昆虫生理与生态中心（ICIPE）、联合国教科文组织等。

第三节　文学艺术

一　文学

肯尼亚文学包括口头文学和书面文学两类。历史上，肯尼亚并没有书写文化，因此口头文学便成了文学的主要形式。口头文学或者口头叙事在肯尼亚社会生活中占有重要地位。肯尼亚文学深受口述文化和社会生活的影响。口头文学主要包括四种类型，即谜语、谚语、诗歌和叙事。在某些情况下，谜语和谚语被合并成双关语、成语、委婉语、绕口令等的简短形式。许多民间故事涉及动物以及日常生活的精神活动，同时还有一些战争故事宣扬战士的勇猛。这些故事代代相传，往往以诗歌的形式广泛流传。

历史上，肯尼亚的口头文学只是作为学术研究的背景材料被使用，直到 1968 年内罗毕大学的一些教授要求从根本上改变当时的英语教学大纲，这一形势才有所改变。他们建议，口头文学应当成为文学研究的核心。这一建议在 1974 年的文学与语言教师国际会议上被采纳。20 世纪 70 年代末，口头文学被引入了肯尼亚学校的教学大纲，并于 1982 年首次参加了A 级课程考试。作为大学教学大纲的一部分，学生们定期进行实地调研，收集社区的口述文献，以便进行评估和存档。

对于肯尼亚的口头文学，一些有识之士做了有益的工作，出版了一些著作（英文），如 G. 巴拉（G. Barra）编《吉库尤谚语一千条》（*1000 Gikuyu Proverbs*）、N. 恩朱鲁里（N. Njururi）编《吉库尤谚语》（*Gikuyu Proverbs*）、姆巴布（Ireri Mbaabu）编《梅鲁语谚语、习语和诗歌》（*Proverbs*，*Idioms and Poetry in Kimberu*）、梅纳瓦·肯尼亚蒂（Mainawa Kinyatti）编《丛山中的雷声：茅茅爱国歌声》（*Thunder from the Mountains*：*Mau Mau Patriotic Songs*）、伊·万吉库（Mukabi Irenti Wanjiku）编《口头艺术家》（*The Oral Artist*）、卡·万吉库（Mukabi Kabira Wanjiku）与卡·穆塔希（Karega Mutahi）著《吉库尤口头文学》（*Gikuyu Oral Literature*）、姆瓦尼基（H. S. K. Mwaniki）编《恩布传统民间

歌舞》（*Categories and Substance of Embu Traditional Folk Songs and Dances*）。

书面文学主要指形成文字的小说、诗篇等，这在肯尼亚独立前基本上是空白，仅有少数学生在英文校刊上发表过一些作品。独立后，肯尼亚政府为促进文学事业发展，接管了肯尼亚文献（出版）局，并设立"乔莫·肯雅塔文学奖"，用以奖励肯尼亚公民用英文或斯瓦希里语写的优秀小说。当代肯尼亚文学广泛吸收了传统的口头文学和西方的文学传统。

在肯尼亚文坛比较知名的作家及其作品如下。

（1）恩古齐·瓦·提安哥（Ngugi Wa Thiong'o），他是肯尼亚文学的代表人物，也是非洲文坛的重要人物。恩古齐曾在乌干达和英国学习，他出版的第一部小说是1964年用英文写就的《孩子，别哭》（*Weep Not, Child*），这是"东非人写的第一部英文小说"。他的其他作品还有《一粒麦种》《血的花瓣》《黑色隐士》《秘密生活》等。恩古齐还坚持使用吉库尤语和斯瓦希里语写作。他认为，"要回到肯尼亚人民的语言、文化和英雄史中，迎接挑战，帮助创造肯尼亚人的爱国民族文学和文化，而这将使外国人羡慕，使肯尼亚人感到骄傲"。

（2）宾雅万加·瓦伊纳伊纳（Binyavanga Wainaina），他的作品因讽刺西方对非洲的认知而闻名。主要作品有《总有一天我会写这个地方》《如何书写非洲》，其中后者对西方作品对非洲的描述进行了讽刺，称"在西方作品中，把非洲当作一个国家对待"。瓦伊纳伊纳在肯尼亚和东非文坛特别是年轻一代作家中深具影响。

（3）格蕾丝·奥戈（Grace Ogot），她是肯尼亚作家协会的创始成员，也是第一位用英语出版作品的非洲女作家。奥戈出生于1930年，20世纪60年代初出版了首部短篇小说，1966年出版了首部长篇小说《应许之地》。这部小说讲述了一个年轻的农民和他的妻子从肯尼亚移民到坦桑尼亚并卷入部落冲突的故事。她的其他作品还有《无雷土地》《另一个女人》《泪岛》。

（4）穆托尼·加兰（Muthoni Garland），她因《在内罗毕与邓多里之间》和《追踪母亲的气味》两部作品而闻名，其中后者在2006年入围凯恩非洲文学奖。加兰是位于内罗毕的出版社斯托里莫贾（Story Moja）的创始成员，她出版的主要著作是短篇小说集《直升机甲虫》。

（5）伊冯·阿迪安博·欧沃尔（Yvonne Adhiambo Owuor），她在 2003 年因《窃窃私语的重量》（*Weight of Whispers*）这部作品而赢得凯恩非洲文学奖。小说讲述了一位卢旺达贵族在 1994 年种族屠杀后逃亡肯尼亚的故事。她的小说《尘埃》时间跨越肯尼亚近代史，深刻描绘了地区冲突和殖民主义对一个民族及个人认同的持续影响。此外，她还出版有大量短篇小说。

（6）梅贾·姆旺吉（Meja Mwangi），他在 20 世纪 70 年代开始出版作品，是一名高产作家。他在 20 世纪 70 年代写就的一些小说，如《死亡的滋味》《猎狗尸体》，悲剧性地描绘了肯尼亚人在吉库尤高地对英国的抵抗运动；而《快杀了我》《顺流而下》《蟑螂舞》则描述了肯尼亚的持续贫困以及民众生活的艰难。

（7）弗朗西斯·D. 恩布加（Francis D. Imbuga），他是一位剧作家和文学学者，一生都在研究现代性对非洲社会的侵蚀性影响。恩布加的作品通常是关于文学研究的主题，他最有名的作品是《阿米纳塔》（*Aminata*）和《城市中的背叛》（*Betrayal in the City*），这两部作品都聚焦于后殖民时代肯尼亚的权力结构，并且将传统的等级制度和女性观念与新形式的权力和支配关系联系起来。他还出版了小说《里梅拉奇迹》（*Miracle of Remera*），介绍了艾滋病及其对非洲社会的灾难性影响。恩布加在肯雅塔大学教授文学，于 2012 年去世。

（8）马乔里·奥尔德赫·麦戈耶（Marjorie Oludhe Macgoye），她于 1928 年出生于英国，1954 年作为传教士来到肯尼亚，后成为一名作家并一直生活在肯尼亚。她是一名非常多产的作家，既著有很多小说，也有大量诗歌，其中最有名的作品是《出生》（*Coming to Birth*），讲述了一位年轻妇女在国家摆脱殖民主义取得独立的背景下实现成长的故事。麦戈耶于 1986 年被授予辛克莱奖。

（9）玛格丽特·奥戈拉（Margaret Ogola），她既是一名作家，也是一名医生。奥戈拉在 1994 年出版了她的首部小说《河流与源头》（*The River and the Source*），讲述了传统卢奥人社会三代女性的故事，并将社会的变化与置于其中的女性地位的变化联系起来。《河流与源头》这部作品被授予多个奖项，包括乔莫·肯雅塔文学奖、英联邦作家奖"非洲地区最佳的第一本书"。奥戈拉后来写了续篇《我对阿波罗发誓》（*I Swear by Apollo*），描述了肯尼亚社会中艾滋病孤儿的生活。她于 2011 年去世，年仅 53 岁。

（10）莉莉·马布拉（Lily Mabura），她因短篇小说集《我们该如何杀死主教》而闻名，这部作品入围 2010 年凯恩非洲文学奖。马布拉还出版了一部小说《比勒陀利亚阴谋》，该作品被授予"全国图书周最佳第一部小说文学奖"。

二　戏剧与影视

1. 戏剧

肯尼亚戏剧事业是独立后才发展起来的。肯尼亚戏剧大体可分为两类：传统戏剧和现代戏剧。传统戏剧是指各部族用本族语言编演和长期流传下来的戏剧，一般在各地组织的文化节上演。现代戏剧是指欧式话剧或歌剧，台词用英语或民族语言（以斯瓦希里语和吉库尤语居多），通常由专业或业余剧团在室内剧场演出。

独立前，肯尼亚的剧院以"小剧场"为主，其功能是为白人观众创造逃离现实的环境，以应对反殖民力量所带来的心理压力。反殖民力量则运用剧院作为动员反对殖民政权的手段。1952 年，殖民政府建立了文化中心，并在其中设立了国家剧院。很多剧团在国家剧院进行表演，以向当时在肯尼亚的英国士兵、白人定居者以及受过教育的肯尼亚资产阶级提供娱乐活动。除了传统戏剧外，肯尼亚本土的现代戏剧是在殖民教育体系内发展起来的。肯尼亚学校戏剧节上所表演的戏剧的套路、裁判以及标准等都是外来的。20 世纪 40 年代末，"内罗毕非洲戏剧社团"参加了由白人主导的"全国戏剧节"，由格雷厄姆·海斯洛普（Graham Hyslop）表演的《无罪》（*Not Guilty*）在戏剧节上获奖。独立后，越来越多的黑人学校剧团参加"全国戏剧节"，越来越多的非洲剧目在舞台上表演。

肯尼亚除一些大学（如肯雅塔大学、内罗毕大学、莫伊大学等）有自己的剧团外，较著名的专业剧团有凤凰剧团（Phoenix Players）、姆巴拉姆韦齐剧团（Mbalamwezi Players）、心弦歌舞剧团（Heartstrings）、创意艺术节剧团（The Festival of Creative Arts）等。近年来，心弦歌舞剧团和创意艺术节剧团上演的一些剧目深受观众喜爱。心弦歌舞剧团以喜剧表演为主，聚焦本土主题，使用通俗的口语化语言，能够比较真实地反映群众生活。其中比较有名的剧目有《肯尼亚人敢爱》《肯尼亚花花公子》《肯尼亚新闻》《肯尼亚式离婚》《善恶与肯尼亚人》等。平均票价在 500 肯先令左右。创意艺术节剧团由阿布托（Abuto Eliud）在 1991 年建立，最初的目的是向不属于任何一个特定群体的专业人士提供娱乐服务。创意艺术节剧团上演的第一部作品是音乐剧《迷人的舞台》。自创立以来，创意艺术节剧团上演了一批高质量的剧作，包括音乐剧、喜剧、戏剧等，如《女人的愤怒》《赤身裸体》等。

肯尼亚比较知名的剧院主要有内罗毕的肯尼亚国家剧院、杜诺万·莫尔剧院、凤凰剧院以及蒙巴萨的"小剧场俱乐部"等。其中，肯尼亚国家剧院最初于 20 世纪 50 年代建成，系国家文化中心的一部分。为庆祝独立 50 周年，肯尼亚政府与东非啤酒厂合作，耗资 1.5 亿肯先令对国家剧院进行了整修，拥有整个中东非地区最为先进的戏剧演出设备。肯尼亚国家剧院曾设立戏剧学院，培养了一批艺术家，如肯尼斯·沃特内（Kenneth Watene）、西戈·恩朱古（Sege Njugu）等。著名作家恩古齐的《德丹·基马蒂的审判》《需要时结婚》等剧作曾在肯尼亚国家剧院上演。

2013 年，乔治·奥利多（George Orido）创设萨那剧院奖（The Sanaa Theatre Awards），以对肯尼亚剧作和表演艺术领域的优秀人才进行表彰和奖励。剧作家约翰·奥库姆（John Sibi Okumu）、库尔迪普·桑迪（Kuldip Sondhi）等都获过该奖。自 2004 年姆巴拉姆韦齐剧院奖取消以来，萨那剧院奖成为肯尼亚专业戏剧领域唯一的奖项。2018 年共有 40 人获得萨那剧院奖，包括表演、导演、舞台工艺、喜剧、音乐等多个方面。

肯尼亚在每年的 1~4 月会举行"肯尼亚学校学院戏剧节"，每年有几百万名学生参与比赛，经过地方层面的选拔最终进入"国家戏剧节"参赛。"肯尼亚学校学院戏剧节"是非洲规模最大的戏剧教育交流活动，最初于 1959 年创办。肯尼亚教育部下设"国家戏剧节委员会"（KNDFC），以对这一节日活动进行管理。

2. 影视

在电影电视方面，20 世纪七八十年代肯尼亚的电影市场主要被影院主导，内罗毕、蒙巴萨等大城市影院播放的电影主要来自西方和印度。随着电视产业自由化改革以及购买电视机的家庭不断增多，选择去影院的观众有所减少，影院的发展也因此受到负面影响。20 世纪 90 年代末 21 世纪初，随着摄像机、磁带磁盘的广泛运用以及个体电影制作者的兴起，肯尼亚的影视产业也迎来巨大变化。自 2000 年以来，运用 DVD 技术制作的故事片不断增多，包括在肯尼亚比较流行的影视剧作《危险事件》（*Dangerous Affair*）、《项目爸爸》（*Project Daddy*）、《金钱与十字架》（*Money & The Cross*）、《女儿的代价》（*The Price of a Daughter*）等。不过肯尼亚本土拍摄制作的影视作品主要是纪录片，而不是电影。

根据肯尼亚电影委员会（The Kenya Film Commission）发布的报告《肯尼亚电影电视的经济贡献》，2011 年肯尼亚影视产业的总附加值大约为 741.3 亿肯先令，相当于 GDP 的 2.45%。电影电视产业的企业数量由 2005 年的 222 家增长到了 2011 年的 496 家，当年雇用的人数达到了 4898 人。2011 年国际影视制作商在肯尼亚共拍摄制作了 3 部故事片、12 部短片、24 部纪录片和 2 部电视剧。肯尼亚本地的影视制作者 2011 年共拍摄制作了 68 部本地电影产品、56 部纪录片和 12 部短片。截至 2011 年，肯尼亚共有 22 座剧院，可容纳 7000 人，同时还有 364 家有营业执照的非正式影院。

肯尼亚电影委员会于 2005 年设立，是肯尼亚信息技术通信部下属的国有企业，其使命是促进肯尼亚影视产业发展。肯尼亚电影委员会针对影视剧产业设立了"卡拉莎奖"（Kalasha Awards），同时还建立了"卡拉莎国际影视市场"（Kalasha International TV and Film Market），后者旨在为东非乃至国际社会的电台、电视以及电影产业的专业人员提供交流与合作的平台。

三 音乐与舞蹈

1. 音乐

肯尼亚是多民族国家,并因其特殊的地理位置,音乐表现出多样性和多源性的特征。肯尼亚许多游牧部落的传统民间音乐和福音音乐有着许多共同点。特别是讲马赛语的部落尤其如此。马赛族最有名的礼仪歌曲之一是《恩吉拉奇诺托》(*Engilakinoto*),人们一般会在成功捕猎到狮子后唱这首歌曲以示庆祝。这首歌吟唱时深沉而富有节奏感,同时有舞蹈相伴,猎手们跟着节奏通过向空中跳跃来展示力量。鼓的使用非常广泛,并在传统的民间音乐中扮演着重要角色。"鼓"(Ngoma) 这个词通常被用来描述传统的音乐形式和舞蹈。肯尼亚的坎巴人和楚卡人都有独特的击鼓风格,他们一般将长鼓夹在两腿中间,向前倾斜,进行敲击。除了鼓之外,其他的乐器,如芦笛和弦乐器等在传统民间音乐中也得到了使用和发展。其中,比较有名的是尼阿提提 (Nyatiti),类似于中世纪时期的里拉琴 (Lyre),这一乐器通常在肯尼亚西部地区演奏使用。尼阿提提弹奏声音柔和,通常由一人独奏,有时会有打击乐器或者钟声伴奏。阿尤布·奥加达 (Ayub Ogada) 是肯尼亚大师级的尼阿提提演奏家,具有国际影响力,他的第一张专辑《恩·玛阿纳·库奥尤》(*En Maana Kuoyo*) 是了解尼阿提提音乐的极好作品。

肯尼亚沿海地区的斯瓦希里文化见证了一种独特音乐的产生和发展,这一音乐形式被称为塔拉勃乐 (Taarab)。塔拉勃乐是将非洲的打击乐器元素与阿拉伯音律相结合所形成的音乐形式,在肯尼亚沿海地区非常流行并深受欢迎。传统的塔拉勃乐需要大量音乐家参与其中,并需配备阿拉伯乐器,如厄乌德琴等。现代塔拉勃乐继续演变发展,将印地语电影音乐以及邦拉 (bhangra) 中的一些音律和节奏融入其中。塔拉勃乐的核心是富有节奏感、充满诗意的斯瓦希里歌词。肯尼亚塔拉勃乐的代表人物是朱玛·巴罗 (Juma Balo)。

肯尼亚独立后,现代流行音乐开始发展。肯尼亚流行音乐深受南非爵士乐、津巴布韦吉他音乐以及西方流行音乐和刚果流行音乐中伦巴节奏的影响。在此背景下，肯尼亚发展起了一种新的混合音乐形式——"本加"（Benga）。卢奥人音乐家迪奥·米西亚尼（Do Misiani）、已故卢希亚人传奇人物道迪·齐巴卡（Daudi Kibaka）、吉库尤人歌手卡玛鲁（Kamaru）是"本加"音乐领域的知名人物。与此同时，基督教的兴起促进了福音音乐的普及，特别是合唱音乐。到 20 世纪七八十年代，肯尼亚内罗毕已成为非洲流行音乐家进行交流与合作的中心。各地音乐家在此聚首，促进了肯尼亚音乐的融合发展。

20 世纪 90 年代之后，西方流行音乐对肯尼亚音乐的影响越来越大，雷鬼（Reggae）、说唱、蓝调等逐步融入肯尼亚音乐。一批音乐家将肯尼亚的传统音乐元素与外部音乐相结合，创造出了一系列非常有趣的音乐。这方面比较知名的音乐家有约瑟夫·奥基迪（Joseph Ogidi）、贾德·亚多尼雅（Jahd Adonijah）、保罗·奥蒂诺·伊巴亚（Paul Otieno Imbaya）、埃里克·瓦伊纳伊纳（Eric Wainaina）等。说唱音乐在肯尼亚年轻人中越来越受欢迎，肯尼亚最有名的说唱歌手之一是波克西·普雷沙（Poxie Presha），他的专辑《全民谣》（Total Ballaa）非常受欢迎。雷鬼音乐也很流行，它将非洲的雷鬼与说唱加以混合。肯尼亚最著名的雷鬼艺术家之一是纳齐兹（Nazizi），她来自肯尼亚说唱乐队"必要的噪音"（Necessary Noize），也因独奏而闻名。随着西方乃至世界音乐形式的不断融合，许多肯尼亚的艺术家也在探索新的音乐风格和形式。梅西·迈拉（Mercy Myra）是肯尼亚最受欢迎的音乐家之一，他的音乐融合了传统和现代、非洲与西方的风格。越来越多样的乐器以及录音设备的发展都在不同程度上促进肯尼亚音乐的发展。

肯尼亚设有"全国音乐节"。2018 年 8 月，肯尼亚"全国音乐节"在德丹·基马蒂科技大学（Dedan Kimathi University of Science and Technology）举行，此次"全国音乐节"的主题是"提高民族凝聚力和一体化"，下设和平与和解、民族团结、四大议程、文化多样性等分议题。肯尼亚全国共有 27 个团队参与，乌胡鲁·肯雅塔总统出席并发表演讲，这显示出肯尼亚政府对发展音乐的重视。

2. 舞蹈

肯尼亚各民族都有自己的传统舞蹈。政府也视舞蹈为非洲传统文化的重要组成部分而给予支持。最著名的全国多民族舞蹈团是"肯尼亚博马斯"（Bomas of Kenya）。全国大中小学校和许多机构组织了自己的舞蹈团和歌舞团。在各地每年举行的文化节期间，传统舞蹈表演是不可或缺的节目。以下介绍几种比较知名的肯尼亚传统舞蹈。

（1）马赛人在庆祝一些传统节日时会跳一种被称为"阿杜木"（Adumu）的独特舞蹈。跳舞时，年轻的马赛男子会围成一个圈，他们会跟着歌曲的节奏跳跃，跳得越高越优雅，就对年轻女子越具有吸引力。（2）姆波科舞（Mwomboko）是肯尼亚吉库尤人中最常见的传统舞蹈之一。在一些历史纪念日场合，例如肯尼亚"自治日"，人们会跳这一舞蹈。姆波科舞一般由年长者来跳，以体现活动的重要性。这种舞蹈的主要动作是跺脚以及手臂富有节奏地摆动。跳舞时往往会使用长笛、打击乐器等进行伴奏。（3）伊希库提（Isikuti）是肯尼亚卢希亚族中的一些分支部落流行的舞蹈。伊希库提是一种节奏轻快、充满活力的舞蹈，男女都可以参与其中。这一舞蹈的动作特点是肩部和腰部剧烈晃动以及脚部有节奏地踩踏。人们一般会在一些比较重要的场合，如婚礼、葬礼等跳伊希库提。（4）查卡查（Chakacha）是肯尼亚沿海地带流行的一种斯瓦希里传统舞蹈。这种舞蹈通常由妇女来跳，传统上主要是在婚礼的场合进行表演，但现代的音乐家正将其融入他们的舞台表演当中。查卡查的主要动作特点是臀部的摆动，同时还会有鼓声相伴。（5）吉卢米（Kilumi）是肯尼亚坎巴人妇女表演的一种传统鼓乐舞蹈。这种舞蹈要配备两个吉卢米鼓，同时还需要主唱和两名以上的女歌手进行伴唱。一段完整的吉卢米舞大约可以持续半个小时。

肯尼亚舞蹈以传统非洲舞蹈为主。其特点是节奏感强、肢体快速颤动、以鼓声伴奏并常有众人伴唱，气氛热烈。近年来，国外的舞蹈也在不断传入肯尼亚，如印度舞、苏格兰舞、爱尔兰舞等。20世纪90年代初，西方的芭蕾舞也由一名叫吕贝卡·特拉杜里的英国女舞蹈教师传入肯尼亚。经过多年的传播，芭蕾舞在肯尼亚已有很好的基础。

四　美术

绘画和雕塑是肯尼亚的两大美术活动。其中尤以绘画吸引了不少从业者。内罗毕、蒙巴萨等城市开设有美术馆、艺术馆等，在展示艺术作品、弘扬艺术文化、培养艺术家等方面发挥着重要作用。肯尼亚比较知名的美术馆和艺术馆主要有内罗毕的什弗特耶美术馆（Shifteye Gallery）、内罗毕美术馆、香蕉山画院、高登艺术中心、库奥那信托艺术馆、One Off 现代美术馆、马布朗兹野生动物艺术馆和铸造厂、阿尔茨美术馆，蒙巴萨的迪安尼美术馆，基苏木的利特莱美术馆。肯尼亚青年画家经常会在以上美术馆展示其艺术作品。肯尼亚比较知名的画家主要有贾克·卡塔里卡维、萨尼·瓦杜、乔尔·奥斯瓦戈、詹姆斯·姆布蒂亚、契恩·穆汉迪、约翰·萨瓦拉、贾斯特斯·基阿洛。

贾克·卡塔里卡维专长于抽象和半抽象画，作品多以非洲农村生活为题材。他的主要作品有《夜之梦》《婚礼》《上帝保佑我们的动物》等。他曾作为肯尼亚代表之一参加了在伦敦举行的"千年世界艺术展"决赛。萨尼·瓦杜从 20 世纪 80 年代中期开始从事职业绘画，他并没有接受过专业训练，但是他因画作的创造力赢得了国际社会的青睐。瓦杜早期的画作以展示肯尼亚乡村的野生动物为主，后转向反映城市生活，逐渐成为抽象派画家。他的夫人也是画家，夫妇二人曾在欧美国家举办画展展示作品。契恩·穆汉迪以油画见长，他自 1989 年以来参加多次画展，包括由库奥那信托艺术馆组织的 Wasaani 国际美术画展，他还在德国多次展出其作品。贾斯特斯·基阿洛是肯尼亚现代抽象派画家，他的作品被很多机构收藏，如毕马威、可口可乐公司、世界银行等。他的作品在肯尼亚、非洲其他地区、美国以及西班牙、英国等欧洲国家被广泛展出。

肯尼亚绘画人才辈出，近年来在画展上不断有青年画家的精彩作品被展出。他们的作品描绘非洲各族人民富有特色的劳动和文化生活，还有以抗艾滋病、反贪污等社会政治活动为主题的具有现实意义的绘画。例如，出生于 1972 年的迈克尔·W. 索伊（Michael W. Soi），其作品风格独特，通常以轮廓色彩鲜艳为特点，并以对肯尼亚的社会和政治生活进行讽刺为主。

肯尼亚的雕塑非常有名，其中木雕通常具有宗教意义。除了木雕，艺术家一般还会用象牙或黄金等进行雕刻。当代雕塑家常常把传统风格和现代风格结合起来。艺术家们还会制作彩色面具和头饰，这些面具和头饰都是在传统舞蹈中佩戴的，通常用来代表鸟类或其他动物。在雕塑方面，肯尼亚以坎巴人的木雕和基西人的软石雕最享盛名。艺人们通过合作社向国内外出售其产品。肯尼亚拥有一批优秀的雕塑家，如萨米尔·旺加伍，他的木雕犀牛很有名；亚历克斯·瓦伊纳伊纳（Alex Wainaina）使用废金属创作雕塑作品，并以动物和宗教人物为主；伊雷尼·旺吉鲁是肯尼亚最有才华的女雕塑家之一，她的作品充满智慧、独特和有新意，1996 年以来多次参加肯尼亚国家博物馆在内罗毕举办的艺展；莫里斯·福依特被认为是新一代有才华的艺术家，其作品富有创意，受到大多数雕刻爱好者的赞扬。

第四节　体育

肯尼亚人民爱好体育运动，他们不仅把体育看成健身和娱乐的手段，而且认为它能培养遵守纪律、合作、献身和自控等品质及领导能力，对个人和社会都有重要意义。摔跤、赛马、狩猎和一些棋盘小游戏是肯尼亚的传统体育项目，足球是比较流行的现代体育项目，此外还有篮球、排球、橄榄球、游泳、棒球和垒球等。肯尼亚体育和文化遗产部（前身为体育、文化和艺术部）下设体育局、体育注册办公室、体育争端仲裁庭，其中体育局主要负责规划、制定、评估和执行体育政策，体育注册办公室主要负责对各类体育组织和机构进行登记与管理，体育争端仲裁庭主要负责对国家体育组织等提出的上诉进行裁决。

2013 年肯尼亚颁布《体育法》，并根据这一法案设立"肯尼亚体育"、肯尼亚体育学院和肯尼亚国家体育基金等机构。"肯尼亚体育"是一家国有公司，其设立的目的是：促进、协调和实施肯尼亚国内外的体育项目；建设、管理、开发和维护体育设施，包括会议中心、室内体育和娱乐设施；参与推动体育旅游业的发展；等等。肯尼亚两个最大的体育场所——卡萨拉尼莫伊国际体育中心（MISC Kasarani）和尼耶约国家体育场（Nyayo National Stadium）都由"肯尼亚体育"管理和运营。肯尼亚体育学院设立的目的是：建立和管理体育训练学院；针对职业体育人员，组织、管理和协调体育课程；与其他高等教育机构、国家体育组织等合作，促进体育人才的培养和发展；等等。肯尼亚国家体育基金主要通过体育彩票、投资及其他渠道募集和分配资金，以促进肯尼亚体育事业发展。

肯尼亚设有几十个全国性的体育组织，它们在推动肯尼亚体育事业发展方面也发挥了重要作用。其中有十余个体育组织得到了体育注册办公室的认证，并受《体育法》的保护。这些体育组织主要有肯尼亚救生协会、瓦扎伦多曲棍球俱乐部、肯尼亚曲棍球联盟、肯尼亚田径运动协会、肯尼亚乒乓球协会、肯尼亚高尔夫联合会、肯尼亚截肢者足球联合会、内罗毕游泳协会、肯尼亚聋人体育联合会、肯尼亚棒球运动联合会、肯尼亚板球运动协会、肯尼亚橄榄球运动协会、肯尼亚草地网球协会、肯尼亚板球运动裁判与评分协会、肯尼亚健身联合会等。

在体育设施方面，卡萨拉尼莫伊国际体育中心是肯尼亚最大的体育综合场馆。它是肯尼亚政府利用中国援助于1987年建成，主要设施包括：斯塔迪昂酒店（Stadion Hotel），该酒店共有108间客房，有能容纳200人的餐厅，能容纳400人的多用途舞厅，以及酒吧、咖啡馆、商店等；沙夫利康体育场（Safaricom Stadium），该体育场能容纳6万人，有VIP休息室和酒店套房，还有现代化的更衣室、饭店、媒体区、办公室以及6个会议室；沙夫利康室内体育场馆，最多能容纳5000人，主要用于开展室内体育运动、企业团建活动等；卡萨拉尼水上体育场（Kasarani Aquatic Stadium），包括1个儿童游泳馆，1个1.25米深的热身和训练游泳馆，1个1.5米深的竞赛游泳馆（奥林匹克标准），1个6米深的潜水池并配有3个跳板和高达10米的跳水平台，此外还有最多可容纳30人的娱乐室和1个VIP休息室。尼耶约国家体育场建于1983年，是内罗毕第二大体育场馆，这里经常举办职业足球联赛。该体育场拥有1个功能设施齐全的运动场，可容纳观众30000人，此外还有奥运会标准的游泳馆、室内体育馆和多用途的竞技场（可开展排球、摔跤等运动项目）。除了这两处最大的体育综合设施外，肯尼亚的很多城市还设有一些中小型的体育场馆和设施，如内罗毕市立体育场、蒙巴萨市立体育场、穆米亚综合体育馆、锡卡市立体育场、纳库鲁阿弗拉哈体育场、古西体育场、克里乔绿色体育场、卡卡梅加布孔古体育场等。

肯尼亚是非洲的体育大国。在历届奥运会、世界锦标赛、英联邦运动会、全非运动会和中东非地区运动会等国际赛事，以及在各国举行的专项国际比赛中，都取得了好成绩，其中尤以田径（包括马拉松）项目称雄于世。肯尼亚于1955年设立肯尼亚奥林匹克委员会，随后便组织25名运动员亮相1956年澳大利亚墨尔本奥运会。在1964年日本东京奥运会上，肯尼亚赛跑运动员威尔逊·基普鲁古特（Wilson Kiprugut）赢得1枚铜牌，并成为首个获得奥运奖牌的肯尼亚人。此后，除了1976年和1980年两届奥运会外，肯尼亚参加了其他各届奥运会。在2016年里约热内卢奥运会上，肯尼亚共赢得6枚金牌、6枚银牌和1枚铜牌，其金牌数量占到了非洲金牌总量的60%。此次奥运会上获得金牌的主要运动员有：菲斯·基皮耶贡（Faith Kipyegon），获得1500米赛跑冠军；大卫·鲁迪沙（David Rudisha），获得800米赛跑冠军；康塞斯卢斯·基普鲁托（Conseslus Kipruto），赢得3000米障碍赛冠军；维维安·切鲁伊约特（Vivian Cheruiyot），赢得长距离跑田径男子5000米世界冠军；杰米玛·萨姆贡（Jemima Sumgong）和埃鲁德·基普乔格（Eliud Kipchoge），赢得马拉松冠军。

田径运动特别是中长跑是肯尼亚体育运动的强项，它给肯尼亚带来的荣誉比其他任何项目都多。肯尼亚田径队经常参加世界级的比赛，包括奥林匹克运动会、世界田径锦标赛、世界越野锦标赛、英联邦运动会和各国的马拉松比赛等，获得了很多金牌、银牌和铜牌，甚至很多运动员曾长期保持着某些项目的世界纪录。例如，大卫·鲁迪沙多次打破男子800米赛跑世界纪录，于2010年被评为国际田联年度最佳运动员，并于2012年和2016年连续两次获得奥运会金牌；帕米拉·叶利莫（Pamela Jelimo）作为中长跑运动员，曾在2008年北京奥运会上获得女子800米赛跑金牌，成为第一位获得奥运冠军的肯尼亚女性运动员；塞缪尔·万吉鲁（Samuel Wanjiru）于2005年创造10000米赛跑世界纪录，并在2008年北京奥运会上摘得金牌，成为第一个在马拉松比赛中赢得金牌的肯尼亚人。基普奇·

凯诺、蒂戈拉·拉洛比、凯瑟琳·恩德雷巴、保罗·塔盖特等都在马拉松比赛中创造世界纪录，他们奠定了肯尼亚在世界长跑运动中的地位。

第五节　新闻出版

　　肯尼亚新闻出版行业创始于19世纪末20世纪初的殖民时代，当时创办的报纸主要服务于西方的传教士和英国殖民者。经过一百多年的发展，肯尼亚的媒体业已从仅有一份报纸，发展为有多家电视台、电台和新闻网站并存的多元化格局。

　　2007年肯尼亚通过的《媒体法》，为新闻出版行业的首个法律规范，并根据这一法规设立肯尼亚媒体委员会，该机构的主要职责包括：对政府与媒体、公众与媒体和媒体间的争端进行仲裁和调解；促进和维护媒体独立与自由；提高记者的职业水平；加强媒体从业人员间的专业合作；提高记者和媒体的道德标准；确保记者在履行职责时的权利得到保障；就与记者及其他媒体从业人员的专业、教育和培训有关的事项向政府或有关监管机构提供咨询；就记者就业标准提出建议；等等。2012年，肯尼亚媒体委员会设立"年度记者奖"，以鼓励、支持和促进优秀媒体从业人员的发展。根据2013年修订的《肯尼亚信息和通信法案》，肯尼亚通信局负责向所有的广播服务供应商发放牌照，在没有牌照的情况下提供任何形式的广播服务都是违法行为。

　　除负责新闻出版管理的政府机构外，媒体业领域还存在大量的社会组织，如媒体所有者协会（Media Owners Association）、肯尼亚记者联盟（Kenya Union of Journalists）、肯尼亚编辑协会（Kenya Editors Guild）、肯尼亚记者协会（Kenya Correspondents' Association）等，这些机构在肯尼亚新闻出版事业发展过程中也发挥着重要作用。

一　报刊与通讯社

1. 报刊
肯尼亚报纸可分为全国性报纸和地方报纸两大类，全国性报纸多用英文和斯瓦希里文发行，地方报纸以斯瓦希里文为主。

　　肯尼亚全国性的日报主要有：（1）《民族日报》（*The Daily Nation*），创办于 1960 年，是民族媒体集团（NMG）旗下品牌，日发行量约 20 万份，系肯尼亚发行范围最为广泛的日报。此外，民族媒体集团还出版斯瓦希里文《民族日报》。《民族日报》不仅面向肯尼亚市场，还面向整个东非地区，而民族媒体集团则是中东非地区最大的传媒集团。（2）《旗帜报》（*The Standard*），创办于 1902 年，两年后更名为《东非旗帜报》，是肯尼亚历史上最早面向大众发行的报纸，日发行量约 7 万份。（3）《肯尼亚时报》（*Kenya Times*），创办于 1983 年，系肯尼亚非洲民族联盟的机关报，其前身是《内罗毕时报》，日发行量约 5.2 万份。（4）《人民日报》（*People Daily*），其前身是由反对派政治家肯尼斯·马蒂巴于 1992 年创办的《人民》周刊，后在 1998 年转变成日报，2002 年日发行量达 6 万份。目前该报归 Mediamax 网络有限公司所有，其目标是成为肯尼亚发行量最大的报纸。（5）《星报》（*The Star*），其前身是创办于 2007 年 7 月的《内罗毕星报》，后在 2009 年更为现名，2010 年发行量为 1.5 万 ~2 万份。

　　除了全国性的报纸外，肯尼亚还有不少用方言或地方民族语言出版的报纸，这些报纸聚焦于特定地区，发行量和广告收入有限，主要有：《真理报》（*Kihooto*），吉库尤文；《诚实发言人报》（*Mwaria Ma*），涅里方言，创办于 1997 年；《希望报》（*Mwihoko*），穆朗亚方言，创办于 1997 年，属罗马天主教会；《萤火虫报》（*Otit Mach*），卢奥语。

　　除了报纸外，肯尼亚还有大量新闻报道和调查类的周刊和半月刊，主要有：《肯尼亚公报》（*Kenya Gazette*），英文周刊，刊登政府公告，始创于 1989 年；《星期日民族报》（*Sunday Nation*），是《民族日报》的星期刊；《星期日时报》（*Sunday Times*），是《肯尼亚时报》的星期刊；《星期日旗帜报》（*Standard on Sunday*），是《旗帜报》的星期刊；《商业纪事》（*The Business Chronicle*），是创办于 1994 年的周刊；《每周评论》（*The Weekly Review*），创办于 1975 年，1999 年 5 月 14 日停刊，共发行 1241 期；《东非人》（*The East African*），是面向整个东非地区发行的周刊，属于民族媒体集团旗下的产品；《滨海周报》（*Coast Week*），是总部设在蒙巴萨的周刊；《内罗毕商业》（*Nairobi Business Monthly*），是聚焦于金融市场、证券市场、产业企业、技术、管理等方面新闻报道的月刊；《内罗毕法律》（*Nairobi Law Monthly*），是关于法律方面新闻报道和评论的月刊；等等。

随着互联网和科学技术的发展，很多纸质媒体建立了自己的网站，通过网络提供新闻资讯，《民族日报》《旗帜报》《星报》等发行量比较大的报纸都有自己的网站。

2. 通讯社

肯尼亚于 1963 年建立国家通讯社——肯尼亚通讯社（Kenya News Agency）。肯尼亚通讯社的前身是组建于 1939 年的 "肯尼亚信息服务局"，当时的主要任务是发布关于第二次世界大战的信息。二战后的 1945～1963 年主要作为信息和宣传机构，服务于英国殖民政府。1963 年肯尼亚独立后，肯尼亚信息服务局重组为肯尼亚通讯社，肯尼亚通讯社下设全国编辑部（新闻办公室）、电子（电视）新闻部、移动电影和摄影服务部，并在郡县地方层面设有 72 个办事处。2016 年，肯尼亚信息通信、技术、青年和创新部长乔·穆切鲁表示，政府将通过能力建设和品牌塑造促进肯尼亚通讯社发展，以使其能够向公众提供关于国家社会、政治和经济发展的高质量信息。

在肯尼亚的外国通讯社主要有法新社、美联社、德新社、俄塔斯社、意大利国际新闻社、意大利安莎社、日本共同社、英国路透社、美国国际联合社、中国新华社等。

二 广播与电视

肯尼亚的广播与电视事业一向由政府主管。随着政治民主化和政府实施开放政策，20 世纪 90 年代末已有多家私人媒体公司进入广播电视业，如旗帜报业集团、民族媒体集团、"公民"集团等，并开展激烈竞争。目前国营的肯尼亚广播公司仍居主导地位。

1. 广播

在肯尼亚，广播是最具影响力的媒体形式，也是生活在偏远地区的民众获取信息和资讯的主要渠道。肯尼亚无线电广播始于 1928 年，最初主要面向欧洲殖民者进行广播，直到 1953 年才创办面向非洲人的无线广播电台。

1959 年，英国殖民当局建立肯尼亚广播公司。1963 年肯尼亚独立时根据议会法案对其实施国有化改革并更名为"肯尼亚之声"，后于 1989 年重新更名为肯尼亚广播公司。肯尼亚广播公司是肯尼亚最大的广播公司，也是唯一可以将广播服务实现全国覆盖的广播公司。肯尼亚广播公司用英语、斯瓦希里语以及肯尼亚大部分的地方语言进行广播。

20 世纪 80 年代末，肯尼亚政府开始对无线电广播服务进行自由化改革，并于 1989 年向私营的肯尼亚电视网（KTN）发放牌照，允许其在内罗毕提供广播服务。1995 年，首都调频台（Capital FM，主要面向内罗毕和周围地区的商业台）成为首个由政府发放牌照的私营无线广播电台。20 世纪 90 年代中期以来，肯尼亚无线电广播服务的私有化进程加快，与此同时政府开始允许外国的广播公司在肯尼亚提供无线电广播服务。

根据肯尼亚通信局数据，截至 2020 年底，肯尼亚共有 186 个调频广播电台，其中商业调频广播电台共有 131 个，这些广播电台主要播放脱口秀、音乐等娱乐节目及观众热线电话直播节目。肯尼亚主要的广播电台有首都调频台、肯尼亚广播公司广播电台、辛巴广播电台（Radio Simba）、市民广播电台（Citizen Radio）、家庭广播电台（Family Radio）、沃米尼广播电台（Radio Waumini）、卡梅梅调频台（Kameme FM）、卡斯调频台（Kass FM）、希望调频台（Hope FM）、麦莎广播电台（Radio Maisha）等。此外，一些外国广播电台也在肯尼亚提供广播服务，如英国广播公司、美国之音（VOA）、中国国际广播电台等。根据移动研究公司 Geopoll 2017 年第三季度所做的一项调查，从听众占有率来看，市民广播电台排名第一（15%），其次是麦莎广播电台（12%）。

2. 电视

肯尼亚在 1962 年开始有电视，发展步伐不如电台广播业，但在 20 世纪 90 年代后期发展较快，竞争也日趋激烈。根据肯尼亚通信局数据，截至 2020 年底，肯尼亚共有免费接收（FTA）电视台 137 个，其中商业免费接收电视台 130 个。

国营的肯尼亚广播公司（KBC）不仅拥有10余个广播电台，还拥3个电视台，即KBC1频道、遗产电视台（Heritage TC）、Y254电视台。

肯尼亚电视网于1990年建立，是非洲首个免费的私营电视台，也是肯尼亚处于领先地位的电视台之一。1997年12月，该公司被旗帜报业集团收购。肯尼亚电视网打破了肯尼亚广播公司电视台在国内的垄断地位，作为商业性媒体其主要营收来自广告和娱乐节目。

除了肯尼亚广播公司旗下的电视台和肯尼亚电视网外，肯尼亚比较有影响的电视台还有：民族媒体集团所属的民族电视台（Nation TV），于1999年开播；家庭电视台（Family TV）、市民电视台（Citizen TV）、祖库电视台（Zuku TV）、CNBC非洲电视台（CNBC Africa TV）等。

三　图书出版

肯尼亚的图书出版业在非洲处于较发达行列，每年的产值大约有120亿肯先令，其中95%的收入为销售教科书所得。目前在肯尼亚出版商协会登记注册的图书出版机构有近40家，包括公营和私营两类。

公营的出版机构主要有：内罗毕大学出版社，于1984年注册成立，系内罗毕大学附属机构，主要出版学术著作和教育类图书，是东非地区处于领先地位的学术著作出版机构；肯尼亚文献局，创办于1977年，主要出版教育、文化和科学类图书；莫伊大学附属机构莫伊大学出版社；等等。

私营的出版机构主要有：创办于1965年的东非教育出版公司（EAEP），其前身为海尼曼教育图书有限公司，后于1968年更名为海尼曼（肯尼亚）有限公司，1992年因跨国业务的发展而改名为东非教育出版公司，该公司出版的图书覆盖的学科领域广泛，主要使用英语、斯瓦希里语和本土语言等出版；朗霍恩出版公司（Longhorn Publishers）是一家在内罗毕证券交易所上市的泛非出版集团，该出版机构在乌干达、卢旺达和坦桑尼亚建立了分公司，并通过分销商在马拉维、赞比亚、纳米比亚、塞内加尔等其他非洲国家拓展业务；凤凰出版有限公司（Phoenix Publishers）是创办于1988年的肯尼亚的一家本土公司，主要出版儿童读物和青少年小说，目前已在这一领域用英语和斯瓦希里语出版了200多部图书；乔莫·肯雅塔基金会教育出版社，创立于 1966 年，主要出版中小学教材和学术类著作。此外，还有世界活力出版社（World Alive Publishers）、福克斯出版社（Focus Publishers）、聚光灯出版社（Spotlight Publishers）、斯托利莫贾出版社（Storymoja Publishers）、莫兰出版社（Moran Publishers）、山巅出版社（Mountain Top Publishers）、牛津大学出版社、剑桥大学出版社等。

肯尼亚出版机构的全国性组织是肯尼亚出版商协会（Kenya Publishers' Association），创设于 1971 年，其愿景是促进肯尼亚图书出版行业的发展。

四 互联网

随着计算机和数字技术的发展，互联网已成为民众获取信息的重要渠道。传统媒体，如报纸、杂志、图书、电视行业等纷纷建立网站，提供线上新闻报道、数字出版、网络电视等服务。例如，旗帜集团（The Standard Group）最初是以出版《旗帜报》为主的传统报业公司，后发展成为包括报纸、电视、电台、数字和线上服务等业务的多媒体公司。其中《旗帜报》网站（www. standardmedia. co. ke）每月浏览量超 1600 万人次，旗帜娱乐（www. sde. co. ke）网站每月浏览量超 500 万人次。截至 2020 年，肯尼亚互联网用户达 2228 万人，相当于肯尼亚总人口的近一半。2020 年各类报纸网站每日的平均访问用户达 370 万人次。

社交媒体平台在肯尼亚信息传播中发挥着日益突出的作用。根据肯尼亚《商业日报》2020 年 8 月 3 日报道，从使用社交媒体者占总人口的比重来看，肯尼亚（17%）排在埃及（42%）、南非（37%）之后，居非洲第三位。从在线新闻消费来看，即通过数字媒体（包括社交媒体）获取新闻内容，肯尼亚在全球排第二位；根据使用社交媒体作为获取新闻信息的来源衡量，肯尼亚在全球排第一位。从对社交媒体获取新闻信息的信任度来看，肯尼亚在非洲排第一位，在全球排第六位。在肯尼亚，比较有影响的社交媒体平台有脸谱（Facebook）、推特（Twitter）、图片社交分享网站 Pinterest、照片墙（Instagram）、油管（YouTube）、汤博乐（Tumblr）等。

第八章

外　交

第一节　外交政策

肯尼亚独立以来，面对美苏对抗的两极格局，采取了实用主义的不结盟外交政策，一方面继续发展与英国、美国等西方国家的传统关系，从西方国家获取援助、投资以及接受军事培训等，另一方面也注重发展与苏联、东欧等社会主义国家的友好合作关系。20世纪70年代末，时任肯尼亚外长穆尼瓦·韦亚基指出，"我国首先要保持独立，其次是寻求我国的利益，为此我们选择做一个不结盟国家，即我们可以是世界上任何国家的朋友，只要它用友谊回报我们"。他还说："为了国家生存和经济发展，我们需要（东西）两方的友谊。"不结盟的外交政策使肯尼亚在东西方两大阵营对抗中维持了相对的独立性和自主性，并最大限度地获得了国家发展所需的官方发展援助、对外直接投资和稳定的政治环境。

冷战结束后，国际格局发生深刻变化，全球化进程加快，肯尼亚外交政策根据形势的变化也做出相应调整。在双边层面，肯尼亚继续坚持不结盟的外交政策，在深化与美欧等西方国家关系的同时，不断发展与中国、印度等新兴经济体的友好合作。截至2021年，肯尼亚已在全球建立87个使领馆。从多边层面看，肯尼亚主张遵守联合国宪章和非盟宪章，积极参与地区和全球层面的多边外交，通过东非共同体、东部和南部非洲共同市场、非盟以及联合国驻内罗毕的机构和办公室等发挥作用，推动建立基于规则的国际体系。从外交优先议程来看，肯尼亚坚持以非洲为中心特别是以邻国为中心的外交政策，强调推动非洲区域一体化，维护非洲的和平、稳定与发展，在国际舞台上积极发出统一的非洲声音，提高非洲在多边治理中的话语权。

2014 年 11 月，肯尼亚正式发布了独立以来首份外交政策文件，系统阐述了肯尼亚的外交宗旨和原则、政策框架和内容以及具体的实施举措。过去五十多年来，国际形势发生深刻变化，全球化、区域一体化、各种传统和非传统安全挑战等都在影响着肯尼亚外交政策的制定。无论肯尼亚外交政策做出怎样的调整，其维护肯尼亚国家利益的目标没有变，即要建设一个"和平、繁荣、具有全球竞争力的肯尼亚"。具体包括如下几个方面：维护肯尼亚的主权和领土完整；推动次区域和区域一体化与合作；维护地区和全球的和平与安全；促进肯尼亚的经济繁荣；维护肯尼亚的形象和声望；促进国际合作，弘扬多边主义；维护肯尼亚人的海外利益；加强与肯尼亚侨民的关系。

为实现上述目标，肯尼亚政府确定了外交政策的指导原则：一是肯尼亚共和国的主权和领土完整神圣不可侵犯；二是与邻国和其他国家和平共处；三是通过和平方式解决冲突；四是推动区域一体化；五是尊重国家间的平等、主权和领土完整；六是尊重国际规范、习俗和国际法。在此原则之下，肯尼亚外交政策明确了五个相互联系的支柱，即和平外交、经济外交、侨务外交、环境外交和文化外交。

在和平外交领域，肯尼亚认为和平与稳定是发展与繁荣的前提条件，肯尼亚自身的稳定和经济繁荣有赖于次区域、非洲和世界的稳定。基于此，肯尼亚主张通过和平方式解决争端；加强与其他非洲国际组织的协调与合作以提高地区机制的冲突预防、管理和解决能力，如东非共同体、政府间发展局、东部和南部非洲共同市场、非盟等；向联合国和非盟在非洲的维和行动提供部队，支持非洲大陆和全球的和平安全建设。

在经济外交领域，肯尼亚认为和平稳定的环境与其社会经济发展和繁荣存在密切联系。加强对外经济联系对于实现《肯尼亚 2030 年愿景》中所确定的地区和总体经济目标是必要的。为此，肯尼亚经济外交的目标为：扩大国际社会对肯尼亚和东非地区的投资，支持肯尼亚企业扩大对外出口和"走出去"，在扩大传统市场准入的同时积极探索肯尼亚出口的新兴市场，通过寻求新的技术来源促进技术进步，加强地区经济共同体建设，促进公平贸易以及建立平等的双边、地区和多边贸易协定。

在侨务外交领域，肯尼亚政府认识到海外肯尼亚人对肯尼亚国家发展做出贡献的巨大潜力。侨务外交旨在充分利用海外肯尼亚人掌握的技术、技能、知识和资源等服务于肯尼亚的国家发展进程。为实现这一目标，肯尼亚政府强调要提供高效的领事服务，向海外肯尼亚人提供便利条件使其参与到国家发展进程中来，推动肯尼亚人参与国际劳动力市场等。近年来，肯尼亚外交事务与国际贸易部加强了与海外肯尼亚人的联系，通过举办侨民投资会议等吸引海外肯尼亚人参与肯尼亚国家发展进程。近年来流入肯尼亚的侨汇数量呈上升趋势，由 2016 年的 1771 亿肯先令增长到了2020 年的 3308 亿肯先令。

在环境外交领域，肯尼亚 2013 年制定的环境政策强调，环境和自然资源是肯尼亚实现可持续发展的宝贵国家财富。积极应对环境问题成为肯尼亚外交的显著特征。环境外交中的关键问题是，有效执行多边环境协定，如《国际濒危物种贸易公约》等。环境外交旨在加强设在内罗毕的联合国环境规划署和联合国人居署以优先推动全球可持续发展议程；促进遵守国家、地区和国际的环境立法、规定、标准以及其他行动程序与指导原则；推动将研究作为鼓励创新和降低负面环境影响的机制；通过国家、地区和国际性的论坛，就环境问题开展公众对话；提高民众的环保意识。

在文化外交领域，肯尼亚重视自身所拥有的丰富文化遗产，强调将文化认同和理解作为对话的基础。肯尼亚文化外交的目的是增进国际社会对其丰富文化的认识，使国际社会对肯尼亚的文化遗产产生兴趣。为此，肯尼亚强调要尊重文化多样性和文化遗产，积极开展文化交流并与他国建立文化伙伴关系，推动开展全球性的知识对话，促进体育和艺术交流，推动将斯瓦希里语作为非洲大陆和全球性的语言。

总之，在全球化背景下，相互联系和相互依赖已成为国际政治现实。

在此背景下，肯尼亚将加强双边关系、地区合作和多边外交作为其外交政策的基本组成部分及实现其国家利益的重要手段。双边外交聚焦加强与世界各国特别是东非共同体成员国的贸易、政治、环境和文化联系；地区合作将东非共同体、政府间发展组织、东部和南部非洲共同市场、大湖地区国际会议和非盟等作为追求外交政策目标的首要平台，借此推动区域一体化和区域稳定；多边外交聚焦于维护联合国宪章宗旨和原则，加强与联合国及其他国际机构的协调合作，推动联合国改革以增强其代表性和合法性。目前，肯尼亚已签署 280 个多边条约，是联合国环境规划署、联合国人居署等联合国机构的办公所在地。这在一定程度上体现了肯尼亚对多边外交的承诺。

第二节　与美国的关系

肯尼亚独立后于 1964 年 3 月 2 日正式与美国建立外交关系，同年美国在内罗毕设大使馆，首任驻肯大使是威廉·艾特伍德（William Attwood）。冷战期间，由于肯尼亚独特的地理位置及其作为东部非洲地区内陆国家通往印度洋的门户，美国重视发展与肯尼亚的友好合作关系。特别是莫伊执政后，肯尼亚进一步加强了与美国在安全领域的合作。1980 年 2 月莫伊总统访美时，肯尼亚与美国签署一项协定，允许美军使用肯尼亚的海空设施（蒙巴萨港和纳纽基机场），肯尼亚也借此获得大量美国的经济军事援助。到 1987 年 5 月，美国对肯尼亚的援助已达 9 亿美元，最多的 1984 年有 1.1 亿美元。在肯投资的美国公司大约有 300 家，共投资约 3.5 亿美元。此后几年因美国削减财政预算而美援有所减少，但每年也有 5000 万美元左右。

冷战结束后，美国高举民主和平论的旗帜，在全球范围推广西方民主制度。在此背景下，美国国会议员、政府官员等不断批评肯尼亚的"民主"和"人权"状况，甚至以停止援助为手段要求肯尼亚进行政治经济改革。美国对肯尼亚内政的粗暴干涉引起肯尼亚的极度不满，肯尼亚与美国的双边关系也陷入起伏不定甚至摩擦冲突局面。针对美国一系列干涉内政的言行，肯尼亚政府领导人多次声明，肯尼亚是主权国家，不是任何国家的"卫星国"，不许外人指手画脚，不会根据外国政府的意志处理国家事务。

20世纪90年代末，肯尼亚与美国的关系逐步得到改善。特别是1998年美国驻肯尼亚大使馆遭恐怖袭击后，肯尼亚与美国之间的安全合作得到大幅提升。1998年5月肯尼亚外长戈达纳访美时，与他会谈的美国国务卿奥尔布赖特肯定了肯尼亚对美国的战略重要性，说美国一直把肯尼亚视为朋友，并将继续鼓励和支持肯尼亚正在进行的政治经济自由化改革。她称赞肯尼亚在解决地区冲突中的带头作用和莫伊总统个人对促进和平进程的主动精神。1999年10月，奥尔布赖特在访问非洲六国时到了肯尼亚，旨在推进美国的目标——"民主"、"人权"、解决地区冲突的地区机制、使非洲融入世界经济——的实现。2000年2月，莫伊总统赴美参加非洲国家高级会议并顺访美国；7月，他出席美国驻肯使馆举行的国庆招待会。11月，美国助理国务卿苏珊·赖斯访肯。当年美国对肯尼亚的援助达1.34亿美元。

随着"9·11"事件的爆发，肯尼亚逐渐成为美国全球反恐战争中的重要合作伙伴。美国主要向肯尼亚武装部队提供军事设备和培训，与此同时，双方还加强了在情报领域的合作。虽然反恐为肯尼亚与美国的合作开辟了新的途径，但是美国对肯尼亚的援助也随之变得越来越政治化和安全化。美国向肯尼亚提供大量援助，直接支持肯尼亚的反恐行动，而肯尼亚则从支持美国反恐行动中获取了大量的经济军事援助。美国通过"反恐伙伴关系基金""对外军事融资项目""全球维和行动倡议""东非地区反恐伙伴关系"等项目向肯尼亚提供军事援助，通过对外军售项目向肯尼亚出售战斗机、直升机、空军计算机系统等。目前肯尼亚是非洲地区接受美国安全援助最多的国家之一。近年来，美国国务院和国防部每年向肯尼亚提供的安全援助总计4000多万美元。此外，美国国际开发署还通过官方发展援助、全球卫生计划等项目向肯尼亚经济、教育、卫生、政治等领域提供援助，并借此深化与肯尼亚的伙伴关系。

经贸合作是肯尼亚与美国双边关系发展的重要领域。2001年和2008

年，美国分别与东部和南部非洲共同市场和东非共同体签署《贸易与投资框架协定》，而肯尼亚则是这两个区域组织的成员国。与此同时，肯尼亚也是美国《非洲增长与机遇法案》的受益国，其商品出口到美国市场享有优惠待遇。根据 2017 年的数据，美国是肯尼亚第三大出口目的地、第七大进口来源地和第一大外国游客来源地。根据美国贸易代表办公室数据，2019 年，肯尼亚与美国的双边商品贸易额为 10.68 亿美元，其中肯尼亚向美国出口 6.67 亿美元，自美国进口 4.01 亿美元，肯尼亚对美贸易顺差达 2.66 亿美元。受新冠疫情影响，2020 年肯尼亚与美国的双边商品贸易额下降为 9.4 亿美元。美国向肯尼亚出口的主要商品为飞机、塑料、机械设备、小麦等，美国自肯尼亚进口的主要商品包括服装、农产品、矿产品等。截至 2019 年，美国在肯尼亚的外国直接投资存量大约为 3.53 亿美元，与 2018 年相比，下降了 3.8%。2020 年 7 月，美国与肯尼亚就建立双边自由贸易协定正式开启谈判进程。肯尼亚是美国援助的第五大接收国，2020 年获得的美国援助大约为 5.6 亿美元。从 2010 年到 2020 年，美国向肯尼亚提供了大约 4 亿美元援助，支持肯尼亚军方购买武器装备，向其提供军事培训。2021 年，美国向肯尼亚提供了大约 9800 万美元的人道主义援助。

2018 年 8 月，肯尼亚总统乌胡鲁·肯雅塔访问美国，两国建立战略伙伴关系。美国总统特朗普承诺，继续深化与肯尼亚在反恐、维和、防务与安全、经贸等领域合作。为进一步提升双边经济伙伴关系，两国同意建立美国—肯尼亚贸易投资工作组，以探索新的方式方法推动两国在贸易、投资等领域合作；同时，强调高质量基础设施建设的重要性，美国柏克德（Bechtel）工程公司拟修建一条连接内罗毕和蒙巴萨的现代化高速公路。通过此次访问，肯尼亚与美国达成大约 9 亿美元的商业合同，并开通纽约至内罗毕的直航航班。2021 年 10 月肯尼亚总统乌胡鲁·肯雅塔再次访问美国，这是美国总统拜登执政后接待的首位访问美国的非洲国家元首。2021 年 11 月 17～18 日，美国国务卿布林肯访问肯尼亚，其间双方举行第二次双边战略对话，就经贸投资、防务合作、民主治理、多边和地区合作以及卫生合作等议题进行了深入交流。

总体上看，21 世纪以来，肯尼亚与美国加强了在反恐、贸易、投资、教育、医疗卫生等领域的合作。美国重视肯尼亚在反恐领域的作用，将其视为东非地区重要的合作伙伴。美国深化与肯尼亚的双边关系，旨在将其打造成为非洲的重要战略支点，并借此服务于美国的战略利益及其在非洲的整体利益。

第三节　与英国的关系

肯尼亚与英国之间的关系可以追溯到 19 世纪。1824～1826 年，肯尼亚蒙巴萨港被英国占领。1895 年，肯尼亚成为英国在东非地区的保护地。在两次世界大战期间，肯尼亚作为英国的一部分派兵参战。1963 年，肯尼亚摆脱英国殖民统治而独立。因此，如果从成为大英帝国保护地的时间算起，肯尼亚被英国殖民长达近 70 年。长期的殖民统治使肯尼亚在政治、经济、法律、文化、教育等诸多方面深受英国影响。

独立之后，肯尼亚与英国维持着密切的政治、经贸和军事联系。肯尼亚首任总统乔莫·肯雅塔以"亲英"著称。莫伊继任总统后，访问的第一个国家是英国。1979～1987 年，莫伊总统对英国进行了 4 次访问。在 1979 年访问英国时，莫伊与英国首相撒切尔夫人举行会晤，双方明确将肯英关系称为"特殊的"双边关系。1988 年 1 月初，英国首相撒切尔夫人访肯并与莫伊总统会谈。撒切尔赞扬肯尼亚在人权问题上的"良好"记录，双方在制裁南非问题上存在分歧，但双方"同意保留不同意见"，并同意加强双边合作。冷战结束后，肯尼亚与英国的双边政治关系继续发展，英国支持肯尼亚的政治民主化、多元化进程，但双方也因肯尼亚的腐败和选举暴力等问题而龃龉不断。例如，1995 年 8 月初，英国海外发展大臣琳达·乔克访肯期间，在记者会上公开声称"在对政治改革及经济改革和人权状况感到满意前不再宣布更多援助"，明确地暗示她对肯尼亚在这些方面的不满。肯尼亚政府在一次措辞严厉的声明中指责乔克对肯尼亚"持敌视态度"，称她在会见莫伊总统前发表以上观点是"违背外交礼仪"，并批驳了英国利益受到威胁和关于肯尼亚改革的言论。2007 年肯尼亚爆发选举暴力事件后，英国宣布向肯红十字会提供 100 万英镑人道主义援助。

近年来，在英国脱欧的背景下，英国加强了对非外交，肯尼亚与英国的双边关系进一步发展。2017 年 3 月，英国外交大臣鲍里斯·约翰逊（Boris Johnson）访问肯尼亚。2018 年 4 月，肯尼亚总统乌胡鲁·肯雅塔访问英国，两国围绕贸易、偷猎、安全和双边关系等问题进行了交流。2018 年 8 月，英国首相特蕾莎·梅访问肯尼亚，强调要与肯尼亚深化贸易和投资伙伴关系，承诺英国脱欧后肯尼亚的商品依然可以免税、免配额进入英国市场。这是时隔 30 年之后，英国首相首次访问肯尼亚。2019 年 5 月，英国外交大臣杰里米·亨特（Jeremy Hunt）访问肯尼亚。与此同时，肯尼亚与英国之间建立深化合作的双边机制平台。例如，2016 年肯尼亚与英国在伦敦举办"肯英贸易与投资论坛"，双方围绕关键经济部门的公共投资进行了深入探讨，如农业、能源、信息通信技术、制造业、基础设施现代化、建立可持续的经济伙伴关系等。2019 年 3 月 7~8 日，英国与肯尼亚在伦敦举行第二届"英肯高层安全对话"，两国同意就共同的安全利益深化合作，包括一道努力打击暴力极端主义、严重有组织犯罪，维护网络安全和反恐等。2021 年，肯尼亚与英国批准了新的《经济伙伴协定》，根据该协定，肯尼亚商品可免税、免配额进入英国市场。同年 7 月，肯尼亚总统乌胡鲁·肯雅塔访问英国，在此次访问中，英国宣布向肯尼亚新增政府和私人投资 200 亿肯先令，双方签署新的为期 5 年的《防务合作协定》。

贸易和投资是肯尼亚与英国开展双边合作的重要领域。历史上，英国是肯尼亚最大的贸易伙伴。独立以来，肯尼亚与英国的贸易额超过了肯尼亚与其他任何国家的贸易额。然而，随着肯尼亚与其他国家经济联系的增强，肯尼亚对英国的经济依赖有所降低，英国在肯尼亚对外经济关系中的地位有所下降。特别是近年来，肯尼亚与英国的贸易额不断下降，双边贸易额由 2013 年的 866 亿肯先令下降到了 2017 年的 686 亿肯先令。2017 年，肯尼亚对英国出口 385.53 亿肯先令，英国是肯尼亚在欧洲的第二大出口市场；同年，肯尼亚自英国进口 300.50 亿肯先令，英国也是肯尼亚在欧洲的第二大进口来源地。2017 年，肯尼亚维持对英贸易顺差 85 亿肯先令。肯尼亚向英国出口商品以农产品为主，其中园艺产品（包括新鲜蔬菜、水果和鲜花）以及咖啡和茶叶占肯尼亚对英出口总值的 90%。2001～2014 年，肯尼亚对英国出口占肯尼亚出口总值的比重由 16% 下降到了 7%，这是因为卢旺达、埃塞俄比亚等东非国家在蔬菜、鲜花等产品领域扩大了对英出口，挤占了肯尼亚在这方面的优势。肯尼亚自英国进口的产品主要是汽车、印刷材料、机械设备和化学产品等。

英国是肯尼亚最大的外资来源国之一。肯尼亚独立前，英国就对肯尼亚进行投资。肯尼亚独立后，英国在肯尼亚的投资额继续增长，经营范围包括金融、制造业、农业、贸易、旅游等各大行业。目前，英国共有 210 多家企业在肯尼亚投资，投资存量达 25 亿英镑，占肯尼亚吸引外国直接投资规模的 40%，为肯尼亚创造了 25 万个就业岗位。肯尼亚投资局对 1989 年以来在肯尼亚投资的 216 家英国企业调查发现，52% 的企业投资服务业，如海洋运输、房地产开发、酒店和会议中心；32% 的企业投资制造业，如电子、油漆、化学产品、水泥、服装等；10% 的企业投资园艺、农产品加工等。英国承诺继续扩大对肯尼亚投资，加强与肯尼亚的经济联系。2019 年 5 月英国外交大臣亨特访问肯尼亚期间，英国企业与肯尼亚企业达成新的投资协议，涉及投资金额达 6400 万英镑。

英国是肯尼亚的主要援助国之一。独立之初，英国对肯尼亚的援助规模占肯尼亚吸引援助总额的 80%。随着美国、日本、德国、斯堪的纳维亚国家以及世界银行等国际金融机构对非援助规模的不断增大，来自英国的援助在肯尼亚吸引外援中的比例不断下降。到 20 世纪 80 年代末，日本和德国每年对肯尼亚的双边援助额逐渐超过英国。1990～1997 年，英国对肯尼亚官方发展援助净额（减去支付的债务）共 3.9 亿美元，占这一时期肯尼亚所获发展援助总额的 6.1% 或双边援助总额的 10.1%，明显少于日本和德国。根据英国国际发展署的数据，英国对肯尼亚的援助预算 2018/2019 财年为 1.1 亿英镑，2019/2020 财年为 9800 万英镑。英国对肯尼亚的援助涉及领域广泛，主要包括经济发展、气候和环境、人的发展、人道主义、治理与安全等。为缓解干旱对肯尼亚贫困人口所造成的影响，英国还发起了一项资金规模达 1.43 亿英镑的援助项目，旨在以现金补贴的方式缓解灾难。这一援助项目的时限为 10 年，将于 2024 年到期后由肯尼亚政府接管。此外，推动民主政治发展也是英国对肯援助的一个重要方面。据《每日邮报》报道，2017 年，英国提供 2850 万英镑支持肯尼亚大选。

第四节　与其他西方主要国家和欧盟的关系

一　与德国的关系

联邦德国是肯尼亚独立后首个给予承认的国家，双方于 1963 年正式建立外交关系。1964 年，肯尼亚在联邦德国的波恩建立大使馆，后来在汉堡建立领事馆。德国统一后，肯尼亚将驻德大使馆迁至柏林。1966 年，联邦德国总统吕布克（Heinrich Lübke）访问内罗毕。肯尼亚与德国维持着政治上的友好合作关系，双方在经贸合作与文化交流等方面联系密切。20 世纪 80 年代末肯德两国政治关系热络，科尔总理和莫伊总统先后在 1987 年和 1989 年进行互访。科尔访问肯尼亚时，两国签订了 6 项关于德国向肯尼亚提供总值 3200 万美元援助的协定。莫伊访德的主要目的是争取德国企业家到肯尼亚投资。莫伊访德期间，德国宣布同意肯尼亚延期还债，不久又决定免去肯尼亚所欠债务。20 世纪 90 年代，德国公开支持肯尼亚政府反对派活动并不断干预肯尼亚内政，导致两国关系紧张。例如，1991 年和 1995 年德国先后以冻结和减少援助的形式对肯尼亚政府表示不满，压制其改革。德国的一些基金会等非政府组织机构也公开支持肯尼亚反对派，遭到肯尼亚政府的驱逐。此后，肯尼亚与德国维持着良好的政治关系。2011 年德国总理默克尔访问肯尼亚，2016 年肯尼亚总统乌胡鲁·肯雅塔访问德国。2020 年，德国总统施泰因迈尔访问肯尼亚。2023 年，肯尼亚总统威廉·鲁托访问德国。

德国一向是肯尼亚的重要经贸合作伙伴。肯尼亚与德国签有避免征收

双重关税的协定，并于 1977 年生效。1982 年德国排肯尼亚对外贸易国
第二位（仅次于英国），其中占肯尼亚出口额的 10%，占肯尼亚进口额
的 8%。1996 年，肯尼亚与德国签署《鼓励和相互保护投资的协定》，
该协定于 2000 年生效，旨在通过为投资创造有利条件，促进肯德两国
的经济合作。目前，德国排在荷兰和英国之后，系肯尼亚在欧洲的第三
大出口市场。2017 年，肯尼亚对德国出口总额为 117.41 亿肯先令，占
肯尼亚对欧洲出口总额的 8%。肯尼亚对德国出口的产品主要是低附加
值的产品，如咖啡、鲜花、鱼、茶叶、香料、新鲜水果和蔬菜等。同
年，肯尼亚自德国进口总额为 429.9 亿肯先令，占肯尼亚自欧洲进口总
额的 15.2%，德国是肯尼亚在欧洲的最大进口来源地。肯尼亚自德国
进口产品主要是高附加值的技术产品和工业制成品，如大型机械设备、
化学产品、电子设备、电信设施、汽车及零配件等，这导致肯尼亚对德
贸易维持着巨大的赤字，2017 年赤字规模达 312.5 亿肯先令。德国是
肯尼亚重要的投资伙伴，近年来共有 100 多家德国企业在肯投资，投资
规模达 1.6 亿多欧元。

德国是肯尼亚在政治、经济、社会和文化领域的重要发展合作伙伴。
德国是肯尼亚的主要援助国之一，而肯尼亚则是德国对撒哈拉以南非洲国
家援助的主要接受国之一。德国对肯尼亚的援助始于 1964 年双方签署的
技术协定。德国对外援助一般通过技术合作（捐赠）和金融合作（低息
贷款）两种方式开展。开发贷款公司（Development Loan Corporation）、德
国技术合作署（German Agency for Technical Co-operation）、投资开发银行
（The Investment Development Bank）是德国开展对外援助的主要渠道和机
构。20 世纪 70 ~ 80 年代，德国仅次于英国成为肯尼亚第二大双边援助
国；20 世纪 80 年代末至 90 年代，德国对肯尼亚援助规模仅次于日本。
20 世纪 90 年代，德国对肯尼亚援助出现大幅下滑，但进入 21 世纪之后
德国又增加了对肯尼亚的援助。2001 年，德国资助肯尼亚出台了肯尼
亚历史上首份减贫战略文件。2013 年 12 月，肯德两国围绕发展合作在
内罗毕举行谈判，德国承诺 2014 ~ 2016 年向肯尼亚提供 2.337 亿欧元
的援助，这与之前相比增加了 1.33 亿欧元。近年来肯德两国的发展合

作主要聚焦在农业和乡村发展、水资源管理、医疗卫生等领域。

肯尼亚与德国存在密切的文化联系，双方的文化合作主要集中在资助肯尼亚学生赴德国研修、开展科学合作和促进体育交流等方面。1973 年，德国学术交流中心（The German Academic Exchange Service）在内罗毕建立区域办公室，支持肯尼亚人通过各种项目赴德国进行教育交流，最初主要是资助攻读博士学位。德国学术交流中心大约每年会安排 80 名学生和研究生赴德国学习。2017 年 2 月，德国 – 非洲商业峰会在内罗毕召开，德国驻肯尼亚大使与肯尼亚教育部长签署联合宣言，双方旨在建立"东非 – 德国应用科学大学"（Eastern African-German University of Applied Sciences），以满足肯尼亚和东非的教育需求。此外，德国还在内罗毕设有歌德学院，该机构通过开展一系列的文化活动来增进德国与肯尼亚之间的文化联系，开展的文化项目主要是展示来自肯德两国的视觉艺术和现代文化。

德国有不少与官方存在密切联系的基金会在肯尼亚设有区域办公室并在肯尼亚开展各类活动，如弗里德里希·艾伯特基金会（Friedrich Ebert Foundation）、康拉德·阿登纳基金会（Konrad Adenauer Foundation）、汉斯·赛德尔基金会（Hans Seidel Foundation）、海因里希基金会（Heinrich Foundation）等。此外，德国的一些教会机构、社会组织等也在肯尼亚开展活动。

二 与日本的关系

日本是肯尼亚重要的经济技术合作伙伴，双方于 1963 年正式建立外交关系，日本于 1964 年在肯尼亚开设大使馆，肯尼亚于 1979 年在日本开设大使馆。1982～1990 年，肯尼亚总统莫伊三次访问日本。21 世纪以来，肯尼亚与日本维持着密切的联系。2001 年日本首相森喜朗率领 200 多人的代表团访问肯尼亚，并同莫伊总统举行会谈。肯尼亚总统齐贝吉分别于 2004 年和 2008 年访问日本。2015 年，肯尼亚总统乌胡鲁·肯雅塔访问日本。2016 年，日本首相安倍晋三访问肯尼亚，并出席在肯尼亚内罗毕举行的第六届东京非洲发展国际会议。这是东京非洲发展国际会议机制创设以来首次在日本之外举行，肯尼亚选择作为此次会议的举办地旨在加强与日本的政治合作。肯日双方在联合宣言中指出，双方要在诸如民主、法治、开放的市场经济等基础上加强双边关系。日本承诺要通过技术合作和官方发展援助等方式支持肯尼亚地热电力开发，与肯尼亚一道加强高质量基础设施建设，同时向肯尼亚提供 10 亿日元的捐赠。2011 年日本福岛核泄漏事故后，肯尼亚向日本提供 100 万美元的捐赠。

肯尼亚作为东非和中非地区的门户和枢纽，在日本对非战略中具有特殊的地位。随着经济实力的增强，援助逐渐成为日本发展与肯尼亚关系的重要抓手。从 20 世纪 70 年代到 80 年代末，日本一直是肯尼亚的第六至第三大双边援助国。20 世纪 90 年代初，日本甚至一度超过英美成为肯尼亚的最大援助国。不过 1991 年日本追随其他西方国家，因不满肯尼亚的政治民主化进程而暂停了对其援助，直到 1993 年才恢复。20 世纪 90 年代后半期，日本对肯尼亚的援助规模有所下降，1998 年为 5260 万美元，仅占 1995 年援助规模的 26.5%。1999 年和 2000 年，日本对肯尼亚援助规模分别为 5860 万美元和 6690 万美元，与英国对肯尼亚援助差不多。21 世纪初期，日本对肯尼亚援助规模在所有对肯尼亚援助国家中排第二或者第三位。根据日本驻肯尼亚大使馆披露的数据，截至 2015 年，日本向肯尼亚提供的低息贷款是 3803 亿日元，赠款是 1250 亿日元，技术合作资金是 1192 亿日元。日本对肯尼亚援助的领域主要包括人力资源开发、农业发展、基础设施建设、医疗卫生和环境保护。目前肯尼亚是日本在撒哈拉以南非洲地区最大的受援国。

经贸合作是肯尼亚与日本发展双边关系的基石。肯尼亚主要向日本出口茶叶和烟草等产品，从日本进口汽车、机械设备等制造业产品。2017 年，肯尼亚向日本出口额为 45.05 亿肯先令，自日本进口额为 816.63 亿肯先令，肯尼亚对日贸易维持着巨额逆差，达 771.58 亿肯先令。日本在肯尼亚进行生产性投资的公司很少，20 世纪 80 年代末仅三洋电子康采恩一家，但不少企业如本田、三菱等在肯尼亚建立了贸易代办机构和汽车零件供应站。截至 2018 年 12 月，有 104 家日本企业在肯尼亚开展投资经营活动，其中有 54 家企业在肯尼亚有实体店存在。截至

2016 年 10 月，有 800 多名日本人生活在肯尼亚，这在撒哈拉以南非洲地区是最多的。

此外，文化交流也是日本与肯尼亚双边关系的一大亮点，日本文化对肯尼亚具有广泛影响。日本在学位教育、职业培训、体育交流等方面向肯尼亚提供资助，通过开办日本电影节、日语演讲比赛等方式提高对肯尼亚的文化影响力。

三　与法国的关系

肯尼亚与法国维持着密切的经济和文化联系。法国在非洲的外交重点在法语非洲国家，20 世纪 80 年代中期以后才开始有重点地向英语非洲国家扩展。1989 年 2 月，莫伊总统访问法国，会见了法国总统密特朗，并同法国总理和财长就债务等问题进行会谈。1990 年 2 月，法国经济、财政和预算国务部长皮埃尔·贝雷戈瓦在内罗毕会晤肯尼亚副总统乔治·塞托蒂后，宣布法国政府取消肯尼亚所欠的 2.34 亿美元债务。20 世纪 90 年代初，法国也一度与英美等国一道暂停对肯尼亚的援助，以力压肯尼亚政治经济改革。20 世纪 90 年代末法国将肯尼亚纳入"优先稳定区"后，法肯关系不断升温。2011 年肯尼亚总理拉伊拉·奥廷加与法国总理弗朗索瓦·菲永举行会晤，称要加强两国间的伙伴关系。2003～2016 年，有 20 多位肯尼亚部长访问了法国。2016 年 4 月，肯尼亚总统乌胡鲁·肯雅塔访问法国，称法国是肯尼亚"真正的朋友和发展伙伴"，肯法两国签署协议，法国承诺向肯尼亚投资 2.5 亿欧元。2019 年，法国总统马克龙访问肯尼亚，他表示，法国支持肯尼亚倡导的东非一体化进程，希望加强与肯尼亚的伙伴关系。通过此次访问，法肯两国签署了 30 多亿欧元的经济协议，其中包括在肯尼亚建设汽车组装厂、由法国企业联合体建造连接内罗毕中央商务区和乔莫·肯雅塔国际机场之间的快轨。马克龙系历史上首位访问肯尼亚的法国总统。2020 年 10 月，肯尼亚总统乌胡鲁·肯雅塔访问法国，肯法双方签署三项协议，包括修建内罗毕—纳库鲁—茅峰（Mau Summit）高速公路，这是东部非洲地区最大的公私伙伴（PPP）项目之一。

肯尼亚将法国视为重要的发展合作伙伴，法国开发署在内罗毕设有地区分署，到 1998 年该机构已向肯尼亚提供新援助 6000 万法郎。法国向肯尼亚提供的援助主要是发展合作领域的信贷支持，而不是无偿援助。2007 年 7 月，肯法两国商定一项信贷协议，法国开发署资助 6.3 亿肯先令用于肯尼亚农村电气化工程。2013 年，法国开发署提供 9100 万欧元的软贷款，支持连接肯尼亚与埃塞俄比亚电网建设；2014 年，法国开发署与肯尼亚政府签署一项协议，根据协议，法国提供 1 亿欧元软贷款，支持内罗毕的供水系统建设。在肯尼亚发展融资领域，法国扮演着重要角色。自 1997 年以来，法国开发署已向肯尼亚提供了大约 15 亿欧元的发展融资，主要集中在能源、供水、交通运输、城市发展等领域。法国由此成为肯尼亚第二大双边债权国。

法国是肯尼亚的重要贸易伙伴，肯尼亚是法国在东非地区的重要出口市场。近年来，法国对肯尼亚出口稳步增长，由 2006～2008 年的年均 1.44 亿欧元增长到了 2013～2015 年的年均 1.63 亿欧元，增幅达 13.19%。法国主要向肯尼亚出口化学产品、工业设备和机器、农产品、交通设备等。目前，法国是肯尼亚在欧盟地区的第三大进口来源地，排在英国和德国之后；同时也是肯尼亚在欧盟地区的第四大出口市场，排在荷兰、英国、德国之后。2017 年，肯尼亚对法国出口额 77.73 亿肯先令，自法国进口额 268.35 亿肯先令，维持对法国近 200 亿肯先令的逆差。截至 2015 年，法国对肯尼亚投资占肯尼亚吸引外资总额的 10%，是肯尼亚的第四大投资伙伴，有 70 多家法国企业在肯尼亚开展投资经营活动，包括法国标致、施耐德电气有限公司、巴黎欧莱雅、达能集团、依视路等企业。

加强文化联系是肯法文化合作的重要内容，双方签署科学技术合作协定，两国在高等教育、联合研究、语言培训等领域存在密切合作。法国通过援助项目推动肯尼亚的法语教学，传播法国文化和语言。法国在肯尼亚建有三个研究中心，法国研究人员与肯尼亚科学家进行合作与协调，共同在肯尼亚开展学术研究。相当一部分研究项目既有欧洲伙伴，也有非洲伙伴。研究所需资金由研究机构自身、法国对外和欧洲事务部、法国国家研究局和欧盟等机构资助。2019 年 4 月,在法国驻肯尼亚使馆和肯尼亚教育部的支持下,肯雅塔大学建立了法语教师培训中心,法国出资培训法语教学师资力量以提高肯尼亚法语教学的质量。此外,法国驻肯尼亚的文化机构(主要是设在内罗毕的法国文化中心及蒙巴萨的法文协会)也经常组织展览和演出等活动。

四 与其他欧美国家的关系

肯尼亚与荷兰、瑞典、丹麦、挪威、加拿大等国家存在密切联系,这些国家主要通过发展援助推进与肯尼亚的合作关系。

荷兰是肯尼亚在发展援助领域的重要合作伙伴,历史上长期维持肯尼亚第四大双边援助国的地位。1990～1998 年,荷兰向肯尼亚提供的官方发展援助净额(扣去还债)达 3.749 亿美元。21 世纪以来,随着肯尼亚经济发展水平的不断提升,荷兰开始改变传统的发展援助政策,将对肯合作的重点由援助转向贸易和投资。2014 年,荷兰对肯尼亚提出了新的发展合作战略,即"从援助到贸易",这一战略强调贸易和投资在促进经济社会发展中的关键作用。2013 年,荷兰对肯尼亚的双边援助规模达 2500万欧元(28 亿肯先令),2016 年下降为 1500 万欧元(16 亿肯先令)。根据新的发展合作战略,荷兰逐步降低了对肯尼亚的援助规模,并在 2020年全部取消了对肯尼亚的援助。与此同时,荷兰将继续通过世界银行、欧盟、联合国等多边组织,加强与肯尼亚在发展援助领域的合作。与援助额逐步降低相反,荷兰与肯尼亚在经贸领域的合作正稳步增强。近年来,荷兰一直维持肯尼亚在欧洲第一大出口市场的地位。2021 年,肯尼亚对荷兰出口总值达 616.66 亿肯先令,自荷兰进口总值为 468.15 亿肯先令,肯尼亚维持了 148.51 亿肯先令的贸易顺差。在贸易结构方面,荷兰主要向肯尼亚出口化学产品、机械产品、交通设备、发动机以及服务产品等,而肯尼亚主要向荷兰出口园艺产品、烟草、原材料等。在投资方面,荷兰除了飞利浦、联合利华、壳牌、喜力啤酒等大型跨国企业在肯尼亚开展投资活动外,还有大量企业投资肯尼亚的花卉产业,近年来投资范围还拓展到了可再生能源、基础设施、信息通信、金融等产业。此外,荷兰航空持有肯尼亚航空 26% 的股份，肯尼亚航空开通了到阿姆斯特丹的航线，而荷兰航空也开通了到内罗毕的航线。

早在 20 世纪初，瑞典的探险家、传教士、商人便到过肯尼亚。随着双边外交关系的建立，瑞典逐渐成为肯尼亚在发展合作领域的重要伙伴。20 世纪 70 年代，瑞典一度成为肯尼亚的第三大双边援助国，瑞典对肯援助占肯尼亚接受外部援助总额的大约 10%。1974～1984 年，瑞典仍是肯尼亚的第五大双边援助国，它在 1977 年底即承诺援肯 7700 万美元。瑞典还数次取消肯尼亚所欠部分债款。20 世纪 80 年代末，瑞典因不满肯尼亚政府镇压反对派而一度终止援助。随着 20 世纪 90 年代肯尼亚民主化进程的推进，瑞典逐步恢复对肯援助。2015 年，瑞典政府出台《瑞典对肯尼亚发展合作战略（2016～2020 年）》。根据这一战略，2016～2020 年，瑞典将向肯尼亚提供 17.5 亿瑞典克朗资金，用于支持肯尼亚的环境保护、民主建设和减贫。该战略也支持瑞典与肯尼亚的双边关系逐渐由发展合作向加强经济关系转变。2020 年底，瑞典政府出台新的对肯尼亚发展合作战略，即《瑞典对肯尼亚发展合作战略（2021～2025 年）》，2021～2025 年，瑞典将继续向肯尼亚提供 17.5 亿瑞典克朗援助，用于支持肯尼亚的人权、民主、法治、性别平等、环境保护以及包容性经济发展。1973 年，肯尼亚与瑞典签署《避免征收双重关税的协定》，这为肯瑞双边贸易发展奠定了制度基础。2009 年，瑞典开发性金融机构瑞典基金会（Swedfund）在内罗毕设立区域办公室，以促进瑞典与肯尼亚以及东非国家经济关系发展。21 世纪以来，肯瑞双边贸易发展迅速，2003～2012 年双边贸易额增长了 310%。2017 年，肯尼亚对瑞典出口 28.63 亿肯先令，自瑞典进口 62.56 亿肯先令，双边贸易额为 91.19 亿肯先令。此后肯瑞双边贸易基本维持在这一规模，2021 年双边贸易额为 90.83 亿肯先令。从双边贸易结构来看，肯尼亚主要向瑞典出口咖啡、鲜花、水果和蔬菜，自瑞典进口的商品主要是通信设备、纸、机械产品、医疗设备和汽车等。近年来，有 50 多家瑞典企业在肯尼亚开展投资经营活动，很多企业以内罗毕为中心向整个东非地区扩张。

丹麦是肯尼亚的长期发展合作伙伴，自 1963 年肯尼亚独立以来，丹麦就开始向肯尼亚提供援助。从肯尼亚独立到 1993 年 9 月，丹麦共向肯尼亚提供发展援助 30 多亿丹麦克朗，合 290 亿肯先令（约合 5 亿美元），绝大部分为赠款。1990 年以后，丹麦为表示对肯尼亚政治经济管理的不满，多次削减原定援款甚至威胁终止援助。随着肯尼亚改革进程的推进，丹麦逐步恢复对肯尼亚的援助。2008 年 11 月，丹麦首相安诺斯·福格·拉斯穆森访问肯尼亚；2009 年 12 月，肯尼亚总统齐贝吉访问丹麦。2005～2010 年，丹麦向肯尼亚提供了 1.98 亿丹麦克朗的援助。2015 年 1 月，丹麦政府发布《丹麦-肯尼亚伙伴关系政策（2015～2020 年）》，该政策的目标是支持肯尼亚实现包容性绿色增长、减贫、民主改革和保障人权。2015 年 12 月，丹麦外长访问肯尼亚，发布"丹麦-肯尼亚国家项目（2016～2020 年）"，项目执行期内向肯尼亚提供 9.705 亿丹麦克朗（148 亿肯先令）的援助，涉及绿色发展、医疗卫生等领域。2020 年丹麦外交部发布《丹麦-肯尼亚伙伴关系战略框架（2021～2025 年）》，其中第四章规定，2021～2025 年，丹麦将向肯尼亚提供 8.5 亿丹麦克朗的发展援助。肯尼亚与丹麦之间的贸易规模不大，肯尼亚主要向丹麦出口咖啡、茶叶、鲜花、水果，丹麦主要向肯尼亚出口发电机组、农业机械、发动机等。有 50 多家丹麦企业在肯尼亚开展投资经营活动，其中包括诸多大型跨国公司。例如，丹麦马士基集团（Maersk Group）于 1994 年开始进入肯尼亚市场，在内罗毕和蒙巴萨设有办公室，以蒙巴萨港为中心开展航运业务。2016 年，马士基集团开始投资肯尼亚的石油和天然气产业。丹麦维斯塔斯公司（Vestas）投资图尔卡纳湖风力发电厂，并向肯尼亚提供风力发电机组。总体上看，丹麦企业在肯尼亚投资领域广泛，涉及航运、能源、医疗设备、咖啡烘焙等多种产业。

　　肯尼亚 1963 年独立后便与挪威建立了正式外交关系，挪威也给予肯尼亚不少经济援助（1970～1981 年总计 9000 多万美元）。1986 年肯尼亚反对派人士科伊吉·瓦·瓦姆韦莱在挪威获政治避难权，并在挪威从事反对肯尼亚政府的活动。肯尼亚政府几次要求挪威政府将瓦姆韦莱引渡，均遭拒绝，从而严重影响了两国关系的发展。20 世纪 80 年代末 90 年代初，挪威多次批评肯尼亚的人权状况，并最终导致两国于 1990 年 10 月宣布断交，直到 1994 年两国才宣布恢复外交关系。近年来，肯尼亚与挪威关系发展良好。2015 年 9 月，挪威贸易部长率领 54 家企业代表组成的代表团访问肯尼亚；同年 12 月，挪威外交部长访问肯尼亚并参加在内罗毕召开的世界贸易组织第 10 届部长级会议。挪威与肯尼亚的关系正由援助向贸易与投资关系转变。挪威主权财富基金于 2012 年开始在肯尼亚投资，截至 2015 年总投资额已达 82 亿肯先令，而主要面向新兴国家中小企业投资的私募基金挪威发展投资基金（Norfund）于 2007 年在肯尼亚内罗毕设立办公室，各类投资额总计有 230 亿肯先令。

加拿大与肯尼亚都是英联邦成员，双方于 1963 年建立外交关系。肯尼亚不断得到加拿大的经济援助，从 1970 年到 20 世纪 80 年代初，加拿大对肯经济援助（包括贷款和赠款）超过 1 亿美元。2009 年 2 月，加拿大不再将肯尼亚作为对外援助优先国，肯尼亚在加拿大对外援助中的地位有所下降。2016～2017 年，加拿大向肯尼亚提供了 7400 万美元的援助。此外，加拿大还通过联合国机构、红十字运动以及非政府组织等向肯尼亚提供人道主义援助。在安全领域，加拿大支持肯尼亚国际和平支援训练中心建设，有 2 名加拿大军官在该机构任职。自 1970 年以来，肯尼亚一直是加拿大军事训练与合作项目的成员，共有几百名肯尼亚军官通过该项目接受培训。在贸易方面，加拿大主要向肯尼亚出口汽车、机械设备等，自肯尼亚进口蔬菜、纺织产品等。2017 年，肯加双边贸易额达 1.762 亿美元，其中加拿大向肯尼亚出口 1.417 亿美元，自肯尼亚进口 3450 万美元。在投资方面，加拿大在肯尼亚投资共计 3000 万美元，主要集中在矿产、石油资源勘探等领域。

五 与欧盟的关系

欧盟的前身欧洲经济共同体与非洲国家签署《雅温得协定》，与非洲国家、加勒比海沿岸和太平洋地区的一些发展中国家签署《洛美协定》。《洛美协定》经四次（1975 年、1979 年、1984 年和 1989 年）签署后被《科托努协定》所取代。肯尼亚是四次《洛美协定》和《科托努协定》的签字国，根据这两个协定的贸易安排，肯尼亚相关产品可以减税或者免税进入欧盟市场，而肯尼亚无须承担对等义务。这一优惠的贸易安排有助于肯尼亚扩大对欧盟市场的出口。长期以来，欧洲经济共同体一直是肯尼亚的最大贸易伙伴和肯尼亚最大的出口市场。不过，作为区域性组织，有的年份欧盟作为肯尼亚最大出口市场的地位会被东非共同体超越。2017年，肯尼亚对欧盟出口额为1256.15亿肯先令，占其对外出口总额的21.1%。同年，肯尼亚自欧盟进口额为2065.34亿肯先令，排在中国之后。从贸易结构上看，肯尼亚主要向欧盟出口茶叶、咖啡、鲜花等农产品，主要从欧盟进口工业制成品。肯尼亚鲜花产品的70%出口至欧盟市场。

　　欧盟是仅次于世界银行的肯尼亚第二大多边援助机构。1990～1998年，欧盟向肯尼亚政府提供的净援助（扣除还债）共计4.126亿美元，平均每年约4500万美元，占同期肯尼亚所获多边援助的14.8%。20世纪90年代之后，欧盟开始强调要以实行经济改革为受援条件。欧盟还通过与肯尼亚的政治对话，推动肯尼亚的民主化进程。2008～2013年，欧盟向肯尼亚提供了大约3.83亿欧元的援助，主要用于交通基础设施开发以促进地区经济一体化，支持农业和乡村发展以提高乡村贫困家庭的收入。自2014年以来，欧盟与肯尼亚开始实施联合合作战略，其中第一阶段为2014～2018年，欧盟共有10个成员国参与。2018年11月，欧盟、欧盟19个成员国驻肯尼亚的代表、欧洲投资银行出台《联合合作战略（2018～2022年）》，欧盟通过45亿欧元的发展合作资金支持肯尼亚四大议程，即制造业发展、粮食安全、医疗全覆盖和住房建设。欧盟主要通过欧洲发展基金、欧洲投资银行等机构向肯尼亚提供发展合作资金。除发展援助外，欧盟还向肯尼亚提供人道主义援助。自2012年以来，欧盟向肯尼亚提供了1.2亿欧元的人道主义援助，其中2018年提供了1150万欧元的人道主义援助。此外，欧盟还通过非洲紧急信托基金向肯尼亚提供援助，帮助肯尼亚应对来自索马里、南苏丹等邻国的难民和非法移民。2023年3月，肯尼亚总统鲁托访问欧盟总部，与欧盟领导人举行会晤，双方承诺进一步加强肯尼亚－欧盟战略伙伴关系，尽快达成《经济伙伴协定》，并深化绿色发展、可再生能源等领域合作。

第五节 与中东国家的关系

肯尼亚高度重视发展与中东国家的关系。肯尼亚大部分石油进口来自中东国家，而中东国家雇用了大量肯尼亚劳工，双方维持着密切的友好合作关系。此外，中东国家还是肯尼亚重要的发展援助伙伴和贸易投资伙伴。

一 与以色列的关系

自 1963 年肯尼亚与以色列建立正式外交关系以来，双方便签署协议，以色列承诺在农业、医疗等领域向肯尼亚提供人员培训和相应援助。1973年第四次中东战争爆发后，肯尼亚和许多非洲国家一道与以色列断交，但保持着商业上的往来。1987 年，肯尼亚总统莫伊与以色列总理伊扎克·沙米尔讨论复交问题，两国于 1988 年底正式恢复外交关系。1998 年 8 月7 日，内罗毕发生美国驻肯使馆炸弹爆炸事件后，以色列派救援小组到现场参加救援。2002 年蒙巴萨恐怖袭击事件中有 3 名以色列人被杀，肯尼亚与以色列政府对这一恐袭事件进行了强烈谴责。随着非传统安全问题的不断恶化，近年来以色列加强了与肯尼亚在反恐领域的合作。2010 年，肯尼亚开始向以色列购买武器，包括用于边境侦察的无人机。2011 年，肯以两国签署协定，承诺就反恐、打击洗钱及其他形式犯罪活动等加强合作。2013 年，以色列向肯尼亚提供支援，打击索马里的恐怖分子。2017年 11 月，以色列总理内塔尼亚胡访问肯尼亚，参加肯尼亚总统乌胡鲁·肯雅塔的就职典礼。内塔尼亚胡此次访问旨在加强与肯尼亚的合作，寻求肯尼亚对以色列成为联合国安理会非常任理事国的支持，双方就移民、医疗卫生等领域合作签署了相关协定。贸易方面，肯尼亚主要向以色列出口初级产品，从以色列进口农业机械、灌溉设施、医药产品等制成品。2017年，肯尼亚向以色列出口 7.47 亿肯先令，自以色列进口 62.93 亿肯先令，贸易逆差为 55.46 亿肯先令。

二 与阿拉伯国家的关系

中东阿拉伯国家是肯尼亚石油进口的主要来源地和重要发展合作伙伴，肯尼亚高度重视发展与阿拉伯国家的关系。20世纪70年代末80年代初，莫伊总统访问了沙特、阿布扎比和伊拉克，以寻求石油优惠、财政援助和贸易合作。1998年，肯尼亚共进口价值5.718亿美元的原油和石油产品，其中来自阿联酋的进口值2.671亿美元（占46.7%），来自沙特的进口值1.919亿美元（占33.6%），两国共占肯尼亚石油进口值的80.3%。长期以来，阿联酋是肯尼亚的最大石油进口来源国。但是2013年肯尼亚蒙巴萨唯一的炼油厂关闭后，阿联酋这一肯尼亚最大进口来源国的地位一度被印度所取代，这一时期由印度人作为大股东的海湾非洲石油公司（Gulf Africa Petroleum Corporation）向肯尼亚出口石油产品。不过几年后，阿联酋重获肯尼亚最大石油进口来源国的地位。根据肯尼亚国家统计局数据，2018年沙特取代阿联酋成为肯尼亚最大的石油进口来源国，当年肯尼亚自沙特进口石油1326亿肯先令，自阿联酋进口石油1169亿肯先令。目前，阿联酋是肯尼亚在中东地区最大的出口市场，2017年肯尼亚向阿联酋出口263.7亿肯先令。整个中东已超过欧洲，成为仅次于亚洲的肯尼亚第二大进口来源地。其中，阿联酋是肯尼亚在中东地区的第一大进口来源地，其次为沙特。发展援助也是肯尼亚与中东阿拉伯国家开展合作的重要领域。根据肯尼亚外交部的数据，截至2018年肯尼亚已在各类阿拉伯发展基金中获得2.44亿美元的资助，其中包括欧佩克国际发展基金（OFID）、阿拉伯非洲经济开发银行（BADEA）、沙特开发基金（SFD）、阿布扎比开发基金（ADFD）、科威特阿拉伯经济发展基金（KF）。阿拉伯国家的发展援助主要用于资助肯尼亚公路、水电、供水、医疗、农村发展等项目开发。此外，肯尼亚向中东阿拉伯国家输送劳工也是双方开展合作的一个重要方面。近年来，在中东国家生活和工作的肯尼亚人已超过20万人。肯尼亚与沙特签署有《双边劳工协定》，该协定于2019年1月正式贯彻执行，有助于改善在沙特工作的肯尼亚人的生活条件，为其医疗、住房、最低工资等提供制度保障。

肯尼亚同埃及的关系始于殖民时代，历史上埃及给予肯尼亚广泛支持，通过斯瓦希里语广播的"非洲之声"电台支持肯尼亚争取民族解放的斗争。肯尼亚独立后，埃及继续通过提供粮食、医疗卫生、技术支持等多种方式对肯尼亚进行援助。埃及发展伙伴署（EAPD）、埃及国际农业中心（EICA）、开罗非洲冲突解决与维和中心（CCCPA）等机构每年都会举办各种培训课程，肯尼亚相关机构和人员都有参与。2014 年 5 月23 日至 6 月 13 日，25 名肯尼亚工程师参加了由"埃及尼罗河国家开发倡议"组织的农业机械领域的培训课程。肯尼亚与埃及建有联合合作委员会，该机制旨在促进双方在政治、经济和社会领域的合作。2017 年 2月，埃及总统塞西访问肯尼亚，两国领导人承诺要进一步扩大双边合作关系，包括打击非洲的暴力极端主义。在经贸领域，长期以来埃及维持着对肯尼亚的贸易逆差。但 2007 年埃肯双边贸易中，埃及首次实现对肯尼亚贸易顺差达 3440 万美元。2008 年埃肯双边贸易额达 3.783 亿美元，其中埃及对肯尼亚出口 1.562 亿美元，自肯尼亚进口 2.221 亿美元，肯尼亚维持了 6590 万美元的顺差。当年，埃及成为肯尼亚茶叶的最大进口国。2016 年，埃肯双边贸易额增长到 4.51 亿美元。两国领导人承诺进一步消除贸易壁垒，使双边贸易额在两年时间内提升至 10 亿美元。埃及有大量企业在肯尼亚开展投资经营活动，如埃及西塔德资本（Citadel Capital）持有裂谷铁路 85% 的股份，该公司承担从蒙巴萨至坎帕拉的铁路运营。

冷战时期，肯尼亚同利比亚的关系不和，利比亚对肯尼亚与西方维持密切关系不满，肯尼亚则指责利比亚干涉其内部事务。莫伊执政时期，肯尼亚与利比亚关系一度恶化。1987 年 5 月，肯尼亚驱逐了 6 名利比亚外交官并于当年底关闭了利比亚驻内罗毕的大使馆。时隔 11 年之后，两国于 1998 年恢复外交关系。齐贝吉执政后，大力改善与利比亚的关系，这一政策导向吸引了利比亚对肯尼亚的大量投资。利比亚一度成为肯尼亚重要的外资来源国，石油开采、酒店等是利比亚投资的重点领域。卡扎菲政权倒台后，肯尼亚承认了利比亚全国过渡委员会为利比亚的合法政府。

第六节　与俄罗斯及东欧国家的关系

一　与俄罗斯的关系

肯尼亚独立初期，政府中在外交上存在亲西方和亲东方的两派。其中以副总统奥金加·奥廷加为代表的一派势力亲东方，以总统乔莫·肯雅塔为代表的一派势力亲西方。1964 年，副总统奥金加·奥廷加率团访问苏联，并与苏联签订贷款、技术援助和武器转让协议。不久，一批苏联武器运抵蒙巴萨，但乔莫·肯雅塔总统认为这些武器过于陈旧，无法运用到肯尼亚现代军队中，从而未予接收。乔莫·肯雅塔不仅对苏制武器的态度发生了巨大转变，而且认为在肯尼亚的苏联指挥官和技术专家效忠于奥金加·奥廷加，因而对其权力构成了威胁。冷战时期，肯尼亚奉行不结盟政策，虽然亲西方的乔莫·肯雅塔总统决定疏远东方，但并未拒绝苏联的经济技术援助。奥金加·奥廷加失势后，肯苏关系更趋冷淡。到 1975 年，肯尼亚基本上没有动用苏联给的 5000 万美元贷款。20 世纪 70 年代末，苏联入侵阿富汗。肯尼亚政府为表示抗议，在 1980 年 1 月宣布抵制莫斯科奥林匹克运动会，并谴责苏联是印度洋和平区的威胁。同年 8 月，由于肯尼亚不满美国同索马里缔结军事援助协议，莫伊总统宣布接受 1981 年访问苏联的邀请。之后，肯苏两国维持一般外交关系。

苏联解体后，俄罗斯将战略重心转移到国内经济社会转型上，肯俄两国在 20 世纪 90 年代的大部分时间来往不多。到 20 世纪 90 年代末，出于相互需要，两国开始有了更多接触。军事安全日益成为肯俄双边合作的重点领域，俄罗斯逐渐成为肯尼亚武器装备的重要来源国。2011 年，肯尼亚耗资 1.01 亿美元向俄罗斯武器出口商罗索博龙（Rosoboronexport）购买了 88 辆 BRDM－3 装甲侦察车；2013 年，肯尼亚花费 2000 万美元从俄罗斯购买军事装备，包括 5 架 Mi－28 攻击直升机。2013 年乌胡鲁·肯雅塔当选肯尼亚总统后，首次出访的国家便选择了俄罗斯。近年来，随着乌干达、肯尼亚等东非国家油气资源的勘探与开发，俄罗斯加大了对非外交投入力度，试图通过加强与非洲国家的政治经济合作，减弱美欧等西方国家政治上孤立、经济上制裁所带来的压力。2015 年，俄罗斯发起成立了俄非论坛，论坛的首次峰会在肯尼亚内罗毕召开。此外，俄罗斯还通过各类培训项目和奖学金等为肯尼亚培养人才特别是军事安全领域的职业人才。近年来，肯俄双边贸易额不断增长，由 2013 年的 300.13 亿肯先令增长到 2017 年的 441.76 亿肯先令，增幅达 47%。2017 年，肯尼亚对俄出口 79.97 亿肯先令，自俄进口 361.79 亿肯先令，维持对俄贸易逆差281.82 亿肯先令。

二 与东欧国家的关系

肯尼亚同波兰、罗马尼亚、匈牙利、捷克、斯洛伐克等东欧国家建有大使级外交关系。这些国家在内罗毕都设有使馆。肯尼亚与这些国家的合作主要集中在经贸、发展援助和人文交流等领域。在经贸领域，2014 年肯尼亚与波兰签署了促进贸易的谅解备忘录，共有 18 家波兰企业参与，它们对投资肯尼亚农业、矿业和医疗卫生产业表现出浓厚兴趣。2017 年，肯尼亚与匈牙利达成经济合作协定，双方决定成立联合经济委员会，以促进双方在经贸领域的合作。根据这一协定，匈牙利政府拟出资 8500 万欧元支持匈牙利企业赴肯尼亚投资。在发展援助领域，诸多东欧国家在肯尼亚开展与发展合作相关的援助项目。自 2004 年以来，斯洛伐克共向肯尼亚提供了 100 多个援助项目，总金额达 1000 多万欧元，涉及医疗卫生、教育、农业和公共事务管理等领域。2017 年，匈牙利向肯尼亚提供 5000 万欧元的援助项目。在人文交流领域，东欧国家通过提供奖学金名额，支持肯尼亚学生赴东欧国家留学。2019 年 3 月，肯尼亚国民议会议长贾斯廷·穆图里（Justin Muturi）访问匈牙利，通过此次访问，匈牙利将为肯尼亚提供的奖学金名额由 50 名增加到 100 名。2017 年斯洛伐克总统安德烈·基斯卡（Andrej Kiska）在访问肯尼亚期间也表示，将与肯尼亚探讨增加奖学金名额，以支持肯尼亚学生赴斯洛伐克留学事宜。

第七节　与中国的关系

肯尼亚与中国关系源远流长。早在中国明朝永乐年间，马林迪国便曾遣使明廷。明朝三保太监郑和几次率船队访问肯尼亚。

1963 年 12 月 12 日肯尼亚独立时，中国副总理兼外长陈毅应邀参加了在内罗毕举行的独立庆典。1963 年 12 月 14 日，肯中建交。1964 年，周恩来总理原定对肯尼亚的访问因肯尼亚误会而被临时取消。1967 年肯尼亚一度关闭其驻华使馆。20 世纪 70 年代后期，尤其是莫伊总统执政后，两国关系开始稳步发展。1980 年 9 月，肯尼亚总统莫伊访华，肯中两国签署经济技术合作协定，中国承诺以无息贷款形式帮助肯尼亚建设莫伊国际体育中心，同时每年向肯尼亚提供 10 个来华奖学金名额。此后，莫伊总统分别于 1988 年 10 月和 1994 年 5 月再次访问中国。1996 年 5 月，中国国家主席江泽民到肯尼亚进行国事访问。在这之后，1999 年 11 月，中国全国人大常委会委员长李鹏访问肯尼亚。在中国领导人访肯期间，中肯两国政府签订了经济技术合作协定与文化合作协定。2002 年 4 月，中国国务院总理朱镕基访问肯尼亚，两国政府签署了农业合作谅解备忘录和经济合作协定等文件。2005 年 8 月，肯尼亚总统齐贝吉访问中国。2006 年 4 月，中国国家主席胡锦涛访问肯尼亚，双方签署经济技术合作协定、教育交流与合作协议、文化合作协定 2006～2008 年执行计划等一系列合作协定。后齐贝吉总统又于 2006 年 11 月来华出席中非合作论坛北京峰会，于 2010 年 4 月访华并出席世博会开幕式。2013 年 8 月，乌胡鲁·肯雅塔总统对中国进行国事访问，肯中两国同意将双边关系升级为平等互信、互利共赢的全面合作伙伴关系。2014 年 5 月，中国政府总理李克强访问肯尼亚，两国领导人见证签署了旨在加强中肯友好合作的 17 项协议。2017 年 5 月、2018 年 9 月、2018 年 11 月、2019 年 4 月，乌胡鲁·肯雅塔总统分别来华出席第一届"一带一路"国际合作高峰论坛、中非合作论坛北京峰会、首届中国国际进口博览会、第二届"一带一路"国际合作高峰论坛。2018 年，中肯两国签署《关于共同推进丝绸之路经济带和

21世纪海上丝绸之路建设的谅解备忘录》。近年来，两国政府、议会、政党、军方、工会等友好互访频繁，增进了两国友谊。

在经贸领域，中肯两国于1978年签署贸易协定，此后两国双边贸易稳步发展。20世纪八九十年代，中肯双边贸易规模不大，1980～1999年，肯尼亚对华出口占其对外出口总值的比重不到1%；自华进口逐步由1980～1985年的平均每年1081万美元增长到了1990～1994年的平均每年2930万美元。21世纪以来，中肯双边贸易额大幅增长。2011年，中肯建立双边贸易、投资和经济技术合作联合委员会，旨在就两国间的经贸合作加强协调。2015年中肯双边贸易额超过50亿美元，中国超过印度成为肯尼亚最大贸易伙伴。根据中国外交部数据，2022年中肯双边贸易额85.2亿美元，同比增长22.9%。其中中方出口额82.5亿美元，同比增长23%；中方进口额2.7亿美元，同比增长19.3%。中方主要出口电子类产品、服装和纺织纱线、钢铁及其制品等，主要进口矿砂、农产品、皮革制品等。2019年5月，首届中国－肯尼亚两国政府贸易、投资和经济技术合作联合委员会于内罗毕召开。会议期间，中肯贸易畅通工作组召开首次会议。该工作组是中国与非洲国家建立的首个推动双边贸易便利化的工作机制。目前，肯尼亚是中国在东非第一大贸易伙伴。中国是肯尼亚第一大贸易伙伴和第一大进口来源国。

在投资领域，自1994年以来，肯尼亚总统和政府部长一再表示希望中国公司、企业家到肯尼亚投资建厂。中国政府也鼓励中国企业家赴肯投资。1995年3月，两国政府签订了互利合作意向书，为中国企业在肯尼亚投资提供了保障。到1996年5月，在肯尼亚注册的中国公司已有30多家。2001年，中肯两国签署了投资保护协定，为扩大双边投资规模提供了法律保障。21世纪以来，随着中国企业"走出去"步伐的加快，中国对肯尼亚的投资规模不断扩大。根据肯尼亚国家统计局公布的"外国投资调查"数据，中国对肯尼亚的直接投资从2014年的139亿肯先令激增至2015年的418亿肯先令，当年中国一跃成为肯尼亚的最大外资来源国。根据2016年麦肯锡调查报告，在肯中资企业已达390多家，集中在建筑业、制造业和服务业。中国商务部统计，截至2017年底，中国企业对肯直接投资存量达 15.4 亿美元。2021 年，中国企业对肯直接投资额为 3.5 亿美元。此外，中国还是肯尼亚第一大工程承包方，工程承包领域从传统的公路、房建项目扩展到铁路、电力、港口、咨询设计、供排水、地热井、石油管道和机场扩建等。中国商务部统计，2020 年中国在肯新签工程承包合同金额达 32.37 亿美元，完成营业额 29.57 亿美元。

在人文交流领域，中肯两国于 1980 年签署了文化合作协定，于 1994 年签署高等教育议定书，中国向肯尼亚埃格顿大学提供教学科研仪器，并派遣 2 名教师。自 1982 年以来，中国政府开始向肯尼亚提供奖学金名额，这些奖学金涉及医学、建筑、土木工程等与科技相关的课程学习。中国也向肯尼亚派出了多名学者和进修人员。2016 年，中国政府为肯尼亚提供各类奖学金名额 200 多个，各类培训 500 多人次。此外，随着蒙内铁路的建成和运营，中国路桥工程有限责任公司于 2016 年开始资助肯尼亚学生赴华学习。该项目由中国路桥三年内全额资助 100 名优秀学生前往北京交通大学接受 4 年的铁路专业本科教育。近年来共有 1000 多名肯学子获中国政府奖学金，超过 2400 名肯学生赴华留学。自 2005 年在内罗毕大学设立非洲第一所孔子学院以来，中方已在肯建立 4 所孔子学院（其中 3 所分别为肯雅塔大学孔子学院、埃格顿大学孔子学院、莫伊大学孔子学院）、1 所广播孔子课堂和多个汉语教学点。孔子学院除提供日常中文学历教育外，还开设专门的中文培训班，为上万名来自肯尼亚机场、海关、移民局、外交部等各部门工作人员提供培训。2016 年 9 月，中非联合研究中心正式移交肯方。从 2013 年立项至今，这个机构已与肯尼亚、坦桑尼亚和埃塞俄比亚等国 20 家科教机构展开合作，先后为非洲各国培养 122 名研究生，成为开展中非、中肯科技创新合作重要平台。2005 年肯尼亚航空公司开通内罗毕至广州的直航。2015 年 8 月，中国南方航空公司开通广州至内罗毕的直航。新华社、中国国际电视台、中国国际广播电台的非洲总部均设在内罗毕。中国国际广播电台首家海外城市调频电台于 2006 年 2 月在内罗毕开播，蒙巴萨调频台 2011 年 1 月开播，中央电视台非洲分台 2012 年 1 月在内罗毕成立并开播。2012 年 12 月，《中国日报》（非洲版）在内罗毕创刊发行。

第八节　与周边国家的关系

肯尼亚周边有乌干达、坦桑尼亚、索马里、埃塞俄比亚和南苏丹五个邻国。肯尼亚坚持睦邻友好的周边外交政策，强调非洲的中心地位特别是周边邻国的重要性。然而，肯尼亚周边地缘政治环境存在很大差异，其与邻国关系的发展程度也有所不同。乌干达、坦桑尼亚分别位于肯尼亚的西部和南部，与肯尼亚互联互通和一体化水平相对要高，肯尼亚与这两个国家存在密切的经贸联系。索马里、南苏丹长期为内战所困，这两个国家安全局势恶化导致大量难民涌入肯尼亚，而索马里"青年党"更是使肯尼亚面临严峻的非传统安全挑战。面对北部地区的邻国，肯尼亚积极参与联合国、非盟等国际和地区组织的维和行动，发挥斡旋、协调作用，旨在维护其北部边境地区的和平与稳定。

一　与乌干达的关系

肯尼亚与乌干达历史上都为英国的殖民地。两国独立前，乌干达东方省于 1926 年被划归肯尼亚。从蒙巴萨延伸到基苏木和乌干达边境的铁路主干线当年被称为"乌干达铁路"。肯乌两国有大量讲斯瓦希里语的人口，双方具有文化上的相似性。乌干达通过肯尼亚的蒙巴萨港进入印度洋，与外界开展广泛的商业联系。独立之后，肯乌两国关系跌宕起伏，甚至一度兵戎相见。1971 年伊迪·阿明执政后，扬言要将历史上划归肯尼亚的领土收回。阿明的言论引起肯尼亚总统乔莫·肯雅塔的强烈不满，肯尼亚政府为此派重兵守卫边境地区。不过，阿明并未将收回领土的言论转变为具体政策实践，肯乌双边关系紧张了一段时期后有所缓和。1980 年，奥博特再次掌权，莫伊总统同他和赞比亚总统卡翁达会商改善三国间交通、贸易和联合反走私等事宜。1981 年，乌干达政府领导的乌干达全国解放军（UNLA）和穆塞韦尼领导的全国抵抗军（NRA）爆发内战。莫伊总统对交战双方进行调停，并于 1986 年对穆塞韦尼夺取政权表示支持。但是肯乌双边关系不但没有改善反而有所恶化，双方互相指责对方支持各自国内的反对派活动。1987 年，肯尼亚驱逐了两名乌干达高级外交官，并一度关闭蒙巴萨港和肯乌边界，乌干达则切断对肯尼亚的电力供应，肯乌双边关系再次恶化。同年，双方爆发边境武装冲突，互有军民伤亡。形势日益严峻使双方领导人认识到，必须制止双边关系进一步恶化并有所改善，才能塑造良好的外部环境。1987 年 12 月发生边境冲突后，两国政府当即发表声明，愿停止冲突，谋求和平。接着，两国总统在肯尼亚边境的马拉巴镇举行会谈，一致同意采取具体措施，使交界地区局势正常化。1990 年 8 月中旬，莫伊总统访问乌干达，两国发表联合公报，决定全面改善关系，并重新互派高级专员。1993 年 11 月，莫伊总统在两周内两次访乌，他与乌干达总统穆塞韦尼会谈时，再次强调肯尼亚加强两国间兄弟友谊的愿望。两国总统还就两国间的货运、乌方向肯方出售电力的价格及边界安全等问题进行了讨论。1998 年 10 月，莫伊总统到乌干达主持第六届乌干达制造商国际贸易展览会开幕式，他在讲话中重申必须使"已经强有力和富有成果的两国贸易联系"多样化。21 世纪以来，肯乌两国在继续深化双边合作的基础上，进一步加强了在东非共同体等区域组织中的协调与合作。近年来，肯乌两国的贸易、投资和人员往来不断增强。两国双边贸易额由 2013 年的 814.48 亿肯先令增长到 2017 年的 1039.25 亿肯先令，增幅为 27.5%。2017 年，肯尼亚对乌干达出口额 618.84 亿肯先令，自乌干达进口额 420.41 亿肯先令，肯尼亚维持 198.43 亿肯先令的贸易顺差。乌干达是肯尼亚在非洲地区的最大出口市场。根据肯尼亚旅游委员会数据，2017 年，肯尼亚吸引乌干达游客数量达 61542 人次，乌干达是肯尼亚在非洲的最大游客来源地。此外，包括肯尼亚商业银行、肯尼亚股权有限公司等在内的诸多肯尼亚企业在乌干达开展投资经营活动。2019 年 3 月，乌干达总统穆塞韦尼访问肯尼亚，肯乌两国领导人就促进边境贸易、建设标轨铁路和石油管道、打击恐怖主义等广泛议题进行深入探讨。在此次访问过程中，肯乌两国召开联合常设委员会会议，双方承诺进一步开放边界，促进贸易便利化发展，增进两国商品、资本和人员等的自由流动。2023 年 4 月，肯尼亚总统鲁托访问卢旺达，肯尼亚与卢旺达两国达成谅解备忘录，双方强调要在教育、信息通信技术、卫生、农业等 10 大领域深化合作，进一步提升双边关系水平。

二 与坦桑尼亚的关系

肯坦两国人民在争取独立期间相互支持。两国领导人在独立前后酝酿成立东非联邦。但在 20 世纪 60 年代中期，尤其是坦桑尼亚公布《阿鲁沙宣言》后，两国政府政策相左，肯尼亚奉行资本主义政策，坦桑尼亚执行的是"乌贾马"社会主义政策，两国存在意识形态和发展战略上的分歧。面对乌干达的军事政变，肯坦两国的态度和立场也不一致，坦桑尼亚对肯尼亚允许伊迪·阿明经肯尼亚将武器和军事装备运到乌干达大为不满。1977 年东非共同体解体后，坦桑尼亚关闭了与肯尼亚的边界。为了改善关系，莫伊和尼雷尔总统在 1979～1982 年会晤了 3 次。1983 年，肯坦两国边界重新开放，一度严重受阻的肯坦贸易逐步恢复。1986 年 6 月，坦桑尼亚总统姆维尼对肯尼亚进行国事访问，两国总统重申将致力于实现东非地区的团结与密切合作。1988 年，莫伊总统对坦桑尼亚进行回访。同年，肯坦两国建立联合合作委员会，双边关系取得进一步发展。经过数年的磋商与磨合，肯尼亚与坦桑尼亚、乌干达于 2000 年 7 月重新建立了东非共同体。这一机制的确立在多边层面促进了肯坦两国关系的发展。虽然同为东非共同体的成员，但是肯坦两国因贸易纠纷而争执不断，各种非关税壁垒的存在阻碍了两国经济关系的健康发展。贸易争端导致 2017 年上半年肯尼亚对坦桑尼亚出口额下降了 60%。2016 年 10 月，坦桑尼亚总统马古富力访问肯尼亚，与乌胡鲁·肯雅塔总统举行会晤，双方承诺加强在基础设施建设领域的合作，促进两国贸易、人员及资本往来。基础设施合作包括建设两条连接两国的高速公路：一条从坦桑尼亚的巴加莫约到肯尼亚的马林迪，一条从坦桑尼亚的伊塞巴尼亚到肯尼亚西部地区。2018 年 8 月，乌胡鲁·肯雅塔总统与马古富力总统在乌干达首都坎帕拉再次会晤，双方称将采取措施改善双边经贸关系。同年肯坦两国贸易方面的负责人举行会谈，双方同意取消两国存在的非关税壁垒。根据肯尼亚国家统计局数据，2017 年肯尼亚向坦桑尼亚出口额为 285.21 亿肯先令，自坦桑尼亚进口额为 171.8 亿肯先令，坦桑尼亚是肯尼亚在整个非洲地区的第二大出口市场和第三大进口市场。此外，肯尼亚在坦桑尼亚有大量投资，有529 家肯尼亚企业在坦桑尼亚开展投资经营活动，总投资额达 17 亿美元，为坦桑尼亚创造了 5.6 万个就业岗位。

三 与索马里的关系

肯尼亚东北省在英国殖民统治时期称"北部边境地区"，其东部与意属索马里毗邻。历史上，这一地区生活着大量的索马里族人，1924 年英国与意大利对这一地区进行了瓜分。1960 年意属索马里独立后追求"大索马里主义"，对这片地区提出领土要求。当地大多数索马里族居民也赞成脱离肯尼亚同索马里共和国合并。索马里政府与英国（及肯尼亚自治政府）举行了几次谈判未果。1963 年 12 月肯尼亚独立不久，非洲统一组织通过了非洲国家独立时边界不得改变的决议，对索马里的领土要求不予支持。肯尼亚境内索马里族的分裂诉求和索马里追求"大索马里主义"对肯尼亚领土主权完整造成威胁。1963 年，肯尼亚索马里族人组织武装团伙"希夫塔"从事反叛活动，索马里给予支持。虽然这场冲突爆发后，肯尼亚与索马里展开了多轮会谈，但是由于索马里一直没有放弃对肯尼亚境内索马里族人分裂势力的支持，谈判未走出僵局。1967 年 8 月，索马里组建新政府，随后肯索两国于 9 月在金沙萨发表联合声明，宣布双方已达成协议，包括表示相互尊重对方的主权和领土完整，保证在边界两侧维持和平与安全、双方决定停止敌对宣传。1967 年 10 月 28 日，肯索两国在阿鲁沙签署一项议定书，除确认在金沙萨采取措施外，两国政府还决定恢复外交关系。持续 4 年之久的"希夫塔"战争宣告结束。1981 年，肯索两国政府举行会谈，索马里宣布不再对肯尼亚领土提出要求，从而大大改善了两国关系。1984 年，莫伊总统访问摩加迪沙。1987 年，两国发表联合公报，对边境居民的跨界活动及监督做了明确规定。

1991 年索马里陷入军阀混战，中央政府崩溃，大量索马里难民涌入肯尼亚。索马里境内的武装团伙经常越境实施打击行动，肯尼亚边境安全受到严重威胁。"基地"组织在索马里的分支"青年党"成为肯尼亚东北部地区安全面临的最大挑战。肯尼亚东北部地区长期处于欠发展状态，这也为"青年党"在肯尼亚境内招募恐怖分子提供了土壤。1993 年12 月底，莫伊总统在内罗毕会见来访的索马里全国联盟领导人艾迪德，双方就索马里和平问题进行了长时间讨论。艾迪德希望莫伊在实现索马里和平进程中发挥作用。2004 年底索马里过渡联邦政府在肯尼亚内罗毕组建，肯尼亚政府给予支持。2011 年10 月，肯尼亚派部队进入索马里南部地区，与索马里军方合作对该国境内的"青年党"组织实施军事打击。2012 年6 月，在索马里境内的肯尼亚部队被编入非盟驻索马里特派团。2014 年4 月，索马里联邦政府因其官员在内罗毕遭到拘押而召回了驻肯尼亚的大使。2017 年，索马里总统穆罕默德·阿卜杜拉希·穆罕默德首次对肯尼亚进行国事访问，在此之前的一个月乌胡鲁·肯雅塔总统参加了穆罕默德的就职典礼。在穆罕默德访肯期间，肯索两国签署大量协定，双方承诺要加强在安全、贸易、旅游和移民等领域的合作。穆罕默德总统表示，肯尼亚是索马里在东非地区最坚强的盟友和伙伴之一，几十年来接收了最大数量的索马里难民，通过非盟驻索马里特派团为索马里的和平与稳定做出了贡献。乌胡鲁·肯雅塔总统则承诺要为索马里培训 200 名教师、200 名护士和 100 名行政管理人员。两国还恢复了摩加迪沙和内罗毕之间的直飞航班。

除了恐怖主义威胁，海洋权益争端也成为肯索双边关系发展的一大障碍。2014 年，索马里围绕 10 万平方公里的海域划界问题，将肯尼亚告上了国际法庭（International Court of Justice）。肯尼亚一直希望索马里能够撤销这一海洋争端案件，但遭到索马里拒绝，肯索双边关系长期以来受到这一问题的困扰。2019 年 2 月，索马里在伦敦拍卖会上出售了印度洋上一个石油天然气区块。但这一石油天然气区块属于肯索争议地区，索马里的行动引起了肯尼亚的不满。肯尼亚宣布召回其驻摩加迪沙的大使。2019年 3 月，在埃塞俄比亚总理阿比的斡旋下，肯索两国领导人举行会谈，双方表示将通过和平谈判方式解决两国间存在的领土争端。同年 11 月，肯索两国领导人再次会晤，双方同意实现外交关系正常化，这一决定有助于促进两国民间交流。

四 与埃塞俄比亚的关系

肯尼亚北部地区与埃塞俄比亚接壤，双方长期保持睦邻友好合作关系。历史上，埃塞俄比亚曾支持肯尼亚争取独立的斗争。1960 年索马里独立后追求"大索马里主义"，这对肯尼亚与埃塞俄比亚的领土主权构成威胁。为共同应对索马里在安全上带来的挑战，肯埃双方加强了协调与合作，两国于 1963 年签署军事协定，承诺相互支持。1964 年 2 月，两国代表团在达累斯萨拉姆举行的非统组织部长理事会上，共同控告索马里的扩张主义目标。1970 年，埃塞俄比亚皇帝塞拉西一世访问肯尼亚，两国承诺加强社会、经济和文化领域的交流与合作，特别是要采取具体举措促进双边贸易发展。然而，20 世纪 70 年代中期后，埃塞俄比亚宣布实行社会主义，两国关系因意识形态分歧而有所弱化。直到 1991 年埃塞俄比亚政权变更后，肯埃两国关系才迎来进一步发展的契机。1991 年肯尼亚总统莫伊访问埃塞俄比亚，两国签署《友好合作协定》。1993~2000 年，埃塞俄比亚总理梅莱斯四次访问肯尼亚。2005 年，肯尼亚总统齐贝吉访问埃塞俄比亚；2007 年，埃塞俄比亚总理梅莱斯访问肯尼亚。为应对索马里"青年党"的恐怖主义威胁，维护东非地区的和平与稳定，肯埃两国加强在区域组织"伊加德"、非盟驻索马里特派团等维和领域的协调与合作。除了政治安全领域的合作，近年来，肯尼亚与埃塞俄比亚也加强了在经贸、基础设施建设等领域的合作。肯埃两国建有双边国家委员会、部长级混合委员会和边境地区行政长官混合咨询委员会等定期交流机制。这些机制和平台对促进肯埃双边关系发展发挥着重要作用。2012 年，肯埃两国签署《特别地位协定》，双方承诺将肯埃边境地区的莫亚莱市（Moyale）转变成区域贸易中心。2018 年 5 月，埃塞俄比亚总理阿比访问肯尼亚，与肯尼亚总统乌胡鲁·肯雅塔就拉穆港—南苏丹—埃塞交通走廊项目（LAPPSET）、肯尼亚购电协议、边境地区水资源共享、打击恐怖主义等议题进行讨论。2019 年 3 月，乌胡鲁·肯雅塔总统访问埃塞俄比亚，肯埃双方召开贸易与投资论坛，共有 500 多名企业代表、投资者和官员与会，两国同意建立莫亚莱自由贸易区，继续推动拉穆港—南苏丹—埃塞交通走廊项目建设。肯埃两国重视彼此的战略地位，视对方为维护东非地区和平与稳定、促进地区经济一体化的重要伙伴。不过埃塞俄比亚境内反叛者跨境进入肯尼亚、两国游牧民族盗猎以及非法贸易等是阻碍肯埃双边关系发展的不确定因素。

五　与南苏丹的关系

历史上，肯尼亚西北部地区的邻国是苏丹。后来，在经历了长达几十年的内战冲突后，南苏丹获得独立，并成为肯尼亚的邻国。在苏丹内战期间，肯尼亚通过斡旋协调、提供对话场所等方式，促进南北苏丹谈判，并最终于 2002 年 8 月推动巴希尔总统和苏丹人民解放军领导人加朗在内罗毕达成和平协议，表示要结束长达 20 年的苏丹内战。2005 年签署《全面和平协定》，并成立苏丹南方自治政府。2011 年，南苏丹独立公投通过，并于当年 7 月 9 日宣布独立，成为非洲大陆第 54 个国家。苏丹内战时期，肯尼亚支持苏丹人民解放军的独立运动，接收了大量来自南部苏丹地区的难民，而苏丹人民解放军也在肯尼亚建立了基地，这一历史性联系为肯尼亚与南苏丹独立后关系的发展奠定了基础。

2011 年，肯尼亚副总统穆西约卡访问南苏丹，表示肯尼亚支持南苏丹的独立公投，并承诺将提供 4 亿肯先令帮助南苏丹加强基础设施建设。南苏丹独立后与肯尼亚加强了在政治、经济、安全等多个领域的合作。肯尼亚大量企业赴南苏丹投资，其中肯尼亚商业银行在南苏丹设有几十家分支机构，系南苏丹最大的金融服务供应商。在基础设施领域，肯尼亚试图通过拉穆港—南苏丹—埃塞交通走廊项目加强与南苏丹的互联互通，将南苏丹的石油产区通过油气管道建设与肯尼亚以及外部世界实现连接。2015年 8 月，肯尼亚与南苏丹签署谅解备忘录，通过"政府间发展管理局/南苏丹"（IGAD/RSS）建设倡议向南苏丹派遣 55 名公务人员，通过为期 2 年的现场指导和培训，提高南苏丹行政管理、医疗、教育、贸易、财政等领域公共服务人员的能力。

2013 年 12 月，南苏丹总统基尔解除副总统马查尔的职务而导致双方的支持者发生大规模冲突，南苏丹内战由此爆发。肯尼亚通过政府间发展管理局等地区组织以及游说斡旋等方式在南苏丹和平进程中发挥了至关重要的作用。2016年8月，肯尼亚总统乌胡鲁·肯雅塔访问南苏丹，努力进行斡旋以帮助解决南苏丹所面临的危机。2018年肯尼亚总统乌胡鲁·肯雅塔主持召开南苏丹总统基尔与最大反对派领导人马查尔之间所开展的第三轮对话活动，此次和平谈判主要聚焦国家和州政府的权力分享、议会构成、司法改革等议题。同年8月5日，南苏丹总统基尔与最大反对派领导人马查尔签署和平协议，双方同意分享权力、组建过渡联合政府。2019年6月，肯尼亚外长莫妮卡·朱马在肯尼亚首都内罗毕会见了南苏丹外长尼亚尔·邓·尼亚尔（Nhial Deng Nhial），双方表示肯南两国要建立一个联合合作委员会以推动两国已签署协议的执行。2022年12月，肯尼亚总统鲁托访问南苏丹，与南苏丹总统基尔举行会晤，双方表示将加强在基础设施领域的合作，利用肯尼亚蒙巴萨港，促进双方商品的高效流通。

大事纪年

史前时期 | 考古学家在肯尼亚西部地区发现了世界上已知最早的古猿头盖骨。肯尼亚所在的东非地区是人类最早制造和使用石器工具的地区之一。

公元 1~2 世纪 | 肯尼亚开始进入铁器时代，延续了 1000 多年。

公元 7 世纪末 | 伊斯兰教开始在东非沿海地区传播，斯瓦希里语伴随伊斯兰教传播而逐步发展起来，并在东非沿海地区人民中得到推广。

1498 年 | 瓦斯科·达·伽马抵达非洲东海岸，在蒙巴萨受冷遇，但在马林迪受到热情欢迎。

1588 年 | 葡萄牙在马林迪协助下打败固守在蒙巴萨的土耳其人以及起义的阿拉伯人和斯瓦希里人，蒙巴萨被葡军洗劫一空。

1593 年 | 葡萄牙人利用印度的石匠和马林迪的劳工，在蒙巴萨修建完成耶稣堡，同时立马林迪王哈桑·伊本·阿赫迈德为蒙巴萨苏丹。

1630 年 | 阿赫迈德之子优素福继任蒙巴萨统治者。

1632 年 | 在葡军进攻下，优素福退出蒙巴萨，后在吉达去世。

1741 年 | 阿曼教长任命马兹鲁伊家族的穆罕默德·伊本·乌斯曼为蒙巴萨总督。

1837 年 | 阿曼国王赛义德的部队打败马兹鲁伊家族，取得

蒙巴萨的统治权。

1886 年	英德两国签署协议，肯尼亚被纳入英国的势力范围。
1890 年	英德两国签署《赫尔果兰—桑给巴尔条约》，德国承认英国对桑给巴尔、肯尼亚、乌干达等地的统治，并将德占维图地区（肯尼亚沿海）让给英国。
1895 年	英国宣布建立东非保护地。
1901 年	始于蒙巴萨终于维多利亚湖基苏木的乌干达铁路建成。
1907 年	东非保护地在英国殖民部的指示下成立立法会议。
1920 年	英国政府将东非保护地更名为肯尼亚殖民地，同时实行"基潘德"制度，要求所有离开保留地的男性非洲人必须携带登记证。
1928 年 5 月	吉库尤中央协会创办期刊《穆伊格威塔尼亚》。
1952 年	茅茅运动爆发，英国殖民总督巴林宣布进入紧急状态。
1960 年	殖民政府宣布允许非洲人重新组建全国性政党，肯尼亚非洲民族联盟和肯尼亚非洲民主联盟相继成立。
1961 年 2 月	肯尼亚举行多种族大选，肯尼亚非洲民族联盟以67.4%的得票率获胜。
1963 年	肯尼亚再次举行大选，肯尼亚非洲民族联盟获胜，党主席乔莫·肯雅塔出任政府总理。
1963 年 12 月 12 日	肯尼亚宣布独立，结束了长达 68 年的殖民地历史。
1963 年 12 月 14 日	中华人民共和国同肯尼亚建交。
1964 年 11 月	肯尼亚非洲民主联盟解散，并入肯尼亚非洲民族联盟。

1964 年 12 月 12 日	根据新宪法，肯尼亚成为共和国，乔莫·肯雅塔就任总统，取代英国女王成为肯尼亚首任国家元首。
1966 年 4 月	奥廷加组建新政党肯尼亚人民联盟。
1966 年 12 月	肯尼亚废除参议院，改两院制为一院制，将原众议院改为国民议会。
1969 年 7 月 5 日	有意竞选总统的姆博亚遭暗杀。
1969 年 10 月	奥廷加被捕入狱，肯尼亚人民联盟遭取缔。
1978 年 8 月 22 日	乔莫·肯雅塔在蒙巴萨去世。
1978 年 10 月 6 日	肯尼亚非洲民族联盟召开全国代表大会，一致推选莫伊为党主席和唯一的总统候选人。
1978 年 10 月 10 日	莫伊当选肯尼亚总统。
1982 年 6 月	肯尼亚议会通过宪法第 19 修正案，肯尼亚由事实上的"一党制"国家转变成法律上的"一党制"国家，肯尼亚非洲民族联盟为肯唯一合法政党。
1982 年 8 月	空军中的卢奥人官兵发动军事政变，但以失败告终。
1985 年 6 ~ 7 月	肯尼亚非洲民族联盟召开全国代表大会，首次设立全国纪律委员会。
1987 年	肯尼亚最大的综合体育场馆卡萨拉尼莫伊国际体育中心在中国援助下建成。
1991 年 11 月 25 ~ 26 日	国际捐助者会议在巴黎召开，决定暂停对肯尼亚的援助，并将肯尼亚进行政治经济改革作为恢复援助的条件。
1991 年 12 月 10 日	肯尼亚议会通过宪法修正案（删去第 2A 条款），完成了实行多党制的法律程序。
1992 年 12 月 9 日	肯尼亚举行大选，莫伊以 37% 的得票率赢得选举胜利。

1994 年	肯尼亚成立争取宪法变革公民联盟，旨在推动宪法改革，限制总统权力。
2001 年 6 月	莫伊组建了自 1963 年以来的首个联合政府。
2002 年 3 月 18 日	民族发展党和肯尼亚非洲民族联盟正式合并，拉伊拉·奥廷加成为合并后的肯尼亚非洲民族联盟的总书记，莫伊继续担任党主席。
2002 年 12 月 27 日	肯尼亚举行第三届多党大选，全国彩虹联盟候选人姆瓦伊·齐贝吉当选肯尼亚第三任总统。
2003 年 4 月 28 日	肯尼亚全国宪法会议举行，制宪进程正式启动。
2007 年 12 月	肯尼亚举行大选，齐贝吉赢得选举，再次当选总统，奥廷加领导的橙色民主运动不认可选举结果，随后发生大规模街头抗议活动，导致上千人死亡。
2010 年 8 月 27 日	齐贝吉总统正式公布新宪法，取消总理一职，增设国家最高法院及由 47 名议员组成的参议院。
2011 年 10 月 16 日	肯尼亚军队进入索马里，发起对"青年党"的军事打击。
2013 年 3 月 4 日	肯尼亚举行 1991 年实施多党制以来的第五次大选，乌胡鲁·肯雅塔赢得选举胜利，成为肯尼亚共和国第四任总统。
2015 年 12 月 9 日	肯尼亚与英国签署新的《防务合作协定》。
2016 年 9 月	乌胡鲁·肯雅塔总统领导的朱比利联盟与副总统威廉·鲁托领导的统一共和党的 10 多个政党组建新的政治联盟朱比利党。
2017 年 5 月 23 日	由中国企业承建的蒙内铁路建成通车。
2017 年 8 月 8 日	肯尼亚举行大选，乌胡鲁·肯雅塔赢得选举胜利，实现连任。
2018 年 11 月 14 日	肯尼亚海岸警卫队正式组建。
2018 年	中国同肯尼亚签署"一带一路"合作谅解备

忘录。

2021 年 7 月　　　　　肯尼亚总统乌胡鲁·肯雅塔访问英国，肯英双方签署新的五年《防务合作协定》，英国承诺每年投入 11.65 亿肯先令促进双方防务伙伴关系发展。

2022 年 1 月 6 日　　　中国企业承建的蒙巴萨港油码头项目竣工。

2022 年 8 月 9 日　　　肯尼亚举行大选，威廉·鲁托以 50.49% 的得票率赢得总统选举。

参考文献

一 中文文献

〔英〕丹尼尔·布兰奇：《肯尼亚：在希望与绝望之间（1963~2011年）》，李鹏涛译，中国社会科学出版社，2017。

高晋元编著《列国志·肯尼亚》，社会科学文献出版社，2004。

〔英〕杰里米·默里－布朗：《肯雅塔》，史宙译，上海人民出版社，1976。

〔英〕理查德·雷德：《现代非洲史》，王毅、王梦译，上海人民出版社，2014。

〔美〕罗伯特·马克森：《东非简史》，王涛、暴明萤译，世界知识出版社，2012。

万秀兰等：《肯尼亚高等教育研究》，中国社会科学出版社，2009。

〔英〕佐伊·马什、〔英〕G. W. 金斯诺思：《东非史简编》，伍彤之译，上海人民出版社，1974。

二 英文文献

Cullen, Poppy, *Kenya and Britain after Independence： Beyond Neo-Colonialism*, Palgrave Macmillan, 2017.

Holtham, Gerald and Arthur Hazlewood, *Aid and Inequality in Kenya： British Development Assistance to Kenya*, Routledge, 2011.

Hornsby, Charles, *Kenya： A History since Independence*, I. B. Tauris & Co.,

Ltd. , 2012.

Horrobin, David F. , *Kenya and Northern Tanzania*, Medical and Technical Publishing Co. , Ltd. , 1971.

Kadima, Denis, ed. , *The Politics of Party Coalitions in Africa*, EISA, KAS, 2006.

Kithinji, Michael Mwenda, Mickie Mwanzia Koster, and Jerome P. Rotich, *Kenya after 50: Reconfiguring Historical, Political, and Policy Milestones*, Indiana University Press, 2016.

Kvle, Keith, *The Politics of Independence of Kenya*, Palgrave Macmillan, 1999.

Maloba, W. O. , *The Anatomy of Neo-Colonialism in Kenya: British Imperialism and Kenyatta, 1963 – 1978*, Palgrave Macmillan, 2017.

Mwaura, Ndirangu, *Kenya Today: Breaking the Yoke of Colonialism in Africa*, Algora Publishing, 2005.

Ndege, George Oduor, *Health, State and Society in Kenya*, University of Rochester Press, 2001.

Oppong, Joseph R. and Esther D. Oppong, *Kenya*, Chelsea House Publishers, 2004.

Oyaya, Charles O. and Nana K. Poku, *The Making of the Constitution of Kenya: A Century of Struggle and the Future of Constitutionalism*, Routledge, 2018.

Shilaho, Westen K. , *Political Power and Tribalism in Kenya*, Palgrave Macmillan, 2018.

Smith, James Howard, *Bewitching Development: Witchcraft and the Reinvention of Development in Neoliberal Kenya*, The University of Chicago Press, 2008.

Sobania, Neal, *Culture and Customs of Kenya*, Greenwood Press, 2003.

UNEP, *Green Economy Sector Study on Agriculture in Kenya*, 2015.

United Nations, *Investment Policy Review: Kenya*, New York and Geneva, 2005.

Wasserman, Gary, *Politics of Decolonization: Kenya Europeans and the Land Issue 1960 – 1965*, Cambridge University Press, 1976.

W. Langdon, Steven, *Multinational Corporations in the Political Economy of Kenya*,

The Macmillan Press, Ltd. , 1981.

Zwanenberg, R. M. A. van and Anne King, *An Economic History of Kenya and Uganda 1800 – 1970*, Macmillan Press, Ltd. , 1975.

三　主要网站

Kenya National Bureau of Statistics, https: //www. knbs. or. ke/.

Ministry of Agriculture, Livestock, Fisheries and Irrigation, Kenya, http: //www. kilimo. go. ke/.

Ministry of Defence, Kenya, http: //www. mod. go. ke/.

Ministry of Education, Kenya, http: //www. education. go. ke/.

Ministry of Foreign Affairs, Kenya, http: //www. mfa. go. ke/.

Ministry of Health, Kenya, http: //www. health. go. ke/.

The Presidency, Kenya, http: //www. president. go. ke/.

索　引

A

B

C

D

E

新版《列国志》总书目

非洲

阿尔及利亚

埃及

埃塞俄比亚

安哥拉

贝宁

博茨瓦纳

布基纳法索

布隆迪

赤道几内亚

多哥

厄立特里亚

佛得角

冈比亚

刚果共和国

刚果民主共和国

吉布提

几内亚

几内亚比绍

加纳

加蓬

津巴布韦

喀麦隆

科摩罗

科特迪瓦

肯尼亚

莱索托

利比里亚

利比亚

卢旺达

马达加斯加

马拉维

马里

毛里求斯

毛里塔尼亚

摩洛哥

莫桑比克

纳米比亚

南非

南苏丹

尼日尔

尼日利亚

塞拉利昂

塞内加尔

塞舌尔

圣多美和普林西比

斯威士兰

苏丹

索马里

坦桑尼亚

突尼斯

乌干达

赞比亚

乍得

中非

欧洲

阿尔巴尼亚

爱尔兰

爱沙尼亚

安道尔

奥地利

白俄罗斯

保加利亚

北马其顿

比利时

冰岛

波兰

波斯尼亚和黑塞哥维那

丹麦

德国

俄罗斯

法国

梵蒂冈

芬兰

荷兰

黑山

捷克

克罗地亚

拉脱维亚

立陶宛

列支敦士登

卢森堡

罗马尼亚

马耳他

摩尔多瓦

摩纳哥

挪威

葡萄牙

瑞典

瑞士

塞尔维亚

塞浦路斯

圣马力诺

斯洛伐克

斯洛文尼亚

乌克兰

西班牙

希腊

匈牙利

意大利

英国

美洲

阿根廷

安提瓜和巴布达

巴巴多斯

巴哈马

巴拉圭

巴拿马

巴西

秘鲁

玻利维亚

伯利兹

多米尼加

多米尼克

厄瓜多尔

哥伦比亚

哥斯达黎加

格林纳达

古巴

圭亚那

海地

洪都拉斯

加拿大

美国

墨西哥

尼加拉瓜

萨尔瓦多

圣基茨和尼维斯

圣卢西亚

圣文森特和格林纳丁斯

苏里南

特立尼达和多巴哥

危地马拉

委内瑞拉

乌拉圭

牙买加

智利

大洋洲

澳大利亚

巴布亚新几内亚

斐济

基里巴斯

库克群岛

马绍尔群岛

密克罗尼西亚

瑙鲁

纽埃

帕劳

萨摩亚

所罗门群岛

汤加

图瓦卢

瓦努阿图

新西兰

国别区域与全球治理数据平台

www.crggcn.com

"国别区域与全球治理数据平台"（Countries，Regions and Global Governance Data Platform，CRGG）是社会科学文献出版社重点打造的学术型数字产品，对接新一级交叉学科区域国别学，围绕国别研究、区域研究、国际组织研究、全球智库研究等领域，全方位整合一手数据、基础信息、科研成果，文献量达30余万篇。该产品已建设成为国别区域与全球治理数据资源与研究成果整合发布平台，可提供包括资源获取、科研技术服务、成果发布与传播等在内的多层次、全方位的学术服务。

从国别区域和全球治理研究角度出发，"国别区域与全球治理数据平台"下设国别研究数据库、区域研究数据库、国际组织数据库、全球智库数据库、学术专题数据库、学术资讯数据库和辅助资料数据库7个数据库。在资源类型方面，除专题图书、智库报告和学术论文外，平台还包括数据图表、档案文献和学术资讯。在文献检索方面，平台支持全文检索、高级检索，并可按照相关度和出版时间进行排序。

"国别区域与全球治理数据平台"应用广泛。针对高校及区域国别科研机构，平台可提供专业的知识服务，通过丰富的研究参考资料和学术服务推动区域国别研究的学科建设与发展，提升智库学术科研及政策建言能力；针对政府及外事机构，平台可提供咨政参考，为相关国际事务决策提供理论依据与资讯支持，切实服务国家对外战略。

数据库体验卡服务指南

※100元数据库体验卡，可在"国别区域与全球治理数据平台"充值和使用

充值卡使用说明：

第1步 刮开附赠充值卡的涂层；

第2步 登录国别区域与全球治理数据平台（www.crggcn.com），注册账号；

第3步 登录并进入"会员中心"→"在线充值"→"充值卡充值"，充值成功后即可使用。

声明

最终解释权归社会科学文献出版社所有

客服电话：010-59367072

客服邮箱：crgg@ssap.cn

欢迎登录社会科学文献出版社官网（www.ssap.com.cn）和国别区域与全球治理数据平台（www.crggcn.com）了解更多信息

图书在版编目（CIP）数据

肯尼亚 / 张凯编著 . -- 北京：社会科学文献出版社，2023.6

（列国志：新版）

ISBN 978 - 7 - 5228 - 1893 - 1

Ⅰ. ①肯⋯　Ⅱ. ①张⋯　Ⅲ. ①肯尼亚 - 概况　Ⅳ. ①K942.4

中国国家版本馆 CIP 数据核字（2023）第 091693 号

· 列国志（新版）·

肯尼亚（Kenya）

编　　著 / 张　凯

出 版 人 / 王利民
责任编辑 / 高明秀
文稿编辑 / 徐　花
责任印制 / 王京美

出　　版 / 社会科学文献出版社·国别区域分社（010）59367078
　　　　　　地址：北京市北三环中路甲 29 号院华龙大厦　邮编：100029
　　　　　　网址：www. ssap. com. cn
发　　行 / 社会科学文献出版社（010）59367028
印　　装 / 三河市尚艺印装有限公司

规　　格 / 开　本：787mm × 1092mm　1/16
　　　　　　印　张：19.25　插　页：1　字　数：281 千字
版　　次 / 2023 年 6 月第 1 版　2023 年 6 月第 1 次印刷
书　　号 / ISBN 978 - 7 - 5228 - 1893 - 1
定　　价 / 89.00 元

读者服务电话：4008918866